Stubbings · Informationstechnologie im Bankhandel

Ronald F. Stubbings

Informationstechnologie im Bankhandel

Information oder Technologie?

GABLER

Die Deutsche Bibliothek – CIP-Einheitsaufnahme

Stbbings, Ronald F. : Informationstechnologie im Bankhandel : Information oder Technologie? / Ronald F. Stubbings. - Wiesbaden : Gabler, 1995
ISBN 978-3-322-90541-3

Der Gabler Verlag ist ein Unternehmen der Bertelsmann Fachinformation.

Softcover reprint of the hardcover 1st edition 1995
Lektorat: Silke Strauß und Iris Mallmann

ISBN 978-3-322-90541-3 ISBN 978-3-322-90540-6 (eBook)
DOI 10.1007/978-3-322-90540-6

Einleitung

Bedingt durch die zunehmende Komplexität in den Fachbereichen Handel sowie EDV/Orga in den internationalen Handelsbanken ist eine immer stärkere Spezialisierung auf Abteilungsebene unabdingbar. Produktanbieter für entsprechende Unterstützungssysteme in den Handelsbereichen wissen ein Lied davon zu singen, wieweit dieser erforderliche hohe Spezialisierungsgrad zu einer Erschwernis für die betroffenen Entscheidungsträger werden kann. Der Mangel an Basiswissen über die Tätigkeit und die Erfordernisse des jeweils anderen im gleichen Institut führen häufig zu Mißverständnissen und Fehlentscheidungen, die teuer aber vermeidbar wären.

Dieses Buch nimmt sich daher vor, auf relativ einfach verständliche Weise Fachleuten der einen Seite, das Fachgebiet der jeweils anderen Seite etwas näherzubringen und somit eine Verständnisbrücke zwischen dem "Finanzexperten" und dem "Systemexperten" zu schlagen. Dies ist nicht nur bei "alten Hasen" nützlich sondern ganz besonders beim Nachwuchs. Da kommen aus den Universitäten hochgebildete junge Leute mit einem fabelhaften Wissen über die Finanzmärkte oder über Informatik und beginnen ihre Karriere in der jeweiligen Fachabteilung. Mangels jeglichen Grundlagenwissens über die Tätigkeit und Erfordernisse der jeweils anderen Abteilung in der Bank, beginnen schon früh die Friktionen und damit die Frustrationen. Durch dieses Buch soll das Verständnis der Mitarbeiter auf beiden Seiten füreinander gefördert werden, und die Reibungsverluste reduziert werden. Der Aufbau des Buches vom Generellen zum Speziellen macht es auch zum nützlichen Einstieg in die Thematik für Leser, welche nur am Rande mit diesen Themen befasst sind, aber ein gewisses Basiswissen akquirieren wollen.

Die Gliederung des Buches beginnt im ersten Abschnitt mit der allgemeinen Einführung in die Problematik und behandelt anschliessend Fragen des Informationsbedarfs von Anwendern, des Informationsmanagements, der grundlegenden Informationssysteme und der Entwicklungstendenzen in der Informationstechnologie.
Im nächsten Abschnitt geht das Buch auf die grundlegenden Handelsarten und Instrumentarien, externen Informationsquellen und die Analyse sowie die Entscheidungsunterstützung ein.
Im letzten Abschnitt befasst sich der Autor mit zukünftigen Entwicklungen und dem Nutzen und den Grenzen der Informatik.

Gliederung des Inhaltes

1. EINFÜHRUNG 17

2. INFORMATIONSBEDARF 21

3. INFORMATIONSMANAGEMENT 23

4. INFORMATIONSSYSTEME 25

5. ENTWICKLUNGSTENDENZEN IN DER INFORMATIONS-TECHNOLOGIE 47

6. HANDELSARTEN UND INSTRUMENTARIEN 73

7. EXTERNE INFORMATIONSQUELLEN UND ON-LINE DATENBANKEN 103

8. ANALYSE UND ENTSCHEIDUNGSUNTERSTÜTZUNG 105

9. ZUKÜNFTIGE ENTWICKLUNGEN 145

10. NUTZEN UND GRENZEN DER INFORMATIK 201

11. BIBLIOGRAPHIE 211

12. INDEX 215

Inhaltsverzeichnis

1. EINFÜHRUNG 17

2. INFORMATIONSBEDARF 21

3. INFORMATIONSMANAGEMENT 23

4. INFORMATIONSSYSTEME 25

4.1 MANAGEMENT-INFORMATIONSSYSTEME (MIS) 25
4.1.1 Entstehung und Definition 25
4.1.2 Arten und Inhalte 27
4.1.3 Entwicklung und Realisierung 27
4.2 ENTSCHEIDUNGS-UNTERSTÜTZUNGSSYSTEME (EUS) 28
4.2.1 Begriff 28
4.2.2 Klassifikation 29
4.2.2.1 Data Support 29
4.2.2.2 Decision Support 29
4.2.2.3 Executive Support 30
4.2.3 Aufbau 30
4.2.4 Entwicklungswerkzeuge 30
4.3 EXECUTIVE INFORMATION SYSTEMS (EIS) 31
4.3.1 Briefing Book 32
4.3.2 Drill-Down 33
4.3.3 Color Coding 33
4.3.4 Trendanalyse 33
4.3.5 Kommunikation 33
4.3.6 Mensch-/Maschine-Schnittstelle 34
4.3.7 Hardware Plattformen 34
4.4 PERSONAL INFORMATION MANAGEMENT SYSTEME (PIMS) 35
4.5 STRATEGISCHE INFORMATIONSSYSTEME (SIS) 37
4.6 INFORMATIONSSYSTEME IN DEN BANK-HANDELSBEREICHEN 38

5. ENTWICKLUNGSTENDENZEN IN DER INFORMATIONS-TECHNOLOGIE 47

5.1 HARDWARE 47
5.1.1 Mainframes 48
5.1.2 Mini-Computer 49
5.1.3 PC und Workstations 50
5.2 SYSTEMSOFTWARE 50
5.2.1 Anwendungs-Entwicklungstools 51
5.2.1.1 Standard Programmiersprachen 53
5.2.1.2 Datenbanksysteme 57

5.2.1.3 Report-Generatoren 59

5.2.2 Rechenzentrum- und Netzwerkmanagement-Tools *59*

5.2.2.1 Performance Messungen 61

5.2.3 System-Steuerungssoftware *62*

5.2.3.1 Betriebssysteme 62

5.2.3.2 Netzwerksteuerung 64

5.3 ANWENDUNGS-SOFTWARE *65*

5.3.1 Branchenspezifische Systeme *66*

5.3.1.1 Finanzwirtschaft 66

5.4 SYSTEM-INTEGRATION *68*

5.4.1 Schlüsselfertige Systeme *68*

5.4.2 Komplettlösungen *69*

5.5 OUTSOURCING *70*

5.5.1 Systembetrieb *71*

5.5.2 Verarbeitungs-Dienstleistungen *72*

6. HANDELSARTEN UND INSTRUMENTARIEN 73

6.1 DER WERTPAPIERHANDEL *73*

6.1.1 Die Effekten *73*

6.1.1.1 Gläubiger-Effekten (Renten) 74

6.1.1.1.1 Öffentliche Anleihen 74

6.1.1.1.2 Schuldverschreibungen von Sonderinstituten 74

6.1.1.1.3 Pfandbriefe und Kommunalobligationen 74

6.1.1.1.4 Industrie - Schuldverschreibungen 75

6.1.1.1.5 Wandelschuldverschreibungen 75

6.1.1.1.6 Variable verzinste Anleihen 75

6.1.1.1.7 Nullkupon-Anleihen 76

6.1.1.1.8 Optionsanleihen 76

6.1.1.1.9 Inlandswährung - Auslandsanleihen 76

6.1.1.1.10 Währungs - Anleihen 76

6.1.1.2 Teilhaber-Effekten (Aktien) 76

6.1.1.2.1 Stammaktien 78

6.1.1.2.2 Vorzugsaktien 78

6.1.1.2.3 Inhaberaktien 78

6.1.1.2.4 Namensaktien 78

6.1.1.2.5 Vinkulierte Namensaktien 78

6.1.1.3 Genußscheine 79

6.1.1.4 Optionsscheine 79

6.1.1.5 Optionen 79

6.1.1.6 Futures 80

6.1.1.7 Synthetische Wertpapiere 81

6.1.2 Der Investment-Markt *81*

6.1.2.1 Wertpapierfonds 82

6.1.2.2 Immobilienfonds 83
6.1.3 Indikatoren der Kursentwicklung *83*
6.1.3.1 Dow-Jones-Index 83
6.1.3.2 FAZ Aktienindex 84
6.2 DER GELDHANDEL *85*
6.2.1 Euro-Geldmarkt *87*
6.2.2 Termingeld *88*
6.2.3 Geldhandel *88*
6.3 DER GOLDHANDEL *90*
6.4 DER DEVISENHANDEL *90*
6.4.1 Floaten und EWS *91*
6.4.2 Kassa-Markt *91*
6.4.3 Termin-Markt *92*
6.4.4 Devisenbörse/Devisenhandel *93*
6.4.5 Sortenhandel *95*
6.5 DER ROHSTOFFHANDEL *96*
6.5.1 Bedeutung der Rohstoffe *96*
6.5.2 Preisschwankungen *97*
6.5.2.1 Kurzfristige Preisbewegungen 97
6.5.2.2 Langfristige Preisbewegungen 98
6.5.2.3 Rohstoff-Indices 98
6.5.3 Preisbildung und Handel *99*
6.5.3.1 Handelsplätze 99
6.5.3.2 Börsenhandel 100
6.5.3.2.1 Terminmarkt 100
6.5.3.2.2 Kassamarkt 100
6.5.3.3 Warenterminhandel 100

7. EXTERNE INFORMATIONSQUELLEN UND ON-LINE DATENBANKEN 103

7.1 ELEKTRONISCHE INFORMATIONSDIENSTE *103*

8. ANALYSE UND ENTSCHEIDUNGSUNTERSTÜTZUNG 105

8.1 TECHNISCHE VERSUS FUNDAMENTAL ANALYSE *105*
8.2 FUNDAMENTAL ANALYSE *107*
8.2.1 Einflüsse auf die Gewinnentwicklung *107*
8.2.1.1 Externe Einflußgrößen 108
8.2.1.2 Interne Einflußgrößen 108
8.2.2 Arten der Ertragsentwicklung *109*
8.2.2.1 Defensive Instrumente 109
8.2.2.2 Zyklische Instrumente 109
8.2.2.3 Wachstums - Instrumente 109
8.2.3 KGV und Zinsen *109*

8.2.4 Dividendenrendite versus Gewinndynamik ... *110*
8.2.5 Substanzwert ... *110*
8.3 TECHNISCHE ANALYSE ... *110*
8.3.1 Philosophie oder Paradigma ... *110*
8.3.1.1 Diskontierung durch Marktbewegung ... 111
8.3.1.2 Preise bewegen sich in Trends ... 111
8.3.1.3 Die Geschichte wiederholt sich ... 113
8.3.2 Flexibilität und Anpassungsfähigkeit ... *113*
8.3.2.1 Technische Analyse auf Handelsinstrumente ... 114
8.3.2.2 Technische Analyse auf Zeithorizonte ... 114
8.3.2.3 Typologie der Technischen Analysten ... 115
8.3.2.4 Vorhersagemöglichkeit der Zukunft ... 116
8.3.3 Die Random-Walk-Theorie ... *116*
8.3.4 Die Dow-Theorie ... *117*
8.3.4.1 Grundlegende Leitsätze ... 117
8.3.4.1.1 Die Indices diskontieren alles ... 117
8.3.4.1.2 Der Markt hat drei Trends ... 117
8.3.4.1.3 Die Primärtrends haben drei Phasen ... 118
8.3.4.1.4 Die Bestätigung der Indices ... 118
8.3.4.1.5 Trendbestätigung durch Volumen ... 118
8.3.4.1.6 Trend und Trendwendesignal ... 118
8.3.4.2 Benützung von Schlußkursen ... 119
8.3.5 Konstruktion von Charts ... *119*
8.3.5.1 Kurs, Volumen und Open Interest ... 122
8.3.6 Grundlegende Trendkonzepte ... *123*
8.3.6.1 Definition des Trends ... 123
8.3.6.2 Widerstand und Unterstützung ... 123
8.3.6.3 Trendlinien ... 125
8.3.6.4 Kanallinien ... 126
8.3.6.5 Gaps ... 126
8.3.7 Umkehrformationen ... *126*
8.3.7.1 Kopf- und Schulter-Umkehrformation ... 127
8.3.7.2 Bedeutung des Volumens ... 127
8.3.8 Fortsetzungsformationen ... *128*
8.3.8.1 Dreieck ... 128
8.3.8.2 Verbreiterungsformationen ... 129
8.3.8.3 Diamant ... 130
8.3.8.4 Flaggen und Wimpel ... 130
8.3.8.5 Keil ... 131
8.3.8.6 Rechteck ... 131
8.3.9 Volumen und Open Interest ... *132*
8.3.10 Langfrist-Charts ... *133*
8.3.11 Moving Averages ... *134*

8.3.11.1 Einfacher gleitender Durchschnitt 134
8.3.11.2 Linear gewichteter gleitender Durchschnitt 134
8.3.11.3 Exponentiell geglätteter Durchschnitt 135
8.3.12 Oszillatoren 136
8.3.12.1 Momentum 136
8.3.12.2 Rate of Change 137
8.3.12.3 Relative Strenght Index 138
8.3.12.4 Stochastics 139
8.3.13 Intra-Day Point-and-Figure Charts 141
8.3.14 Elliott-Wellen-Theorie 142

9. ZUKÜNFTIGE ENTWICKLUNGEN 145

9.1 CHAOS- UND FRAKTALTHEORIE 145
9.1.1 Pro und Kontra Wechselkursprognose 145
9.1.1.1 Unstabile Reaktionsmuster 146
9.1.1.2 Marktgefühl und technische Analyse 147
9.1.1.3 Random-Walk oder Chaos-Theorie 147
9.1.1.4 Intra-Day Statistiken 148
9.1.1.5 Saisonale Muster 149
9.1.1.6 Richtungs- und Volatilitätsprognosen 149
9.1.1.7 Neue Ansätze zur Wechselkursprognose 150
9.1.2 Eigenzeit 151
9.1.3 Skalierungsgesetz 152
9.2 FUZZY LOGIC 157
9.2.1 Arten der Unschärfe 158
9.2.2 Grundlagen problemlösenden Denkens 159
9.2.3 Begriff der Unschärfe 161
9.2.3.1 Unschärfe nach Richter 162
9.2.3.2 Unschärfe nach Zimmermann 162
9.2.4 Unscharfe Entscheidungsprobleme 163
9.2.5 Fuzzy Logic Entscheidungssystem für Aktienhandel 164
9.2.5.1 Aufgabenstellung 164
9.2.5.2 Parameter, Bezeichnungen und Abhängigkeiten 168
9.2.5.3 Festlegung der groben Wissensstruktur 170
9.2.5.4 Definition des Detailwissens 172
9.2.5.5 Konstruktion der Regelbasis 173
9.2.6 Adaptive Fuzzy-Systeme 175
9.3 NEURONALE NETZE 176
9.3.1 Biologische Analogie 177
9.3.1.1 Biologische Neuronale Netzwerke 177
9.3.1.2 Künstliche Neuronale Netzwerke 179
9.3.2 Neuronale Netzkomponenten und Strukturen 179
9.3.3 Informationsverarbeitung im Netzwerk 180

9.3.3.1 Summationsfunktion 181
9.3.3.2 Transformationsfunktion 181
9.3.3.3 Netztraining 182
9.3.4 Stärken und Schwächen Neuronaler Netze 183
9.3.5 Topologie Neuronaler Netze 185
9.3.5.1 Strukturierung 185
9.3.5.1.1 Aktivationsausbreitung 186
9.3.5.1.2 Verbindungsstruktur 186
9.3.5.2 Aktivationsverarbeitung 187
9.3.5.3 Lernalgorithmen 188
9.3.5.3.1 Assoziatives Lernen 190
9.3.5.3.2 Entdeckendes Lernen 190
9.3.6 Bewertung neuronaler Systeme 190
9.3.7 Technische Analyse mit Neuronalen Systemen 193
9.3.7.1 Aktien-Zeitreihendaten 194
9.3.7.1.1 Aktienkursmuster 194
9.3.7.1.2 Kursdatensammlung 194
9.3.7.1.3 Normalisierung 194
9.3.7.2 Neuronales Netzwerkmodell 195
9.3.7.3 Training 196
9.3.7.4 Ergebnisse 197
9.3.7.5 Industrielle Anwendungen Neuronaler- und Fuzzy Systeme 197
9.3.8 Vergleich neuronaler Systeme mit Fuzzy-Systemen 199

10. NUTZEN UND GRENZEN DER INFORMATIK 201

10.1 VOR- UND NACHTEILE MECHANISCHER HANDELSSYSTEME 202
10.1.1 Vorteile mechanischer Handelssysteme 202
10.1.2 Nachteile mechanischer Handelssysteme 203
10.2 MUSTERERKENNUNG MITTELS KÜNSTLICHER INTELLIGENZ 203
10.3 AUSBLICK 204
10.3.1 Hardware und Systeme 205
10.3.2 Software und Applikationen 207
10.3.3 Conclusio 208

11. BIBLIOGRAPHIE 211

12. INDEX 215

Abbildungsverzeichnis

ABBILDUNG 1: SPITZENDARSTELLUNG DER FUNKTIONELLEN SCHWERPUNKTE 42

ABBILDUNG 2: FLÄCHENDARSTELLUNG DER FUNKTIONELLEN SCHWERPUNKTE 42

ABBILDUNG 3: ANFORDERUNGSPROFIL FÜR BANK-INFOSYSTEM 44

ABBILDUNG 4: SEKTORVERTEILUNG BRANCHENSPEZIFISCHER SOFTWARE 66

ABBILDUNG 5: BEISPIEL EINES AUFWÄRTSTRENDS 112

ABBILDUNG 6: TAGES HIGH-LOW-CLOSE STANDARD CHART 119

ABBILDUNG 7: TAGES LINIEN-CHART 120

ABBILDUNG 8: POINT-AND-FIGURE CHART 121

ABBILDUNG 9: HIGH-LOW-CLOSE-VOLUME CHART 122

ABBILDUNG 10: WIDERSTAND UND UNTERSTÜTZUNG IN STEIGENDEM MARKT 124

ABBILDUNG 11: WIDERSTAND UND UNTERSTÜTZUNG IN FALLENDEM MARKT 124

ABBILDUNG 12: AUFWÄRTS TRENDLINIE 125

ABBILDUNG 13: STEIGENDE KANALLINIEN 126

ABBILDUNG 14: HEAD-AND-SHOULDER FORMATION 127

ABBILDUNG 15: DREIECKS FORMATION 128

ABBILDUNG 16: VERBREITERUNGS FORMATION 129

ABBILDUNG 17: DIAMANT FORMATION 130

ABBILDUNG 18: FLAGGEN UND WIMPEL FORMATION 131

ABBILDUNG 19: KEIL FORMATION 131

ABBILDUNG 20: RECHTECKS FORMATION 132

ABBILDUNG 21: KURSVERLAUF MIT 3 DURCHSCHNITTEN 135

ABBILDUNG 22: MOMENTUM ÜBER 10 TAGE 137

ABBILDUNG 23: RATE OF CHANGE ÜBER 10 TAGE 138

ABBILDUNG 24: RSI MIT 10 TAGEN UND 20 % 139

ABBILDUNG 25: STOCHASTICS MIT 10 TAGEN 140

ABBILDUNG 26: ELIOTT-WELLEN-THEORIE BASISFORMATION 143

ABBILDUNG 27: FRAKTAL NACH FORMEL MANDEL STANDARD 153

ABBILDUNG 28: 40-FACHE VERGRÖßERUNG DES MANDEL-FRAKTALS 154

ABBILDUNG 29: 800-FACHE GESAMTVERGRÖßERUNG DES MANDEL-FRAKTALS 155

ABBILDUNG 30: 14.400-FACHE GESAMTVERGRÖßERUNG DES MANDEL-FRAKTALS ... 156
ABBILDUNG 31: PROBLEMLÖSUNGSWEG ... 160
ABBILDUNG 32: ABHÄNGIGKEITEN ZWISCHEN DEN ATTRIBUTEN ... 171
ABBILDUNG 33: ZWEI VERBUNDENE BIOLOGISCHE NERVENZELLEN ... 178
ABBILDUNG 34: NEURONALES PROZESSORELEMENT ... 180
ABBILDUNG 35: DREISCHICHTIGES NEURONALES NETZ ... 180
ABBILDUNG 36: BEISPIEL FÜR SIGMOIDFUNKTION ... 182
ABBILDUNG 37: UNGESCHICHTETES ASSOZIATIVES NETZ ... 186
ABBILDUNG 38: TYPISCHE DREIECKSFORMATION ... 194
ABBILDUNG 39: NEURONALE NETZWERK ARCHITEKTUR ... 196

Tabellenverzeichnis

TABELLE 1: SPEICHERVERMÖGEN UND ZUGRIFFSZEITEN 18

TABELLE 2: INFORMATIONSSYSTEME FUNKTIONS - SCHWERPUNKT 40

TABELLE 3: INFORMATIONSSYSTEME GEWICHTUNG 41

TABELLE 4: RELATIVE FUNKTIONSGEWICHTUNG FÜR BANK-INFOSYSTEM 43

TABELLE 5: MARKTPROGNOSE FÜR SYSTEM-SOFTWARE IN WESTEUROPA 64

TABELLE 6: MARKTPROGNOSE FÜR ANWENDUNGS-SOFTWARE FÜR EUROPA 65

TABELLE 7: MARKTVOLUMEN VON SYSTEMINTEGRATIONS-DIENSTLEISTUNGEN IN EUROPA 68

TABELLE 8: MARKTFÜHRER BEI SCHLÜSSELFERTIGEN SYSTEMEN IN EUROPA 69

TABELLE 9: MARKTGRÖßE FÜR SYSTEMINTEGRATION - WESTEUROPA 70

TABELLE 10: MARKTVOLUMEN VON SYSTEMBETRIEBS-DIENSTLEISTUNGEN IN EUROPA 71

TABELLE 11: MARKTFÜHRER BEI VERARBEITUNGS-DIENSTLEISTUNGEN IN EUROPA 72

TABELLE 12: GRÖßTE EUROPÄISCHE DATENLIEFERANTEN 104

TABELLE 13: INTERPRETATIONSREGELN FÜR VOLUMEN UND OPEN INTEREST 133

TABELLE 14: ENTSCHEIDUNGEN IN ABHÄNGIGKEIT DER ATTRIBUTE 172

Abkürzungsverzeichnis

AI	Artificial Intelligence
ANN	Artificial Neural Network
BOSP	Business Office Systems Planning
CASE	Computer Aided Systems Engineering
CSF	Critical Success Factors
COBOL	Common Business Oriented Language
CPU	Central Processing Unit
DBMS	Database Management System
DOS	Disk Operating System
DSS	Decision Support Systems (siehe auch EUS)
DTB	Deutsche Terminbörse
DV	Datenverarbeitung
EDV	Elektronische Datenverarbeitung
EIS	Executive Information Systems
ER	Entity Relationship
EUS	Entscheidungs-Unterstützungssysteme
EWS	Europäisches Währungssystem
FAM	Fuzzy Assoziative Memory
FM	Facilities Management
FORTRAN	Formula Translation
GUI	Graphical User Interface
IC	Integrated Circuit
IDV	Individuelle Datenverarbeitung
IM	Informationsmanagement
IS	Informationssysteme (Kurzform von MIS)
ISO	International Standards Organisation
IT	Informationstechnologie
KGV	Kurs-Gewinn-Verhältnis
KI	Künstliche Intelligenz

KS	Knowledge System
LAN	Local Area Network
LED	Light Emitting Diode
LIBOR	London Interbank Offered Rate
LS	Language System
MIPS	Million Instructions Per Second
MIS	Management-Informationssysteme
MSS	Management Support System
NN	Neuronale Netze
OSF	Open Systems Foundation
PC	Personal Computer
PIMS	Personal Information Management Systems
PPS	Problem Processing System
PR	Pattern Recognition
PS	Partizipationsschein
RIPS	Random Information Processors
RSI	Relative-Strength-Index
RZ	Rechenzentrum
SI	System Integration
SIS	Strategische Informationssysteme
SQL	Standard Query Language
SSS	Spreadsheet-Systeme
VAR	Value-added-Reseller
VLSI	Very Large Scale Integration
WBS	Wissensbasierte Systeme
XPS	Expertensysteme

1. Einführung

Die Handelsbereiche der internationalen Finanzwirtschaft sind ausgerichtet auf außerordentlich schnelle und oft sehr volatile Märkte welche Entscheidungen in einer oft mehrdimensionalen Matrix zeitkritisch machen. Hinzu kommt die Komplexität vieler, speziell neuerer Handelstechniken. Die Kombination von zeitkritischem Verhalten auf der X-Ordinate und zunehmender finanzmathematischer Komplexität auf der Y-Ordinate machen den massiven Einsatz von Informatiksystemen in diesem Umfeld unabdingbar. Die durch die internationalen Marktmacher [1] täglich rund um den Globus bewegten Finanzmittel bewegen sich allein im Bereich des Devisenhandels in der unvorstellbaren Größenordnung von über 700 Mrd. Dollar, wovon nur wenig mehr als 5 % davon von Warenlieferungen "unterlegt" ist. Die dabei erwirtschafteten Handelsspannen machen dabei aber nur Bruchteile von Cents pro Dollar [2] aus. Fehlentscheidungen im Laufe nur eines einzigen Handelstages kumulieren sehr schnell zu 2- oder 3 stelligen Millionen Verlusten. Konservative Finanzkreise sprechen oft vom "Milliarden Monopoly". Daraus resultiert "Information ist der entscheidende Wettbewerbsfaktor der Zukunft".

Trotz der unabdingbaren Notwendigkeit des Informatikeinsatzes in den Finanzmärkten bleibt doch der handelnde Mensch "das Maß aller Dinge". Die Fähigkeit des menschlichen Gehirns komplexe Zusammenhänge zu abstrahieren und Situationen intuitiv "mit der Nase" zu erfassen, kann durch Informationstechnologie nur unterstützt aber nicht ersetzt werden. Die Tabelle auf der nächsten Seite zeigt die wissenschaftlich belegten Zusammenhänge zwischen dem Speichervermögen und der Nutzung von Informationen im Vergleich zwischen Mensch und Maschine.

Wie die Tabelle zeigt verfügt das menschliche Gehirn über eine unglaublich hohe Speicherfähigkeit kombiniert mit Speicherdichte sowie nahezu unbegrenzten Verknüpfungsmöglichkeiten [3]. Dagegen liegt die Stärke der Maschine auf der extrem kurzen Zugriffszeit auf die gespeicherten Informationen und der außerordentlich schnellen Informationsverarbeitung.

---

[1] engl. Market Maker, bezeichnet internat. Geldinstitute welche aktiv den Markt "machen" statt auf den Markt zu reagieren

[2] Handelsspanne zwischen Geld und Brief (engl. Bid and Ask) in Punkten (engl. Bips), z.B. Dollar/Mark 1,7654 = letzte Stelle 4 Punkte oder 0,0004 DM

[3] siehe Kapitel 9.3. ff.

Speicher-Medium Digital oder Analog [4])	Kapazität pro Einheit (MegaBit)	Anzahl A-4 Seiten	Dichte KiloBit/mm^2	Schreib/Lese Geschwindigkeit
A4 Schreib-maschinen Seite	0,016	1	0,00045	150 Bit/sec
Halbleiter Speicher-Chip	0,512	32	20	5 MBit/sec
Magnetblasen Speicher-Chip	4	250	60	50 KBit/sec
EDV Magnetplatte (Disk)	560	35.000	15	15 MBit/sec
EDV Magnetband (Tape)	720	45.000	1	10 MBit/sec
Analoge C60 Musikkassette	860	62.500	2	15 KHz
Analoge Langspielplatte	1.200	75.000	10	20 KHz
Holografischer Speicher	10.000	630.000	1.000	100 MBit/sec
Compact Disk (CD)	15.000	940.000	270	4,5 MBit/sec
Optical Disk (30 cm)	20.000	1.300.000	2.000	10 MBit/sec
Magneto-Optical Disk (30 cm)	30.000	1.900.000	470	16 Mbit/sec
Analoges Videoband (240)	150.000	9.400.000	120	8 MHz
Analoge Videoplatte VLP	150.000	9.400.000	2.700	10 MHz
Menschliches Gehirn	1.000.000	62.500.000	1.000.000 (KBits/cm^3)	1 Bit/sec (*) 50 Bit/sec (**)

(*) Langzeit Gedächtnis
(**) Kurzzeit Gedächtnis

Tabelle 1: Speichervermögen und Zugriffszeiten

[4] Bei den analogen Speicherungsverfahren wurden die Werte auf entsprechende digitale Werte umgerechnet.

Dieses Buch beschäftigt sich mit den Zusammenhängen zwischen dem Geschehen auf den verschiedenen Finanzmärkten und dem Einsatz sowie den Möglichkeiten von Informations-Technologie als Unterstützung für den handelnden Finanzmarkt-Spezialisten. Es wird dabei versucht die Verknüpfungen und Querverbindungen im Dreieck Informationsbeschaffung - Informationsverarbeitung - Informationsnutzung zu beleuchten. Hierbei wird versucht in diese Grenzzone zwischen Informatik und Finanzwirtschaft stufenweise einzuführen, um das Verständnis des Lesers aus dem jeweils anderen Fachbereich zu unterstützen.

2. Informationsbedarf

Der Informationsbedarf bezeichnet die Art, Menge und Qualität desjenigen Wissens, das zur Erfüllung einer Aufgabe durch eine Person oder Organisation erforderlich ist.
Der objektive Informationsbedarf beschreibt die erforderlichen Informationen aus der Sicht der zu bearbeitenden Aufgabe, während der subjektive Informationsbedarf (Informationsbedürfnis) die notwendigen Informationen aus der Sicht des Informationsnutzers beinhaltet. Objektiver und subjektiver Informationsbedarf können aus vielfältigen Gründen divergieren, weil z.B. Wissen über verfügbare Informationsquellen fehlt. Der Informationsbedarf ist darüber hinaus eine Funktion der dem Informationsnachfrager zur Verfügung stehenden Macht. Dies führt häufig dazu, daß massiver Druck seitens der Handelsbereiche (Fachabteilungen) auf die Organisations- bzw. Informatikbereiche der Banken ausgeübt wird, ständig neue oder verbesserte Informationsbeschaffungs- bzw. Informationsverarbeitungssysteme bereitzustellen. Der Lebenszyklus [5] dieser Informationssysteme verkürzt sich daher stetig von früher vielen (5 - 6) Jahren, zu jetzt wenigen (2 -3) Jahren. Dies mag als teilweise Erklärung dafür dienen, daß die Kostenentwicklung im Bereich der Informatik im Verhältnis zur allgemeinen Kostenentwicklung progressiv verläuft.

Nur ein gewisser Teil des Informationsbedarfs bzw. -bedürfnisses wird als Informationsnachfrage wirksam. Dabei spielt das Informationsverhalten des Nachfragers eine entscheidende Rolle. Es wird zum einen bestimmt durch die Aufnahmefähigkeit, -bereitschaft und Verarbeitungskapazität der Person bzw. Organisationseinheit, zum anderen spielen die zu erwartenden Kosten der Bereitstellung dieser Informationen (siehe oben) eine wichtige Rolle.

Zur Ermittlung des Informationsbedarfs stehen verschiedene Methoden zur Verfügung. Die wichtigsten sind induktiver Art und beinhalten den Einsatz empirischer Erhebungen [6] durch die Organisationsabteilung. Simulations- und Szenariotechniken können ebenfalls angewendet werden. Am genauesten beschreibbar ist der objektive Informationsbedarf bei Aufgaben mit hohem Anteil repetitiver Funktionen, weil aus einem bekannten Arbeitsablauf weitgehend auf die zukünftigen Anforderungen an Informationen geschlossen werden kann. Ist der Wiederholungsanteil jedoch gering, wie z.B. bei neuartigen Aufgabenstellungen, oder kann der Informationsbenützer den

---

[5] engl. Lifecycle, bezeichnet die Zeitspanne von der Einführung in die Produktion bis zum Ersatz durch ein neueres System

[6] Befragung, Beobachtung, teilnehmende Beobachtung usw.

objektiven Informationsbedarf nicht genau genug beschreiben, ist der Informationsbedarf a priori nur sehr unvollständig erkennbar. Dies beinhaltet das Risiko der Überdimensionierung von Informationsbeschaffung bzw. Informationsverarbeitung mit den Konsequenzen von Kostenexplosion im Bereich EDV und Informations - "Overkill" beim Informationsnutzer. Diese Erkenntnis ist bei der Gestaltung von Informationssystemen, insbesonders Endbenützer-Systemen zu berücksichtigen und auf eine entsprechende Skalierbarkeit [7] solcher Systeme zu achten.

Der Informationsbedarf eines Entscheidungsträgers kann außerdem nur dann eindeutig festgestellt werden, wenn es ein Modell des Entscheidungsprozesses beziehungsweise Führungssystems gibt. Informationssysteme sind deshalb Subsysteme des Führungssystems eines Unternehmens.

[7] engl. scaleable systems, stufenlose Erweiterbarkeit eines Informationssystems zur Anpassung an den Bedarf

3. Informationsmanagement

Informationsmanagement (IM) akzentuiert die Bedeutung von Information als Produktionsfaktor bzw. als Wettbewerbsfaktor. Das Bewußtsein, daß die Leistungen von Mitarbeitern in entscheidungskritischen Bereichen in erheblichem Umfang von der Qualität der Informationsversorgung abhängen, hat in den letzten Jahren deutlich zugenommen. Hierfür waren einerseits die Fortschritte in der Informationstechnologie (IT), andererseits die Erkenntnis verantwortlich, daß Faktoren wie "Geschwindigkeit der Informationsverarbeitung" und daraus resultierende Aktions- und Reaktionsgeschwindigkeit vor allem auf den Finanzmärkten zu kritischen Faktoren [8] für den Unternehmenserfolg geworden sind.

Nachfolgend wird IM als umfassender strategisch orientierter Managementansatz verstanden. Zur Konkretisierung können sechs Hauptfunktionen hervorgehoben werden:

1. Analyse des Informationsbedarfs und der Informationsverarbeitungs-Bedürfnisse der Fachabteilungen in den Handelsbereichen
2. Analyse wieweit die vorhandenen technologiegestützten Anwendungssysteme den vorhandenen Informationsbedarf bzw. die Informationsverarbeitungs Bedürfnisse befriedigen können
3. Mittel- bis langfristige Anwendungssystemplanung
4. Daten- und Funktionenarchitektur bzw. globale Daten- und Funktionen Modellierung
5. Planung von Beschaffung und Einsatz der IT-Ressourcen
6. Controlling der gesamten betrieblichen Informationsversorgung auf Wirksamkeit und Wirtschaftlichkeit

IM wird als globaler Managementansatz gegenwärtig umfassend in der internationalen Finanzwirtschaft implementiert und wird in den kommenden Jahren die Unternehmensstrategien global tätiger Institute erheblich beeinflussen.

---

[8] engl. Critical Success Factors (CSF), siehe Executive Information Systems (EIS)

4. Informationssysteme

Informationssysteme aus dem Bereich der Informations-Technologie können je nach ihrer funktionellen und strategischen Ausrichtung in die folgenden Kategorien eingeteilt werden:

I. Management-Informationssysteme (MIS)
II. Entscheidungs-Unterstützungssysteme (EUS) [9]
III. Executive Information Systems (EIS)
IV. Personal Information Management Systems (PIMS)
V. Strategische Informationssysteme (SIS)

Nachfolgend werden die Grundlagen aller dieser Kategorien von Informationssystemen beschrieben, wenngleich der Schwerpunkt dieser Arbeit bei Entscheidungs-Unterstützungssystemen (EUS) im Umfeld der Finanzwirtschaft liegt.

4.1 Management-Informationssysteme (MIS)

4.1.1 Entstehung und Definition

Der Begriff "Management-Informationssysteme" (MIS) entstand in den 60-er Jahren in den USA mit dem Bestreben, den Einsatz von Datenverarbeitung über die damals dominierenden Abrechnungsarbeiten hinaus auszudehnen. Der führende Pionier auf dem Gebiet der Management-Informationssysteme und zugleich einer der bekanntesten Managementtheoretiker seiner Zeit, Russell L. Ackoff hat bereits 1967 einige sehr interessante Thesen zur Arbeit des Entscheidungsträgers und der Unterstützungs- möglichkeiten durch den Computer in seinem berühmten Artikel "Management Misinformation Systems" aufgestellt.

Die Kernthesen daraus lauten:

- Viele Entscheidungsträger leiden nicht an zu wenig relevanten, sondern an zu vielen irrelevanten Informationen.
- Dieses als "Information Overload" bekannte Problem wird mit der zunehmenden Verbreitung des Computereinsatzes noch erhöht, da eine Vielzahl von Daten bereits im Rahmen der operativen Datenverarbeitung gesammelt werden müssen und somit quasi als Abfallprodukt den Entscheidungsträgern zur Verfügung gestellt werden.
- Dies führt jedoch zu Problemen gemäß dem von Finagle formulierten Gesetz von der Information: Die Informationen, die ein Entscheidungsträger hat, sind nicht die die er will, jedoch die Informationen, die er bräuchte, sind auch nicht die, die er bekommen kann.

---

[9] engl. Decision Support Systems (DSS) häufiger im Gebrauch als das deutsche Pendant

Es reicht demnach nicht aus wenn der Entscheidungsträger zur Lösung seiner Sachprobleme mit Hilfe von MIS Datenabfragen generieren kann, denn nicht die Generierung von Informationen sollte im Vordergrund stehen, sondern die Aussonderung, das zielgerichtete Ausfiltern irrelevanter Daten, die den Blick auf das Wesentliche verstellen.

In der wissenschaftlichen Literatur entwickelte sich eine breit und teilweise heftig geführte Diskussion um die Definition von MIS.
In der betriebwirtschaftlichen Praxis wurden als MIS völlig uneinheitlich:

- sämtliche EDV Anwendungssysteme überhaupt
- Berichtssysteme mit oder ohne Gegenüberstellung von Soll- und Ist-Daten
- reine Abfrage- und Auskunftssysteme der operativen Ebene
- alle Anwendungssysteme denen erstmals eine Datenbank [10] zugrundelag verstanden.

Mehrheitlich hat sich inzwischen die pragmatische Definition durchgesetzt, daß ein Informationssystem (MIS)

- den Entscheidungsprozess im Unternehmen durch die rechtzeitige Bereitstellung relevanter Informationen unterstützen,
- computergestützt arbeiten und
- auf einer Datenstruktur (strukturiertes Informationssystem), in der Regel unter Verwendung eines Datenbankverwaltungssystems, aufgebaut sein soll.

Nicht zu den MIS zählen also Abrechnungssysteme (auch im Dialogbetrieb), ferner Buchungs- und Auskunftssysteme, sowie reine Nachrichtensammlungen, z.B. durch professionelle Informationsdienste. Dabei wird nicht ausgeschlossen, daß externe Informationen aus sogenannten Online- oder Wirtschafts-Datenbanksystemen [11] in strukturierter Form in betriebliche Informationssysteme integriert werden. Weil sich Management-Informationssysteme generell an das Management bzw. die Entscheidungsträger richten, wird inzwischen häufig die Kurzform "Informationssysteme" (IS) gewählt. IS lassen sich grundsätzlich der Gruppe von Entscheidungs-Unterstützungssystemen (EUS) [12] zurechnen.

---

[10] Datenbanktechnologie befasst sich mit dem Gebiet der EDV gestützten Verwaltung von Massendaten, um die Auswertbarkeit der Daten nach beliebigen Gesichtspunkten im Sinne eines Informationssystems (MIS) zu garantieren

[11] siehe Kapitel 7 ff.

[12] siehe Kapitel 4.2 ff.

4.1.2 Arten und Inhalte

Die mit dem Begriff MIS aufgekommene Vorstellung, IS müßten das gesamte Unternehmen umfassen ("totales MIS"), war wegen des immensen Aufwands für die Erfassung und Pflege aller Daten und wegen des instabilen Charakters der meisten betrieblichen Organisationsstrukturen zum Scheitern verurteilt.
IS werden deswegen heute (als sogenannte "partielle" IS)

- entweder auf konkrete betriebliche Funktionen bzw Aufgaben ausgerichtet [13]
- oder auf der Datenbasis von Dispositions- und Abrechnungssystemen betrieblicher Funktionsbereiche aufgebaut [14].

Inhalt und Aufbau von IS hängen im wesentlichen ab

- von der Form der Unternehmenshierarchie ("Informationspyramide")
- von der Phase des Führungsprozesses, die das IS unterstützen soll (z.B. Planungsprozesse)
- von der Herkunft der Daten (intern, extern)
- von der Art der Daten (Mengen, Werte und dergleichen)
- von den EDV technischen Realisierungsmöglichkeiten und
- von Gesetzen, Vorschriften und Vereinbarungen.

Zu den klassischen IS gehören Kontrollsysteme, die in Form periodisch erstellter Berichte Plan- und Ist-Daten gegenüberstellen und betriebswirtschaftlich auswerten.

4.1.3 Entwicklung und Realisierung

Die Entwicklung von IS vollzieht sich nach den bekannten Phasen des Systementwicklungsprozesses [15] wobei der Phase Systemanalyse [16], insbesonders der Ermittlung des Informationsbedarfs [17] besonderes Gewicht zukommt. Für den Entwurf von IS sind spezielle, teilweise computerisierte methodische Konzepte aufgestellt worden [18]. Die Implementierung von IS war früher an die Verfügbarkeit von EDV Großrechner-Anlagen gebunden. Inzwischen haben Mikrocomputer die Möglichkeit eröffnet,

- funktions- bzw. aufgabenorientierte IS als Insellösungen schon mit PC's zu realisieren oder

---

[13] z.B. Projekt-Informationssysteme

[14] z.B. computergestützte Kennzahlensysteme des Finanz- und Rechnungswesens

[15] Phasenkonzept - strenge sequentielle Abfolge der Phasen mit definierten Meilensteinen bzw. Entscheidungs-/Genehmigungspunkten mindestens an jedem Phasenende

[16] Die Informatik versteht unter Systemanalyse den Prozeß, der in systematischen Schritten vom Problem zum Programm führt

[17] siehe Kapitel 2 und 3 ff.

[18] KSS - Kommunikations-System-Studie, CSF - Critical Success Factors, BOSP - Business Office Systems Planning

- durch die Verbindung PC/Host zentrale IS auf dem Host zu realisieren, bei denen die für festgelegte Empfängergruppen vorgesehenen Daten (nach File-Transfer oder Selektion) dezentral auf dem PC aufbereitet werden.

Für die Realisierung kommen auf dem zentralen Rechner Datenbank - Verwaltungssysteme mit nichtprozeduralen Abfragesprachen [19], auf den dezentralen Rechnern integrierte Softwarepakete mit Programmen für Tabellenkalkulation, Präsentationsgrafik oder dergleichen, zum Einsatz.
Eine Entwicklungsrichtung befaßt sich mit der Integration von IS und Expertensystemen [20], wobei letztere die Vorauswahl, die Interpretation und die Bewertung der Informationen erleichtern sollen. Die Realisierung von IS stößt in der betrieblichen Praxis nach wie vor auf Akzeptanzprobleme.

4.2 Entscheidungs-Unterstützungssysteme (EUS)

4.2.1 Begriff

Traditionell bezeichnen entscheidungsunterstützende Systeme (EUS) bzw. Decision Support Systems (DSS) interaktive, rechnergestützte Systeme, die Entscheidungsträger in schlecht oder unstrukturierten Entscheidungssituationen unterstützen. In diesen ist es nicht möglich oder nicht wünschenswert, den gesamten Entscheidungsprozeß durch ein automatisches System ausführen zu lassen, sondern es bedarf wesentlich der Urteilskraft und Erfahrung des Menschen. Diese Entscheidungssituationen sind typisch für die Handelsaktivitäten der internationalen Finanzwirtschaft, wo trotz teilweisen Einsatzes von On-Line Handelssystemen und Program Trading Systemen [21], die letzte Entscheidung nach wie vor beim Händler liegt.

Im Gegensatz zum "klassischen" Verständnis von Management-Informationssystemen (MIS) zeichnen sie sich durch einen aktiven Gebrauch unmittelbar durch den Entscheidungsträger (Devisenhändler, Portfolio Manager, Börsenhändler etc.) aus und verfolgen primär das Ziel der Effektivitätserhöhung anstelle der Verbesserung der Effizienz. Neuere Ansätze fassen das gesamte Unterstützungsspektrum von Managern oder anderen

---

[19] Sinn und Zweck ist die Wiedergewinnung von Informationen aus oft großen Datenbeständen ohne Zuhilfenahme eines herkömmlichen Programmes, wobei die Formulierung von Abfragen keine detaillierten Kenntnisse des zugrundeliegenden Systems erfordert

[20] Expertensysteme (XPS) oder Wissensbasierte Systeme (WBS) sind Computerprogramme, die in der Lage sind, die Problemlösungsfähigkeiten von Experten zu simulieren. Sie enthalten große Wissensmengen über ein eng begrenztes Spezialgebiet und berücksichtigen auch Faustregeln, sogenannte Heuristiken, mit denen Erfahrungswerte aus den Teilgebieten für spezielle Probleme nutzbar gemacht werden sollen

[21] siehe Kapitel 10.1 ff.

Entscheidungsträgern durch den Einsatz von Computern und Informations- bzw. Kommunikationstechnologien unter dem Begriff Management Support System (MSS) zusammen.

4.2.2 Klassifikation

In diesem Sinne lassen sich nach dem Kriterium der Unterstützungsart drei Klassen von MSS abgrenzen:

4.2.2.1 Data Support

Hierunter wird die reine Bereitstellung von Informationen ohne gezielte Ausrichtung auf deren Verwendung oder Anwender verstanden. Neben externen, öffentlichen oder privaten Datenbankdiensten [22] sind hierzu auch die operativen, transaktionsorientierten Datenbasen [23] innerhalb von Unternehmen zu rechnen. Technologisch gesehen wird Data Support durch Datenbank- und Kommunikations-Technologien realisiert und zeichnet sich durch komfortable Abfragesprachen [24] und eventuelle Verdichtungs- bzw. Verknüpfungsoperatoren aus. Diesbezügliche Anwendungen für die Führungs- und Entscheidungsebene werden unter dem Begriff Executive Information Systems (EIS) [25] zusammengefaßt.

4.2.2.2 Decision Support

Diese Unterstützungsart konzentriert sich auf eine bestimmte, konkrete Entscheidung oder eine Klasse von Entscheidungen. Darunter sind sowohl Einzel- und Gruppen- als auch Ad-hoc- und institutionalisierte, also ablauforganisatorisch geregelte, repetitive Entscheidungen zu verstehen. Decision Support basiert auf formalen, computer- gestützten Modellen, die von einfachen Definitionsgleichungen (Finanzplanung) bis zu komplexen Verhaltensgleichungen (Börsen- und Portfolio Analyse) reichen. Sie erlauben die Beantwortung von "What-if" und "How to achieve" Fragestellungen. Nach Problemklasse können sie als Tabellenkalkulationsprogramme [26],

---

[22] On-Line Datenbanken, siehe Kapitel 7 ff

[23] Datenbanktechnologie befasst sich mit dem Gebiet der EDV gestützten Verwaltung von Massendaten, um die Auswertbarkeit der Daten nach beliebigen Gesichtspunkten im Sinne eines Informationssystems (MIS) zu garantieren

[24] Sinn und Zweck ist die Wiedergewinnung von Informationen aus oft großen Datenbeständen ohne Zuhilfenahme eines herkömmlichen Programmes, wobei die Formulierung von Abfragen keine detaillierten Kenntnisse des zugrundeliegenden Systems erfordert

[25] siehe Kapitel 4.3 ff.

[26] Auch Spreadsheet-Systeme (SSS) genannt, bieten eine Werkzeugplattform für flexible, interaktive Manipulation tabellenorientierter Datenobjekte sowie an die Tabelle gebundener Graphikobjekte am multifunktionalen Computer-Arbeitsplatz durch Endbenützer

Optimierungs-, Simulations- [27] oder wissensbasierte Systeme (Expertensysteme) [28] realisiert sein.

4.2.2.3 Executive Support

Diese dritte Unterstützungsklasse ist nicht auf bestimmte Entscheidungen sondern auf bestimmte Entscheidungsträger oder -gruppen und deren Informationsbedarf [29] gerichtet (siehe auch Executive Information Systems (EIS)).

4.2.3 Aufbau

Entsprechend den Grundprinzipien "data handling" und "data modelling" besteht ein EUS prinzipiell aus den Komponenten Datenbank, Modellbank und Methodenbank [30], sowie einer Ablaufsteuerung, die diese untereinander sowie über einen eigenständigen, flexibel anpaßbaren Kommunikationsteil mit dem Benutzer verbindet.

Ebenso kann in ein Knowledge System (KS), ein Problem Processing System (PPS) und ein Language System (LS) unterschieden werden, wobei das KS neben Daten und Fakten auch komplexere Wissensarten wie Prozeduren und Regeln umfassen kann und dadurch zum Expertensystem mutiert.

4.2.4 Entwicklungswerkzeuge

Der Einzelfallcharakter von EUS, die Notwendigkeit schneller, evolutiver (adaptiver) Entwicklung [31], sowie die aktive Beteiligung des Endbenutzers zwecks Sicherstellung der Akzeptanz [32], erfordern den Einsatz leistungsfähiger Software Werkzeuge, z.B. Sprachen der 4. Generation oder Expertensystem-Shells [33].

Analog zur Ausrichtung von EUS auf Klassen von Problemen stellen diese DSS-Generatoren problemorientierte Agglomerationen von Methoden und Werkzeugen dar und umfassen insbesonders Komponenten zur Gestaltung der Benützer-Schnittstelle (Maskengeneratoren), zur Datenverwaltung (Data

---

[27] Simulation ist eine Vorgehensweise zur Analyse von Systemen durch Experimente mit einem Modell und nicht mit dem zu untersuchenden System

[28] Expertensysteme (XPS) oder Wissensbasierte Systeme (WBS) sind Computerprogramme, die in der Lage sind, die Problemlösungsfähigkeiten von Experten zu simulieren

[29] siehe Kapitel 2 und 4.3 ff.

[30] Eine Methodenbank umfasst eine Sammlung von Methoden, die in Form von Einzelprogrammen oder Programmbausteinen vorliegen können, sowie eine Reihe von Komponenten zur Verwaltung und Manipulation dieser Methodenbasis

[31] Entwicklung von Informationssystemen nach vorgegebenen Strategien in den Phasen des sogenannten Systemlebenszyklus (Phasenmodell)

[32] Akzeptanz bedeutet in der Informatik die Bereitschaft des Benutzers, fertiggestellte Anwendungssysteme in vorher definierten Umfang einzusetzen

[33] Eine Shell ist ein vollständiges Expertensystem ohne das anwendungsspezifische Wissen

Dictionary [34]), zum Datenimport und -export, zur Kopplung mit anderen EUS oder operativen Transaktionssystemen, sowie zur Integration von Großrechnern und Mikrocomputern.

4.3 Executive Information Systems (EIS)

Executive Information Systems (EIS), auch Executive Decision Support Systeme genannt, sollen besonders den höheren Entscheidungsebenen des Unternehmens direkten und möglichst einfachen Zugang zu unternehmensspezifischen erfolgskritischen Daten [35], aus internen und externen Quellen [36], verschaffen.
Dies geschieht über eine leicht bedienbare, einheitliche PC-Oberfläche, die Formen des elektronischen Berichtswesens mit typischen Zusatzfunktionen, z.B. zu Erstellung und Versand [37], und neuerdings auch Hypermedia [38] Funktionen integriert.
EIS dienen somit weniger der Vorbereitung von Entscheidungen wie z.B. mit Entscheidungs-Unterstützungssystemen EUS, als der Überwachung und der Initiierung von Entscheidungsprozessen [39].

Bei der Reduktion von Informationsflut und -komplexität helfen Ausnahmeberichte (Exception Reports), die durch optische Markierung oder Vorselektion auf Überschreitung individuell definierbarer Toleranzgrenzen für Datengruppen hinweisen. EIS Systeme stellen daher Systeme dar, die wesentliche Informationen aus umfangreichen Datenquellen fokussieren, aggregieren, extrahieren und in einer Form darstellen können, wie sie für einen Entscheidungsträger sinnvoll und verständlich sind.

Welche Features machen nun aber den spezifischen Charakter eines EIS aus? Es sind dies das sogenannte Briefing Book, das Color Coding, das Drill-Down,

---

[34] werden zur logisch zentralisierten Beschreibung der Daten verwendet

[35] Critical Success Factors (CSF), bzw. die Methode der kritischen Erfolgsfaktoren ist eine strukturierte Vorgehensweise zur Ermittlung des Informationsbedarfs von Entscheidungsträgern. Sie basiert auf dem Gedanken, daß es in jedem Unternehmen drei bis sechs den Erfolg bestimmende Schlüsselfaktoren gibt

[36] Online Datenbanken, siehe Kapitel 7 ff.

[37] Electronic Mail ist die elektronische Übermittlung von Dokumenten zwischen Absender und Empfänger über Wahl- oder festgeschaltete Leitungen

[38] Hypermedia setzt sich aus den Begriffen Hypertext und Multimedia zusammen. Informationen werden nicht in Form linearer Textfolgen präsentiert, sondern bestehen aus voneinander unabhängigen Objekten (Nodes)

[39] Frühwarnsysteme sind Informationssysteme, die dem Benützer Gefahren so rechtzeitig sichtbar machen sollen, daß Zeit für Anpassungs- oder Gegenmaßnahmen verbleibt

die Kommunikationskomponente, die Trendanalyse, die Mensch-/Maschine-Schnittstelle und die Rolle der eingesetzten Hardware.

4.3.1 Briefing Book

Das Briefing Book stellt eine Art Informations-Datenbank dar, in der alle relevanten Berichte, Grafiken, Dokumente und Menüs enthalten sind. Wichtig für den Wartungsaufwand und die Systemflexibilität ist die Art der Datenhaltung. Man kann diesbezüglich zwischen dokumenten- und datenorientierten Systemen unterscheiden.
Bei dokumentenorientierten Systemen sind vorgefertigte, formatierte Berichte, sogenannte Screens als kleinste selektierbare Informationseinheiten gespeichert. Ein wesentlicher Nachteil der dokumentenorientierten Systeme liegt in der mangelnden Intelligenz des Drill Downs, also der Fähigkeit das Berichtswesen auf verschiedenen Detaillierungsstufen zu betrachten. Deshalb eignen sich dokumentenorientierte Systeme hauptsächlich für standardisierte Anwendungen mit geringer Datenflexibilität, wie sie beispielsweise im Finanzwesen zu finden sind.

Bei datenorientierten EIS sind sämtliche Berichte als Daten gespeichert, die adhoc je nach Bedarf zusammengestellt werden. Somit sind nicht die einzelnen Screens die kleinste selektierbare Informationseinheit, sondern der einzelne Datensatz. Dies führt zwar zu einem erhöhten Aufwand bei der Neuformatierung vorhandener Datenquellen während einer EIS Anwendung, erlaubt aber eine erhöhte Flexibilität für Ad-Hoc Abfragen. Außerdem wird dadurch ein selektives Ausnahmeberichtswesen mittels eines intelligenteren Drill Downs möglich. Deshalb eignen sich datenorientierte EIS besonders für Anwendungen mit hoher Datenflexibilität und -aktualität, wie sie zum Beispiel in den Handelsbereichen der Finanzwirtschaft zu finden sind.

Aus diesen Darstellungen geht hervor, daß die EIS Datenbasis als Dokumentenbibliothek mit bereits formatierten Berichten aus beliebigen Quellsystemen oder als relational orientierte Datenbank [40] für flexible, datengetriebene und sichtenspezifische Abfragen organisiert sein kann. Zu letzteren sind auch bedienerfreundliche PC-Interfaces auf externe Datenbankdienste [41] zu zählen.

---

[40] Datenmodelle sind wie die Anschauungs- und Idealmodelle der Wirtschaftswissenschaften lediglich Beschreibungen. Sie beschreiben jedoch keine Wirklichkeit, sondern die Semantik sowie maschinelle Repräsentation und Manipulation von Daten

[41] siehe Online Datenbanken Kapitel 7 ff.

4.3.2 Drill-Down

Während das Briefing Book die Basis für die Leistungsfähigkeit eines EIS darstellt, ist der Drill Down eines der wichtigsten Features, um den von Ackoff aufgezeigten Informations Overload zu beherrschen.
Drill-Down-Technik ermöglicht den gezielten Abruf von detaillierten Informationen in Stufen vordefinierter logischer Abhängigkeiten. Weiterentwicklungen zur Selektion interessanter Konstellationen liegen z.B. in der Ergänzung mit wissensbasierten Elementen [42].

4.3.3 Color Coding

Das zweite wichtige Feature ist das sogenannte Color Coding. Hier werden durch Farbmarkierungen in Form einer Ampel angezeigt, wann bestimmte Geschäftsfelder in Ordnung (grün) sind, wo es Problembereiche gibt (rot), oder wo sich möglicherweise ein Problem anbahnen könnte (gelb). Die sogenannten Toleranzschwellen [43] können dabei vom Entscheidungsträger selbst eingestellt werden. Durch das Color Coding wird es dem Entscheidungsträger ermöglicht, auf einer möglichst aggregierten Ebene die Problemzonen eines bestimmten Geschäftsfeldes zu erkennen und dann mit Hilfe des Drill Down und der Trendanalyse sich auf die Ursachensuche zu begeben.

4.3.4 Trendanalyse

Die Trendanalyse ist ein weiteres wichtiges Merkmal eines EIS. Mußte man bisher in einer Vielzahl von Listen suchen, wenn man Aussagen zu Entwicklungen im Zeitablauf machen wollte, so stehen diese Informationen im Idealfall nun auf Knopfdruck bereit. Häufig war jedoch der Suchaufwand so unverhältnismäßig hoch, daß oft auf eine, auch wichtige, Information lieber ganz verzichtet wurde, frei nach Finagles viertem Gesetz: "Die Informationen die ein Entscheidungsträger bekommen will, kosten mehr, als er dafür zu zahlen bereit ist". Dies zu beseitigen ist letztendlich eines der häufigsten Motive zur Einführung eines EIS im unternehmerischen Umfeld.

4.3.5 Kommunikation

Eine weitere wichtige Komponente eines EIS stellen dessen Kommunikationsmöglichkeiten dar. Hier unterscheidet man zwischen der internen, auf einzelne Screens bezogenen Kommunikation und der externen auf Wettbewerbsanalysen, Börseninformationen und Nachrichtendienste bezogenen Kommunikation. Insbesonders bei den beiden letzteren scheinen nach einer Umfrage von Roland Berger & Partner die Anwender von EIS noch erhebliche Probleme zu sehen, die aber weniger in der technischen Machbarkeit als vielmehr in der Integration externer Informationen in den unternehmens-

---

[42] Expertisesysteme zum Unterschied von Expertensystemen (siehe Kapitel 5.3 ff.) sind eine Variante dieser und dienen der Führungsinformation. Man kann diese auch als Übertragung der wissensbasierten Diagnose vom technischen in den betriebswirtschaftlichen Bereich sehen

[43] Thresholds oder Schwellenwerte

internen Kontext und in den relativ hohen Gebühren für solche externen Dienste bestehen.

4.3.6 Mensch-/Maschine-Schnittstelle

Die Mensch-/Maschineschnittstelle schließlich ist zunehmend geprägt von einer objektorientierten Benützeroberfläche mit Maus und der Tastatur als Eingabeinstrument. Nach neuesten Umfragen dominiert diese Konfiguration bei 96 % der Anwender, während jeweils 2 % nur die Tastatur beziehungsweise Touchscreens [44] einsetzen. Bei der Gestaltung von EIS kommt der Benützerfreundlichkeit, z.B. durch Touchscreen, Maus oder Infrarot-Fernbedienung und graphische Oberflächen, sowie der Integration von Daten, Text und leistungsfähiger Präsentationsgrafik hohe Bedeutung zu.

4.3.7 Hardware Plattformen

Sicherlich haben die moderne Datenbanktechnologie und der weltweite Siegeszug des PC neue technische Rahmenbedingungen geschaffen, die zu Ackoff's Zeiten fortschrittlichere Lösungen verhindert haben. Einer der größten Streitpunkte ist jedoch immer noch die Diskussion über die zweckmäßigste Hardwareplattform für ein EIS. Grundsätzlich gibt es vier Alternativen, von denen aber nur zwei wirklich relevant sind. Weder die rein Host- noch die rein PC-orientierten Systeme spielen heute eine große Rolle. Relevant sind praktisch ausschließlich die PC-Host integrierten und die PC-Netz basierten Systeme. Während eine IDC Umfrage 1989 noch eine starke Dominanz der PC-Host integrierten Systeme mit einer Quote von 85 % feststellte, zeigte eine gleichartige Umfrage 1992 nur noch eine Quote von 60 % für diese Systemkategorie an.

Bei den PC-Host integrierten Systemen versucht man die Vorteile des PC's als intelligentem Front-End und der guten Benützeroberfläche mit denen des Hosts, als leistungsfähigen Massenspeicher zu verbinden. Für die Funktionalität, den Entwicklungsaufwand und die Wartbarkeit eines solchen EIS kommt es aber ganz wesentlich auf die Schnittstelle zwischen Host und PC an.

Bei den PC basierten Systemen handelt es sich ausschließlich um Netzwerklösungen. Hierbei spielt sicherlich die wachsende Leistungsfähigkeit der PC's eine entscheidende Rolle. Aber auch die in den letzten Jahren getätigten Investitionen in entsprechende Netzinfrastrukturen müssen sich amortisieren. Schließlich ermöglicht ein PC-basiertes System eine höhere Flexibilität in Entwicklung und Betrieb und vermeidet dadurch die im Host-Bereich häufig herrschende Softwarebürokratie.

---

[44] Bildschirme mit berührungsempfindlicher Oberfläche und Systeme welche diese bildschirmorientierte Arbeitsweise des "point and shoot" unterstützen

Für eine erfolgreiche Einführung von EIS sind hohes Engagement der Führungsebene, organisatorische Regelungen zur laufenden Informationsaktualisierung sowie Maßnahmen zur Schaffung von Benützerakzeptanz notwendig, um die erforderliche hohe Qualität der Informationen zu gewährleisten.

4.4 Personal Information Management Systeme (PIMS)

Personal Information Management Systeme (PIMS), auch Random Information Processors (RIPS) genannt, sind PC gestützte Applikationen, die es dem Benützer ermöglichen, Informationen seinen persönlichen Anforderungen entsprechend zu organisieren und flexibel zu strukturieren.
Im Gegensatz zu anderen Werkzeugen der individuellen Datenverarbeitung [45], beschränken sich die Bearbeitungsfunktionen jedoch nicht auf strukturierte Daten. Auch unregelmäßige, in variabler Länge und Gestalt anfallende Text- und Zahleninformationen, die bisher mangels geeigneter EDV-Unterstützung auf zahlreichen unterschiedlichen Papierdokumenten (Kalender, Notizzettel etc.) niedergelegt oder lediglich mit Textverarbeitung editiert wurden, können sofort ohne Einhaltung von formalen Restriktionen in einem elektronischem Datenpool gespeichert und bei Bedarf mittels integrierter Methoden des Information Retrieval [46] rasch wiedergefunden werden. Unter einer einheitlichen, leicht erlernbaren Benützeroberfläche kann der Anwender die aus verteilten Datenbasen gesammelten Informationen assoziativ untereinander, in einigen PIMS auch mit weiteren Medien verknüpfen [47].
Das Spektrum der unter PIMS im weiteren Sinne subsumierten Software reicht von zeichenorientierten Suchprogrammen als Bestandteil speicherresidenter Utilities [48], über Suchprogramme mit umfangreichen Zusatzkomponenten zur

[45] Die individuelle Datenverarbeitung (IDV) stellt innerhalb der beiden Nutzungsformen der Datenverarbeitung - Stapelverarbeitung und interaktive Verarbeitung - eine besondere Ausprägungsform dar. Während die traditionelle EDV die Arbeitsabläufe einzelner Unternehmenseinheiten automatisiert, unterstützt die IDV arbeitsplatzspezifische, im allgemeinen nicht periodisch auftretende Arbeitsabläufe.

[46] Bei der Wiedergewinnung von Informationen aus einer großen Menge gespeicherter Daten unterscheidet man zwischen drei Arten des Information Retrieval: dem Daten-Retrieval mit Hilfe von Datenbank-Verwaltungssystemen, dem Wissens- bzw. Fakten-Retrieval mit Hilfe von Expertensystemen und dem Dokumenten-Retrieval mit Hilfe von Informations-Retrieval Systemen.

[47] Bei Hypermedia Systemen auch verknüpfbar mit Objekten wie Video, Klang, Bilder, Graphiken und dgl.

[48] Hilfsprogramme welche sich im Speicher befinden und zusätzlich zur gerade aktiven Applikation im Hintergrund mittels Hot-Key verfügbar sind

Informationsaufbereitung und -präsentation, bis hin zu sogenannten Note Managers (elektronische Zettelkästen).
Typischerweise handelt es sich jedoch entweder um durch Datenverarbeitungsfunktionen ergänzte Retrievalprogramme oder Datenbanksysteme welche um Retrievalkomponenten erweitert wurden. Wesentliche Leistungsmerkmale sind daher Browser (zum Überblick über die gespeicherten Informationen), Rechen- und Sortierfunktionen, leistungsfähige Abfragemöglichkeiten des Datenpools und Report-Generator. Einzelne PIMS verfügen über Spezialfunktionen wie Verschlüsselungs-mechanismen für vertrauliche Daten oder die direkte Kopplung mit anderen Programmen über Hotlinks [49].
Aufgrund der vielschichtigen Quellen und Ziele der Informationen kommt umfassenden Import- und Exportoptionen entscheidende Bedeutung zu. Insbesonders sollen neben den gängigen Konvertierungsformaten auch per Scanner [50] eingelesene Daten verarbeitet werden können.
Mit geeigneten Schnittstellen [51] zu Programmen des Desktop Publishing und Elektronischer Post (E-Mail) können PIMS zur Reduzierung der Papierflut in Unternehmen beitragen und eine bedeutsame Ergänzung von Management Informationssystemen (MIS), Executive Information Systems (EIS) oder Entscheidungsunterstützenden Systemen (EUS) bilden, da sie in der Regel Informationen enthalten, die in den genannten Systemen nicht berücksichtigt sind. Naheliegende Einsatzgebiete sind die Tätigkeit des Organisators und des Projektmanagements, wo eine Vielzahl unstrukturierter Daten auftritt.
Der Einsatz von PIMS läßt Entscheidungsträgern mehr Zeit für die eigentlichen Managementaufgaben und ermöglicht so eine Verbesserung der Produktivität am einzelnen Arbeitsplatz oder von Arbeitsgruppen [52]. Gegenwärtig fehlen in den Unternehmen noch weitgehend die technischen und organisatorischen Voraussetzungen, um an jedem Arbeitsplatz umfassende, in einem Toolverbund nutzbare PIMS zur Verfügung zu stellen.

---

[49] Standardisierte Hotlinks wie DDE oder Hyperlinks, sowie OLE Links als auch spezielle programmspezifische Hotlinks (z.B. herstellerspezifisch)

[50] Lesegerät welches mit Hilfe von Leuchtdioden (LED) Informationen auf einer Vorlage abtastet und als graphische Informationen (Pixel) in den Speicher des Computers überträgt. Man unterscheidet zwischen Handscanner, Trommelscannner, Flachbettscanner und Einzugsscanner.

[51] Interaktionsstelle zwischen Subsystemen, die z.B. durch eine Leitung sichtbar repräsentiert ist. Die physikalische Ausprägung der Leitung selbst und die Abläufe auf dieser Leitung (Protokolle) bezeichnet man als Schnittstelle

[52] Als Groupware bezeichnet man Software für die Gruppe als Computerunterstützung für die Verwendung in Arbeitsgruppen oder Projektteams. Groupware betont die Zusammenarbeit und nicht die individuelle Datenverarbeitung

4.5 Strategische Informationssysteme (SIS)

EDV kann in unterschiedlicher Weise zur Unterstützung strategischer Entscheidungen eingesetzt werden. Ein verbreitetes Hilfsmittel sind Unternehmensmodelle [53], die das ganze Unternehmen oder nur Teilbereiche abbilden und es erlauben, Sensitivitätsanalysen durchzuführen. Eine Untersuchung der Auswirkungen unterschiedlicher strategischer Entscheidungen wird so möglich.

Die in der strategischen Planung wichtige Entwicklung von Szenarien kann durch Cross-Impact-Analysen [54] unterstützt werden. Durch Simulation mit für ein bestimmtes strategische Umfeld relevanten Ereignissen, ihren gegenseitigen Abhängigkeiten und ihren Eintrittswahrscheinlichkeiten können alternative Szenarien generiert werden, die jeweils durch die in der Simulation eingetretenen Ereignisse beschrieben sind.
Eine Möglichkeit, Aufschlüsse über die zukünftige Entwicklung des Unternehmens zu erhalten, besteht in der Überlagerung der Lebenszyklen aller bestehenden und geplanten Produkte eines Unternehmens. Mit Hilfe von Prognosemodellen [55] werden die Umsatzkurven der einzelnen Produkte vorhergesagt. Durch Überlagerung entsteht eine Funktion des Gesamtumsatzes über die Zeitschiene. Diese ist der Ausgangspunkt einer Erfolgsrechnung, bei der unter Berücksichtigung von gespeicherten oder errechneten Kostenverläufen die Überschüsse und die Liquiditätspositionen prognostiziert werden.

Durch die Abbildung von u.a. auf Portfolioansätzen basierenden Regeln in einem wissensbasierten System (vgl. Expertensystem), werden im Dialog mit dem Rechner Normstrategien für die jeweilige Entscheidungssituation ausgewählt. Die besondere Stärke dieser Anwendung liegt darin, daß ihr Aufbau eine einfache Ergänzung der Wissensbasis um weitere Regeln möglich macht. Dadurch kann sichergestellt werden, daß alle einmal als relevant erkannten Faktoren in zukünftigen Analysen berücksichtigt werden können.

Die Entwicklung der Bürokommunikation ermöglicht zeitlich asynchrone Kommunikation, wodurch der Koordinierungsaufwand abgebaut und die Vorgangsentwicklung beschleunigt werden kann. Neben diesen Einsatzmöglichkeiten der EDV zur Durchführung von Analysen, die direkt in

---

[53] Unternehmensmodelle beschreiben die Zusammenhänge zwischen den Teilbereichen bzw. Aktivitäten eines Unternehmens, wie Umsatz, Produktion und Finanzierung

[54] Eine Methode, die versucht die Auswirkungen, die von bestimmten Entwicklungen auf andere Entwicklungen ausgeht, numerisch zu erfassen.

[55] Prognosemodelle sind eine Untermenge der Unternehmensmodelle und benützen wie diese eine spezialisierte Wissendatenbank

strategische Entscheidungen einfließen, erlaubt die Verwendung von Präsentationsgrafik, die Ergebnisse dieser Analysen in überzeugender Weise darzustellen, was für die Entscheidungsfindung von Führungsgremien von besonderer Bedeutung ist.

4.6 Informationssysteme in den Bank-Handelsbereichen

Es existieren wenige Bereiche in der Wirtschaft, in welchen eine so große Anzahl unstrukturierter Massendaten [56] anfällt, wie in der internationalen Finanzwirtschaft. Gerade in diesem Bereich ist die Verzahnung zwischen Wirtschaft und Politik so eng, daß die Auswirkungen mikro- oder makropolitischer Ereignisse nahezu unvorhersehbare Einflüsse auf Preis- und Absatzentwicklung haben. Diese Arbeit wird den Nachweis erbringen, daß Informationssysteme in den Bank-Handelsbereichen singulär keiner der bisher beschriebenen Gruppen von Informationssystemen zuordnungsfähig sind. Sie sind vielmehr eine Mischform aus allen beschriebenen Informationssystemen mit unterschiedlich akzentuierter Schwerpunktsetzung je nach Marktsegment und Handelsbereich. In jedem Falle sind diese Informationssysteme ein hochspezialisiertes Teilgebiet der Betriebsinformatik mit einem ausgeprägtem Unterbau in Finanzmathematik und -methodik und einer Spezialisierung bis hin zur Prognostik [57] zukünftiger Markt- und Kursentwicklungen.

Da alle Arten von Wirtschafts-Informationssystemen aus dem einen oder anderen, sowie Mischformen der in dieser Arbeit beschriebenen Informationssysteme bestehen, ist die Gesamtheit dieser fünf die Gesamtmenge. Jedes Wirtschafts-Informationssystem besteht aus Komponenten dieser Gesamtmenge. Bank-Handelsinformationssysteme sind somit eine Teilmenge mit mehr oder weniger starker Ausrichtung auf eine der Komponenten. Diese Ausrichtung wird definiert durch die spezifische Arbeitsplatzbeschreibung des Benützers. Die nachfolgende Abbildung veranschaulicht diese Aussage.

---

[56] Kursdaten von Börsen und anderen Handelsplätzen, Preise und Notierungen von Finanzinstrumenten und Waren, Wirtschafts- und Politiknachrichten und dgl.

[57] Voraussage einer zukünftigen Entwicklung auf der Grundlage systematisch ermittelter Daten unter Verwendung wissenschaftlicher Erkenntnisse

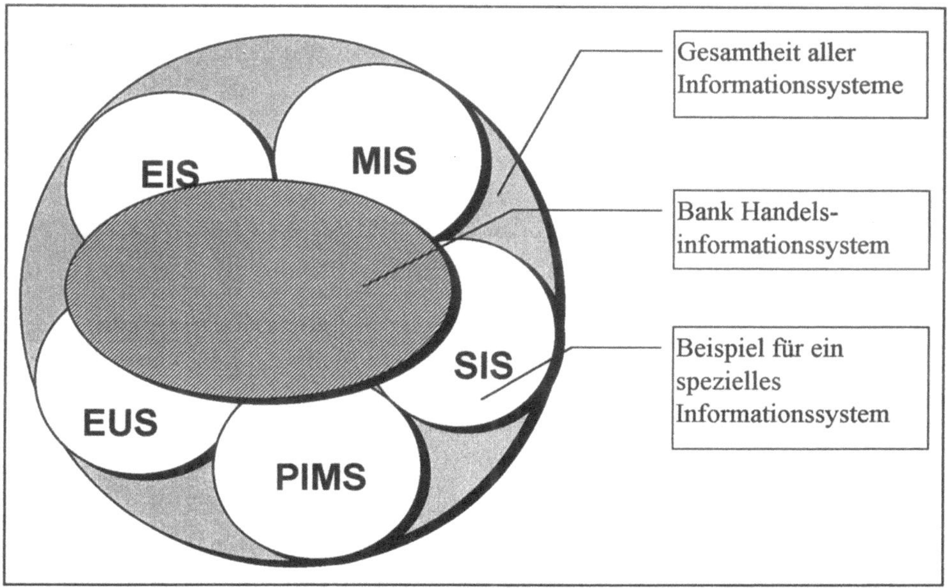

Abbildung 1: Funktionelle Zuordnung von Informationssystemen (Verteilungsmuster [58])

Die nachstehende Tabelle zeigt die wichtigsten funktionellen Schwerpunkte dieser speziellen Informationssysteme als Grundlage für ein Profil-Diagramm. Die immer bestehenden Übergangsbereiche, welche durch eine einfache Ja/Nein Nomenklatur nicht erfaßt werden können, werden hier wegen der Über-sichtlichkeit vernachlässigt [59].

[58] Je nach exaktem Einsatzgebiet des Bank-Handelsinformationssystems kann es zu fließenden Veränderungen des Patterns, bzw. zu Verschiebungen innerhalb des Gesamtkreises kommen

[59] Im Profil-Diagramm werden diese Übergänge mittels einer feineren Skalierung fliessender dargestellt

Nr.	Funktions - Schwerpunkt	MIS	EUS	EIS	SIS	PIMS
1	Allgemeine Managementinformation	ja	nein	ja	ja	nein
2	On-Line Wirtschaftsinformationen	ja	ja	ja	ja	nein
3	Disposition- und Abrechnung	nein	nein	nein	nein	nein
4	Controlling und Auditing	ja	nein	ja	nein	nein
5	Prognosen und Forecasting	nein	ja	nein	ja	nein
6	Simulation und Optimierung	nein	ja	nein	ja	nein
7	Entscheidungsprozess Überwachung	nein	nein	ja	ja	nein
8	Unstrukturierte Datensammlung	nein	nein	nein	nein	ja
9	Personenbezogene Ausrichtung	nein	nein	nein	nein	ja
10	Unternehmensbezogene Ausrichtung	ja	nein	ja	ja	nein
11	Marktbezogene Ausrichtung	nein	ja	ja	nein	nein
12	Unternehmensmodelle	nein	nein	nein	ja	nein
13	Sensivitätsanalyse	nein	ja	nein	ja	nein
14	Cross Impact Analyse	nein	nein	nein	ja	nein
15	Organisation und Ressourcen	ja	nein	ja	nein	ja

Tabelle 2: Informationssysteme Funktions - Schwerpunkt

Die Profil-Tabelle zeigt die Gewichtungen der funktionellen Schwerpunkte zur präziseren Kategorisierung der Informationssysteme. Dabei kommt die folgende Skala zur Anwendung:

Sehr hoch = 5 Hoch = 4 Mittel = 3 Teilweise = 2 Wenig = 1 Gar nicht = 0

Nr	Funktions - Schwerpunkt	MIS	EUS	EIS	SIS	PIMS
1	Allgemeine Managementinformation	5	1	4	5	1
2	On-Line Wirtschaftsinformationen	3	5	3	2	0
3	Disposition- und Abrechnung	1	0	0	0	0
4	Controlling und Auditing	4	0	5	1	0
5	Prognosen und Forecasting	0	5	0	4	0
6	Simulation und Optimierung	0	5	0	5	0
7	Entscheidungsprozess Überwachung	2	0	5	4	0
8	Unstrukturierte Datensammlung	0	0	0	0	5
9	Personenbezogene Ausrichtung	0	0	0	0	5
10	Unternehmensbezogene Ausrichtung	5	1	4	5	1
11	Marktbezogene Ausrichtung	2	5	4	4	1
12	Unternehmensmodelle	0	0	0	5	0
13	Sensivitätsanalyse	0	4	0	5	0
14	Cross Impact Analyse	0	0	0	5	0
15	Organisation und Ressourcen	3	0	4	0	4

Tabelle 3: Informationssysteme Gewichtung

Aus dieser tabellarischen Gewichtung leiten sich die beiden folgenden Gewichtungsdiagramme ab.

Das erste Diagramm zeigt durch summarische Darstellung der einzelnen funktionellen Schwerpunkte, die wichtigsten Basisfunktionen für Informationssysteme im allgemeinen.

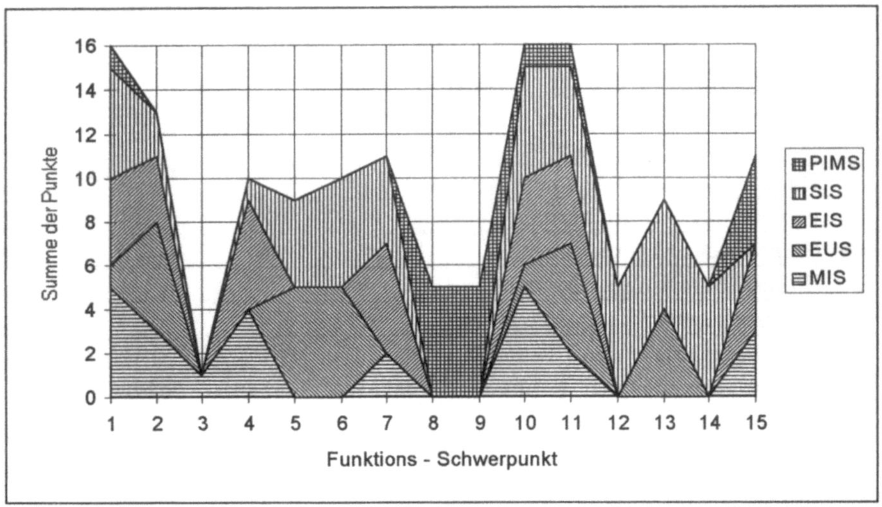

Abbildung 1: Spitzendarstellung der funktionellen Schwerpunkte

Das zweite Diagramm kumuliert alle Funktionen auf die Summe von 100 % und zeigt damit durch die Flächen, die jeweiligen funktionellen Schwerpunkte.

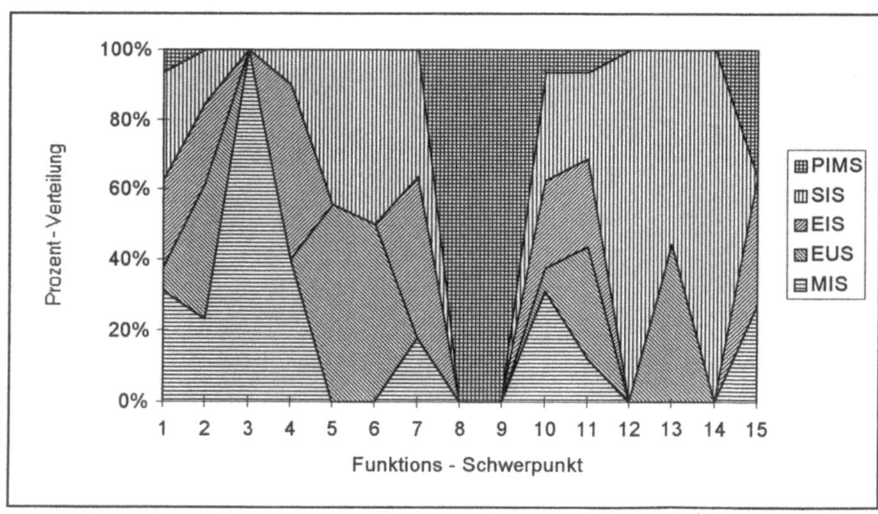

Abbildung 2: Flächendarstellung der funktionellen Schwerpunkte

Aus den obigen Darstellungen ergibt sich unter Berücksichtigung der Durchschnittsanforderungen [60] eines "Front-End" Arbeitsplatzes in der Finanzwirtschaft, das in der folgenden Tabelle ausgewiesene Anforderungsprofil.

Nr	Funktions - Schwerpunkt	MIS	EUS	EIS	SIS	PIMS	Av	Su
	Gewichtung in %	10	100	60	30	10		
1	Allg. Managementinfo	0,5	1	2,4	1,5	0,1	1,1	5,5
2	On-Line Wirtschaftsinfo	0,3	5	1,8	0,6	0	1,5	7,7
3	Disposition und Abrechnung	0,1	0	0	0	0	0	0,1
4	Controlling und Auditing	0,4	0	3	0,3	0	0,7	3,7
5	Prognosen und Forecasting	0	5	0	1,2	0	1,2	6,2
6	Simulation und Optimierung	0	5	0	1,5	0	1,3	6,5
7	Entscheid.prozess Überwach.	0,2	0	3	1,2	0	0,9	4,4
8	Unstrukturierte Datensamml.	0	0	0	0	0,5	0,1	0,5
9	Personenbezogene Ausricht.	0	0	0	0	0,5	0,1	0,5
10	Unternehmensbez. Ausricht.	0,5	1	2,4	1,5	0,1	1,1	5,5
11	Marktbezogene Ausrichtung	0,2	5	2,4	1,2	0,1	1,8	8,9
12	Unternehmensmodelle	0	0	0	1,5	0	0,3	1,5
13	Sensivitätsanalyse	0	4	0	1,5	0	1,1	5,5
14	Cross Impact Analyse	0	0	0	1,5	0	0,3	1,5
15	Organisation und Ressourcen	0,3	0	2,4	0	0,4	0,6	3,1

Tabelle 4: Relative Funktionsgewichtung für Bank-Infosystem

[60] Bei hochspezialisierten Arbeitsplätzen wie z.B. dem ausschließlichen Handel mit synthetischen Instrumenten, verschieben sich je nach Spezialisierung bestimmte Komponenten nach oben oder unten

Das nachfolgende Diagramm verdeutlicht in auffallender Weise das spezifische Funktionsspektrum, welches für Bank-Informationssysteme in den Handelsbereichen erforderlich ist.

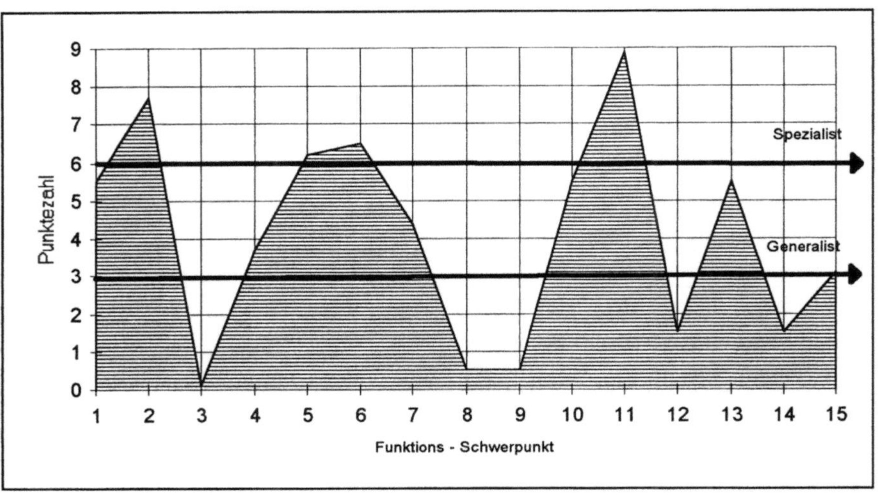

Abbildung 3: Anforderungsprofil für Bank-Infosystem

Das allgemeine Anforderungsprofil für Bank-Infosysteme im "Front-Office" [61] verdeutlicht die generellen Anforderungen an ein solches System. In diesen Bereichen sind jedoch sowohl Spezialisten als auch Generalisten tätig. Deren Anforderungen unterscheiden sich ebenfalls aus der Natur der Tätigkeit voneinander. Die in der obigen Abbildung gezogenen Schwerpunktlinien verdeutlichen diese Aussage. So kann aus dem Diagramm abgeleitet werden, daß die Hauptanforderungen an ein Bank-Infosystem, für diesen Bereich, sich etwa wie folgt gliedern lassen:

Spezialist:	2	On-Line Wirtschaftsinfo
	5	Prognosen und Forecasting
	6	Simulation und Optimierung
	11	Marktbezogene Ausrichtung
Generalist:	1	Allg. Managementinfo
	4	Controlling und Auditing
	7	Entscheidungsprozess Überwachung
	10	Unternehmensbezogene Ausrichtung
	13	Sensitivitätsanalyse
	15	Organisation und Ressourcen

[61] engl. Generalisierung für die Handelsbereiche, z.B. Devisenhandel oder Wertschriftenhandel

Überlappungsbereiche zwischen den Anforderungen des Spezialisten- und des Generalisten-Arbeitsplatzes bestehen in unterschiedlichem Maße immer. So kann manchmal eine Anforderung des Generalisten nach Zugang zu On-Line Wirtschaftsinformationen bestehen, wie auch der Spezialist ggf. Sensitivitätsanalysen benötigen wird.

Die in diesem Abschnitt behandelten theoretischen Grundlagen gelten, unabhängig von der spezifischen Aufgabe des "Front-Office" Arbeitsplatzes, durchgängig. Innerhalb der beschriebenen Funktions-Schwerpunkte liegt die dem Aufgabenbereich des Arbeitsplatzes zugeordnete funktionelle Spezialisierung. Diese wird in den nächsten Abschnitten dieser Arbeit unter Zuordnung auf die wichtigsten Marktsegmente beschrieben.

5. Entwicklungstendenzen in der Informations-Technologie

Informationstechnologie umfaßt die folgenden vier Segmente:

- Hardware: CPUs, Peripherie etc.
- Software: Paket-Software, Individual-Software, etc.
- Datenübertragung: LAN-Hardware, Modems, etc.
- Dienstleistungen: Wartung, Schulung etc.

5.1 Hardware

Derzeit befinden sich gleichzeitig vier Generationen von Hardware am Markt. Es sind dies:

- 3.Generation: Monolithische Technik (IC), z.B. IBM S/360
- 4.Generation: Very Large Scale Integration Technik (VLSI), z.B. IBM 309x
- 5.Generation: Inferenz-Maschinen; diese japanische Technologie gilt als gescheitert, Top-Down Ansatz
- 6.Generation: Neuronale Computer; diese Technologie gilt in akademischen Kreisen als außerordentlich zukunftsträchtig, Bottom-up Ansatz

Während früher Rechner nach ihrem Einsatzgebiet (technisch/wissenschaftlich oder administrativ/kommerziell) unterschieden wurden, brachte die Ankündigung der universell einsetzbaren IBM S/360 Systemfamilie, im Jahre 1964, eine hardwaremäßige Zusammenführung der beiden genannten Bereiche. Diese Dichotomie [62] setzte sich später in der Software (FORTRAN bzw. COBOL) und in der organisatorischen Ebene (technische Datenverarbeitung und kommerzielle Datenverarbeitung) fort. Die softwarebedingte Zweiteilung schien 1964 durch die Ankündigung von PL/1 behoben, allerdings konnte sich PL/1 nie wirklich durchsetzen.

Die nachfolgende Einteilung der Hardware in

- Mainframes
- Mini-Computer
- PC und Workstations

erlaubt keine scharfe Abgrenzung mehr, da es sowohl hinsichtlich der Kosten als auch der Leistungsdaten immer stärkere Überlappungen gibt.

Hardware ließe sich auch über

- Architektur (Datenformate ...)
- Implementierung (Rechnerorganisation ...)
- Realisierung (Technologie ...)

klassifizieren.

---

[62] grch. Zweiteilung

Ebenso könnte nach den vier Grundtypen eingeteilt werden:

- SIMD (Single Instruction Multiple Data): Vektorrechner
- MIMD (Multiple Instruction Multiple Data): Parallelrechner
- SISD (Single Instruction Single Data): Standardrechner und PC's

5.1.1 Mainframes

In den letzten Jahren kam es zu einer zunehmenden Diskussion über die Zukunft der Groß-Rechner. In solchen Diskussionen wird oft Bezug genommen auf Client-Server Architekturen und Downsizing. In diesem Zusammenhang muß darauf hingewiesen werden, daß es sich bei der Client-Server Architektur nicht nur um eine Hardware-, sondern auch vor allem um eine Software Architektur handelt. Design Grundsatz für Anwendungssoftware ist die Anforderung einer Dienstleistung durch den Client vom Server, welche zentral oder dezentral zur Verfügung gestellt wird. Es ist damit nicht festgelegt, wo sich der Server physikalisch befindet. Somit kann der Server in den meisten Fällen ein Mainframe sein. Aufgabe des Client-Server Prinzips sollte es sein, Applikationen auf jener Hardware-Plattform laufen zu lassen, auf der die für die Applikation notwendigen Stärken zum Tragen kommen. Daher geht es um die Aufteilung einer Applikation in mindestens zwei verteilte Software Komponenten: Client und Server.

Das Konzept "Downsizing" ist nur eine neue Variante der alten Diskussion zentral versus dezentral. Da diese Dichotomie letztlich unauflösbar ist, gilt es eher eine Synthese der beiden Philosophien zu finden. Die primäre Aufgabe einer IS-Strategie ist es, das Informationswesen optimal an die Unternehmensziele und -strategien anzupassen. Wenn man der Meinung ist, daß die Zukunft dem Distributed Processing[63] gehört, so vor allem, weil sie sich rascher und flexibler an verteilte Strukturen, mit den wir es in Hinkunft immer häufiger zu tun haben werden, leichter anpassen lassen. Auf welcher Ebene (Date, Hardware, Applikation) diese Verteilung beginnen soll, ist noch ein offenes Thema, da es viele verschiedene Optimierungskriterien (Kosten, Sicherheit, Komplexität, Organisationsstrukturen etc.) gibt. Auf der anderen Seite kann durch ein Downsizing die applikatorische Komplexität nicht reduziert werden. Die Gefahr ist hingegen nicht unbedeutend, daß ein Downsizing ohne klare IT-Strategie zu einer unerwünschten Heterogenisierung der systemtechnischen Infrastruktur und damit zu einer weiteren Erhöhung der Komplexität führt.
Die Marktforscher der britischen Ovum Ltd. verwenden als Indikator für einen Trend zum Down- oder Rightsizing, das dafür erforderliche Software- und Toolangebot. Dazu gehören verteilte Betriebssystem Umgebungen ebenso wie verteilte Datenbanksysteme und entsprechende Entwicklungswerkzeuge und

[63] verteilte Datenverarbeitung und Informationssysteme

Tools. Trotz markanten Wachstums an Angeboten solcher Umstellungs-Software ist klar ersichtlich, daß das vorhandene Potential bei weitem nicht ausgeschöpft wird, wodurch bestätigt wird, daß die Beharrungskräfte sehr stark sind und die herkömmlichen IT-Strukturen nicht so rasch wie erwartet durch neue Informatikparadigmen ersetzt werden. Dennoch hat ein starker Trend in die neue Richtung begonnen, welcher laut IDC dazu führt, daß 62 % der Betreiber von Rechenzentren und Großrechnern den Schritt aus der proprietären Welt zu kleineren und offenen Systemen erwägen.

Dadurch ausgelöst beginnt eine Diskussion über die unterschiedlichen Definitionen der Offenheit. Sie reicht von Source-Kompatibilität [64], über Binär-Kompatibilität [65] und Multivendorfähigkeit bis hin zu offengelegten Schnittstellen. Keinesfalls ist unter Downsizing das Ersetzen eines zentralen Großrechners durch PC-Netzwerke zu verstehen. Downsizing in diesem Sinne wird begrenzt durch die geringe Transaktionsleistung von PC's. Mainframe MIPS [66] mit PC MIPS zu vergleichen ist nicht zulässig. Vielmehr wird man im Rahmen einer hierarchischen Hardwarestruktur die Aufgabenverteilung zwischen Mainframe, Abteilungsrechnern und PC's neu definieren müssen, die in einer Client-Server Architektur festgelegt werden kann. Die Zukunft wird sicherlich in einer Koexistenz von Mainframes, Minis, Workstations und PC's liegen.

5.1.2 Mini-Computer

Der Bereich der Mini-Computer sieht einer eher ungewissen Zukunft entgegen da er zunehmend von beiden Seiten unter Druck kommt. Einerseits sinkt die mögliche untere Leistungsgrenze und die Kosten von Mainframes laufend ab, andererseits steigt die Performance der Workstations und PC's rasch an. Erschwerend für die Minis kommt noch hinzu, daß diese mit proprietären Betriebssystemen arbeiten (IBM AS/400 mit OS/400), wogegen der Trend zu offeneren Systemen läuft. In diesem Sinne muß man aber auch die enorm große installierte Basis berücksichtigen. So hat sich etwa die AS/400 als die erfolgreichste Systemfamilie im Bereich mittlerer Systeme der IBM etabliert. Die Benutzerfreundlichkeit und die durch das Betriebssystem gegebene Einfachheit, haben diesem System in einem Kundenbereich, in dem kaum EDV Fachpersonal anzutreffen ist, einen hervorragenden Platz gesichert.

Mini- Computer haben mit Mainframes eine wesentliche Eigenschaft gemein. Man kann durch Implementierungsänderungen bei gleichbleibender Architektur und Technologie ein breites Leistungsspektrum aufspannen. Damit bieten diese Systemfamilien dem Anwender bei vollem Investitionsschutz die Möglichkeit einer ständigen Anpassung an das entsprechende aktuelle Anforderungsprofil.

---

[64] Ablauffähigkeit nach Rekompilierung auf unterschiedlichen Maschinen

[65] Austauschbarkeit auf Hard- und Softwarebene

[66] engl. Million Instructions Per Second, Maßstab für Verarbeitungsleistung

5.1.3 PC und Workstations

Anfang der 80er Jahre wurde ein anfangs belächeltes Phänomen geboren, welches die Informationstechnologie grundlegend verändert hat - der Mikrocomputer. Diese verwenden als CPU einen Mikroprozessor. Die universelle Verwendbarkeit des PC, verursachte weltweit rasante Zunahmen der installierten Basis. Mit weitem Abstand immer noch dominierendes Betriebssystem beim PC ist DOS [67], mit einem unglaublichem Aufschwung für Microsoft Windows als GUI Aufsatz, auf der beschränkenden DOS Plattform. Der Workstationbereich wird hingegen stark von UNIX dominiert. Im Jahre 1990 wurden 82,5 % aller Workstations mit UNIX als Betriebssystem ausgeliefert. Proprietäre Betriebssysteme wie VMS von DEC oder Aegis von Apollo verlieren stark an Bedeutung.

Nicht sonderlich weit gediehen ist bislang die vieldiskutierte PC- und Workstation Integration. Nach einer Studie von Plenum in Deutschland sind bisher lediglich 24 % aller PC's und Workstations an Großrechner angeschlossen.

Man kennt derzeit fünf Stufen der Integration:

- Stand-alone
- Terminal-Emulation
- File-Transfer
- Remote Access
- Cooperative Processing

Als zukünftiger Trend ist eine wesentliche Zunahme der Nutzung von Cooperative Processing, als höchster Ebene der Integration zu erwarten.
Generell sollen PC's und Workstations dort eingesetzt werden, wo sie ihre Stärken am besten ausspielen können. Diese liegen in der Benützeroberfläche, der Grafikfähigkeit, einer höheren Autonomie und einem günstigerem Preis-/Leistungsverhältnis. Letzteres gilt besonders für die anzuwendenden Applikationen. Diese Stärken können aber auch bei geschickter Integration in einem verbesserten Antwort/Zeitverhalten [68] und einer Entlastung des Host liegen.

5.2 Systemsoftware

Im Mainframe Bereich dominieren die Betriebssysteme MVS (IBM), BS2000 (SNI) und VMS (DEC). Im Rahmen der Mini-Computer gibt es hingegen eine

[67] Disk Operating System

[68] Maßstab für die Zeit, die eine Anwenderanfrage bis zur Systemantwort am Bildschirm braucht

Fülle proprietärer Betriebssysteme. Ein typisches Beispiel ist OS/400 für die IBM Familie AS/400. In der Kategorie der Workstations und PC's sind es UNIX und DOS. Seit 1992 existiert erstmals ein echtes 32 Bit Betriebssystem für PC's, das OS/2 von IBM, welches die Möglichkeiten der neuen schnellen Mikroprozessoren voll ausschöpft. Kurz danach stand auch seitens Microsoft ein echtes 32 Bit Betriebssystem für PC's und Server, nämlich Microsoft NT [69] zur Verfügung. Seit 1994 kündigt Microsoft das neue 32-Bit Betriebssystem Windows 95 an. Dieses soll im September 1995 zur Verfügung stehen und führt erstmals die "Plug and Play" [70] Technologie in die PC-Welt ein.

5.2.1 Anwendungs-Entwicklungstools

Jede Applikation durchläuft während ihrer Lebensdauer bestimmte Phasen, deren Definition und Anzahl von der gewählten Entwicklungsmethode abhängt. Da sich der Aufwand für das reine Kodieren [71] nur in einem Bereich von 15 - 30 % des Gesamtaufwandes bewegt, kann man folgern, daß Werkzeuge, die nur zur Verbesserung der Kodierungsproduktivität dienen, auch nur begrenzte Auswirkungen auf die Produktivität des gesamten Entwicklungsprozesses haben können. Ziel muß es daher sein im gesamten Entwicklungsprozess eine höhere Produktivität zu erreichen. Dies kann aber nicht nur durch den Einsatz von Werkzeugen erreicht werden, sondern es müssen unter anderem auch zusätzliche Maßnahmen getroffen werden.

Diese bestehen aus:

- möglichst frühzeitiger Einbindung der zukünftigen Anwender
- wirkungsvolles, koordiniertes Projektmanagement
- Kommunikation
- Bausteinprinzip

Unter Anwendungs- oder Software Entwicklungswerkzeugen [72] versteht man ganz allgemein Programme, die bestimmte Tätigkeiten in den einzelnen Phasen der Entwicklung von Software unterstützen.

So gibt es bestimmte Basistechniken, welche nach der jeweiligen Sicht eingeteilt werden können:

- Datenorientierte Sicht
  - Datenfluß-Diagramme
  - Jackson-Diagramme

---

[69] New Technology

[70] Automatische Erkennung von Einsteckkarten durch das Betriebssystem. Keine manuelle Konfiguration durch den Anwender erforderlich (Jumpers, IRQ's, etc.)

[71] Schreiben des Programm-Codes

[72] häufig auch CASE Tools (Computer Aided Software Engineering) genannt

  - ER (Entity Relationship)
  - Data Dictionary
- Algorithmische Sicht
  - Programm Ablaufpläne
  - Struktogramme
  - Pseudocode
- Zustandsorientierte Sicht
  - Petri-Netze [73]

Im klassischen Lifecycle Modell können die zukünftigen Benützer ihre Vorstellungen nur in der Anforderungsphase einbringen. Die Annahme, daß die Benützer in dieser Anfangsphase ihre Anforderungen vollständig kennen, sie konsistent beschreiben können und daß sich diese Anforderungen im Verlauf des Projekt nicht mehr ändern, kann nach den Erfahrungen in der Praxis nicht aufrecht erhalten werden. Eine weitere Erschwernis ist die grundlegend andere Sprachbasis bei der Kommunikation zwischen Benützern und Software-Entwicklern.

Andererseits verursachen gewissenhafte und detaillierte Anforderungsanalysen und funktionale Spezifikationen überdurchschnittliche Kosten. Fehler, die in diesen Phasen unterlaufen, verursachen große nachträgliche Fehlerbehebungskosten. Eine Möglichkeit zur Verbesserung in dieser Anfangsphase ist der Einsatz ablauffähiger Software als Hilfsmittel zur Kommunikation zwischen Entwicklern und Benützern. Maßgebliche Teile des zu entwickelnden Systems werden dabei modellhaft realisiert, um dem Benutzer frühzeitig die Möglichkeit zu geben, sich konkrete Vorstellungen vom geplanten System zu machen und rechtzeitig Fehlentwicklungen zu verhindern. Diese Vorgangsweise wird als "Prototyping" oder auch "Rapid Prototyping" bezeichnet. Dadurch wird die Kommunikation mit den Entwicklern verbessert und die Akzeptanz der Benützer durch die aktivere Miteinbeziehung in den Entwicklungsprozess gesteigert.

Die verschiedenen Methoden des Prototyping sind:

- Exploratives Prototyping: Modelle des Systems werden erstellt, um gemeinsam mit zukünftigen Benützern die Anforderungen an das System zu klären.
- Experimentelles Prototyping: Ein Modell [74] oder Prototyp wird entwickelt, um die Adäquatheit einer Lösung zu überprüfen bevor eine Großinvestition getätigt wird.

---

[73] Ein Schema zur Beschreibung, Analyse und Gestaltung verteilter Systeme und Prozesse

[74] ein Modell ist ein Stück ablauffähige Software, welche aber noch nicht alle Funktionen etc. abdeckt und als erste Orientierungshilfe dient. Hingegen enthält ein Prototyp bereits alle Funktionen auf dem endgültigen Zielsystem.

- Evolutionäres Prototyping: Beginnend mit einem Prototypen wird ein System parallel zu seinem Einsatz von einer Version zur nächsten weiterentwickelt, um es an die sich dauernd ändernden Anforderungen anzupassen.

5.2.1.1 Standard Programmiersprachen

Das in der Hardware übliche Klassifikationsschema (siehe dort) nach Generationen wurde auch auf die Programmiersprachen angewandt.

- 1. Generation: Binärer Maschinencode
- 2. Generation: Assemblersprachen
- 3. Generation: FORTRAN, COBOL, ALGOL, PL/1, PASCAL, ADA, Modula2, etc.
- 4. Generation: SQL, IDEAL (CA), ABAP/4 (SAP), QMF (IBM), QBE, etc.
- 5. Generation: PROLOG, LISP, etc.

Weitere Sprachentwicklungen führen in Richtung objektorientierter Sprachen wie z.B. SMALLTALK, C++, etc.

Viele dieser Sprachen behaupten ihre Marktposition schon sehr lange Zeit, wie beispielsweise COBOL seit den 60er Jahren, was bei der raschen Entwicklung einer so schnellebigen Branche erstaunen mag. Es ist jedoch zu bedenken, daß der Aufwand den eine Umstellung auf neue Sprachen oder Technologien bei der Softwareherstellung, Wartung und Anwendung, bei komplexen Systemen verursacht, enorm groß sein kann. Die Umstellung aller Applikationen eines Bankrechenzentrums erfordert einen riesigen personellen und organisatorischen Aufwand mit dem Risiko von Ausfällen operativer Systeme.

Der folgende Abschnitt enthält eine Kurzbeschreibung der wichtigsten Programmiersprachen seit der 1. Generation.

- Maschinencode (1GL): Anfangs mußten alle Computersysteme durch Kommandos in Binärform programmiert werden. Alle Befehle mußten somit als reine Bitfolgen programmiert werden. Beispielsweise lautete der Befehl für MOVE AX,5 in Maschinensprache 110010001101101001010100011.

- Assembler (2GL): Aus der Mühe der Maschinensprache entstand sehr schnell die erste eigentliche Programmiersprache, der Assembler. Für praktisch jede Prozessorfamilie existiert ein eigener Assembler, da die zur Verfügung stehenden Kommandos untrennbar mit den vom jeweiligen Prozessor vorgegebenen Funktionen (Prozessor-Architektur) verbunden sind. Assembler benützt Befehlskürzel (Mnemonics), die für Menschen besser verständlich sind als reine Bitfolgen, und übersetzt diese in die entsprechenden Maschinenbefehle (z.B. den Befehl MOVE AX,5 in die obige Bitfolge). Codegröße und Laufzeitverhalten lassen sich durch diese Programmiersprache optimieren.

- FORTRAN (3GL): FORTRAN [75] wurde 1954-57 von J.W.Backus entwickelt. Die größte Verbreitung fand FORTRAN im technisch-naturwissenschaftlichen Bereich. Die Darstellung von natürlichen, reellen und komplexen Zahlen ist ebenso möglich wie die von Matrizen und Vektoren. Ebenso ist die Programmierung von komplexen mathematischen Formeln relativ einfach zu realisieren. Gegenwärtig sind Bestrebungen im Gange FORTRAN in Hinblick auf Mehrprozessorsysteme (Parallelrechner) für den wissenschaftlichen Einsatz zu erweitern.

- COBOL (3GL): COBOL [76] wurde 1959-61 von der CODASYL [77] entwickelt. Der Anstoß dazu kam vom US Department of Defence. COBOL ist auf die Anforderungen im kaufmännischen Bereich zugeschnitten, und unterstützt Dezimalarithmetik und den Umgang mit sehr großen Datenmengen bzw. Dateien. Die satzähnliche Befehlsstruktur (A=B+C=> Add B to C giving A) unterstützt das Verständnis der einzelnen COBOL Befehle. Diese Sprache hat sich stark im kaufmännischen Sektor etabliert und belegt dort bis heute die Spitzenposition. Ein Grund für die weite Verbreitung dürfte die Verfügbarkeit für nahezu alle Hardware-Plattformen (von Mainframe bis PC) sein. Da die Sprachelemente von COBOL weitgehend standardisiert sind (zuletzt 1985 ANSI-COBOL85) lassen sich in COBOL geschriebene Programme verhältnismäßig einfach auf andere Systeme portieren.

- ALGOL (3GL): Erstmals wurden informationstheoretische Gesichtspunkte bei der europäischen Entwicklung der Sprache ALGOL [78] berücksichtigt. ALGOL ist blockstrukturiert und Unterprogramme erscheinen als Prozeduren bzw. Funktionen mit lokalen Variablen. ALGOL konnte sich in den USA nicht durchsetzen und erreichte daher keine große Verbreitung.

- PL/1 (3GL): Diese von IBM entwickelte Programmiersprache vereinigt Sprachelemente aus FORTRAN, COBOL und ALGOL und stellt Mittel für Multitasking-Anwendungen zur Verfügung, fand aber keine große Verbreitung.

- APL (3GL): Die interaktive und kommunikative Programmiersprache APL [79], die ursprünglich von Kenneth Iverson als reine Algorithmensprache entwickelt wurde, wurde 1966 in Harvard vorgestellt. APL ist eine für

[75] Formula Translation

[76] Common Business Oriented Language

[77] Conference of Data Systems Languages

[78] ALGOrithmic Language

[79] A Programming Language

anspruchsvolle mathematische Anwendungen geeignete Sprache (arithmetische und logische Ausdrücke, Vektor- und Matrizenoperationen), welche in allen Anwendungsbereichen der Informationsverarbeitung Verbreitung fand. Elementarfunktionen und Operatoren werden durch Zeichen und nicht durch Schlüsselworte dargestellt. Im Jahre 1984 wurde APL2 eingeführt, deren Datenstrukturen zu den Tabellen relationaler Datenbanksysteme paßte. APL2 kann auch ohne Code Änderungen die Vektoreinrichtungen eines Prozessorkomplexes nutzen und läuft auf verschiedensten Hardware-Plattformen (z.B. IBM S/390, RISC/6000, PS/2).

- PASCAL (3GL): PASCAL wurde 1970 von N. Wirth als Lernsprache für den Informatikunterricht entwickelt. Besondere Merkmale von PASCAL sind die Eignung zur strukturierten Pogrammierung, die Möglichkeit zur Vereinbarung neuer Datentypen und die Konstruktion komplexer Datenstrukturen sowie das Zeigerkonzept.

- Modula-2 (3GL): Modula-2 wurde 1975 als Erweiterung von PASCAL definiert. Neue Ideen wie die Modularisierung, die Datenkapselung und die getrennte Übersetzung, flossen bei der Entwicklung ein. Ende der 80er Jahre entwickelte N. Wirth eine weitere, auch für System-Implementationen geeignete Sprache namens Oberon welche das Modula-2 Konzept weiter ausbaut.

- Simula (3GL): Zu Beginn der 60er Jahre begannen K. Nygaard und O.-J. Dahl am Norwegian Computing Centre in Oslo mit der Entwicklung einer Programmiersprache, die vor allem dazu geeignet sein sollte, reale Systeme sowohl zu beschreiben als auch zu simulieren. Simula war somit 1965 die erste Programmiersprache welche die wesentlichen Prinzipien des OOP [80] beinhaltet: Daten und Operationen bilden eine Einheit, klare Trennung zwischen den Objekten und deren Beschreibung und die Kapselung der Daten innerhalb der Objekte.

- ADA (3GL): Um die Sprachenvielfalt im militärischen Sektor einzudämmen, wurde 1973 vom US Department of Defence die Entwicklung einer neuen Sprache in Auftrag gegeben, die als offizielle NATO Programmiersprache dienen sollte. Zu diesem Zweck wurden 23 verschiedene Programmiersprachen geprüft und schlußendlich ALGOL 68, PASCAL und PL/1 als Basissprachen für die Neuentwicklung herangezogen. Es zeigten sich jedoch Schwierigkeiten, die mit der Mächtigkeit der Sprache zusammenhängen.

---

[80] Object Oriented Programming

- LISP (4GL): Mitte der 50 er Jahre entstand am MIT [81] das Konzept von LISP [82]. LISP ist eine Sprache zur Lösung nicht-numerischer Probleme und eignet sich vor allem zum Verarbeiten von Zeichenketten. Weiters läßt sich der Sprachumfang von LISP ständig erweitern. Durch das gegenüber herkömm-lichen Programmiersprachen andere Denkkonzept auf dem LISP Programme aufgebaut sind, kommt diese Sprache oft bei der Entwicklung bzw. Forschung im KI-Bereich [83] zum Einsatz.

- PROLOG (4GL): Mit der Entwicklung von PROLOG wurde 1972 begonnen. Diese Sprache ist "nichtalgorithmisch", d.h. anstelle von Prozeduren stehen Funktionen die entweder "wahr" oder "falsch" sein können. In einem PROLOG Programm werden Relationen zwischen Daten spezifiziert. Das Programm ermittelt dann die existierenden Lösungen ohne daß ein Schritt-für-Schritt Algorithmus programmiert werden muß. Dieses Konzept macht PROLOG auch für den KI-Bereich interessant, wo derzeit auch das Haupteinsatzgebiet liegt.

- SmallTalk (4GL): Aus dem OOP Konzept das auf SIMULA zurückzuführen ist und aus Ideen von A. Kay wurde 1970 im Palo Alto Research Center SmallTalk entwickelt, das die Suche nach komplexen Zusammenhängen ermöglichen sollte. SmallTalk-80 war sowohl Programmiersprache, Multitasking-Betriebssystem, graphische mausunterstützte Benutzerober-fläche als auch komplette Entwicklungsumgebung mit Editor, Debugger, Interpreter und Compiler. SmallTalk arbeitet nach dem objektorientierten Konzept vor allem mit Objekten, die Botschaften senden und empfangen können. Diese Objekte sind vom Programmierer produzierbare Gebilde, die sich aus Variablen und Methoden zusammensetzen.

- C und C++ (4GL): Durch die Umarbeitung der Sprache B, die ihrerseits aus BCPL hervorging, seitens D Ritchie entstand 1972 die Programmiersprache C. Die Entwicklung von C ist unmittelbar mit der Entwicklung des Betriebssystems UNIX durch die Bell Laboratories verbunden und verbreitete sich als fester Bestandteil von UNIX sehr schnell. Heute existieren Compiler für fast alle gängigen Rechnersysteme. C wurde von Praktikern für die Praxis konzipiert. Die Sprache ist portabel und schnell, liefert kompakten Code und erlaubt eine sehr maschinennahe Programmierung. C ist eine vollständig strukturierte und bibliotheksorientierte Programmiersprache, die sich in der professionellen Software-Entwicklung inzwischen unverrückbar etabliert hat. In den letzten Jahren machen sich auch bei C die Einflüsse der OOP

[81] Massachussetts Institute of Technology

[82] List Processing language

[83] Künstliche Intelligenz, auch AI oder Artificial Intelligence genannt

bemerkbar. Inzwischen wurde C in Hinblick auf diese Konzepte erweitert auf C++ und verbreitet sich sehr erfolgreich auf fast allen Rechnersystemen. Es existieren mehrere (Quasi-) Standards [84], die die Portabilität gewährleisten sollen. Dadurch sind C-Compiler bei nahezu jedem neuen Rechnersystem sehr schnell verfügbar.

Sprachen der 4. Generation wurden mit der Absicht entwickelt, jene der 3. Generation und hier speziell COBOL zu ersetzen. Diese Absicht konnte nicht in die Tat umgesetzt werden, denn es ist eine Tatsache, daß heute immer noch mehr Codezeilen in COBOL programmiert werden, als dies in den 70 er Jahren der Fall war. Eine Studie von Ernst & Young zeigt, daß bei 68 untersuchten US-Finanzinstituten 77 % aller Programmierungsarbeiten in COBOL erfolgen und 80 % aller Anwendungsprogramme älter als 6 Jahre sind.

5.2.1.2 Datenbanksysteme

Datenbanken, die nach den klassischen Filesystemen entstanden sind, werden in der Datenverarbeitung seit über 20 Jahren eingesetzt. Die ersten nichtstrukturierten Systeme waren Weiterentwicklungen von indexsequentiellen Dateien, die um invertierte Listen ergänzt wurden (Adabas). War der Einsatz aus Kosten- und Performancegründen zunächst auf Mainframes beschränkt, findet man heute Datenbanken auf allen Hardwareplattformen. Allerdings befindet sich erst rund 1/3 aller Daten in relationalen Datenbanken. Der Anteil dieser wird allerdings in den nächsten Jahren überproportional zunehmen.

Datenbank-Managementsysteme (DBMS) bestehen normalerweise aus:

- einem Datenmodell
- einer Datensprache
- Datenbank Managementfunktionen

Ziel der DBMS ist es, Anwendungsprogramme von den Details der physischen Datenspeicherung unabhängig zu machen. Die Applikationen und die Benutzer sehen nur ein logisches Modell der Daten - das Datenmodell. Die physische Speicherung der Daten wird von den Anwendungsprogrammen entkoppelt.

Man unterscheidet folgende Arten von Datenmodellen:

- Graphenorientierte Modelle
  - Hierarchisches Modell
  - Netzwerk Modell
  - Entity-Relationship Modell
- Tabellenorientierte Modelle
  - Relationen Modell

[84] Kernighan-Ritchie, ANSI C, UNIX V, ANSI C++ etc.

Das hierarchische Modell war das erste kommerziell verfügbare Datenbanksystem. Die Version 1 von IMS (Information Management System), einem typischen Vertreter des hierarchischen Modells, wurde 1968 für Installationen freigegeben. Die Hierarchie entspricht einem invertierten Baum. Die festgelegten Suchpfade gewährleisten eine hohe Performance, reduzieren aber die Flexibilität der Suchmodelle.

Das Netzwerk Modell ist dem hierarchischen Modell sehr ähnlich, hat aber den Nachteil, daß n:m Beziehungen auf 1:n Beziehungen zurückgeführt werden müssen, was die Abfragen sehr komplex werden läßt. UDS von Siemens fällt z.B. in diese Gruppe von Datenmodellen.
Das relationale Datenmodell wurde in den späten 60er und frühen 70er Jahren von E.F.Codd beim IBM Research Laboratory in San Jose entwickelt. In seiner im Juni 1970 erschienen grundlegenden Veröffentlichung [85] schrieb er:
"Zukünftige Benützer großer Datenbanken sind davor zu bewahren, wissen zu müssen, wie die Daten in der Maschine organisiert sind. Die interne Darstellung muß verborgen bleiben".
Entsprechende Produkte gab es erstmals zu Beginn der 80er Jahre. In einer relationalen Datenbank werden die Daten den Benützern in Form von zweidimensionalen Tabellen präsentiert. Typische Vertreter dieser DBMS sind: DB/2, SQL/DS, IDMS/R, Informix, Oracle, Ingres, etc.

Der Trend zu einer verteilten Hardware wird auch die Entwicklung und den Einsatz verteilter Datenbanken vorantreiben. Gleichzeitig findet eine Entwicklung in Richtung objektorientierter Datenbank Managementsysteme (OODBMS) [86] statt, die sich besonders gut in den Bereichen CAD, CASE, geographische Datenbanken und ökonomische wie finanzmathematische Prognosen einsetzen lassen. Da bisher noch keine allgemeingültige Definition von OODBMS existiert, wird mit dem Begriff viel Mißbrauch betrieben. Zumeist handelt es sich nur um relationale Datenbanken mit aufgesetzten objektorientierten Funktionen.
Typische Vertreter von OODBMS sind: Gemstone, IDB Object Database, Itasca, Objectivity/DB, OpenODB, etc.
Die universelle Datensprache für relationale DBMS ist die Structured Query Language (SQL). Die Sprachelemente dieser Sprache, die vom Endbenützer, dem Programmierer und dem Datenbank-Administrator verwendet wird, lassen sich in drei Gruppen einteilen:

- Datenmanipulation (Data Manipulation Language, DML)
- Datendefinition (Data Definition Language, DDL)
- Kontrolle (Data Control Language, DCL)

---

[85] E.F. Codd: "A relational model of data for large shared databanks"

[86] engl. Object Oriented Database Management Systems

Im Jahre 1992 hat eine neue ISO SQL-Norm [87] die bisher gültige SQL Norm ersetzt. Sie bringt mehr Funktionalität wie beispielsweise die Unterstützung von Client-Server Architekturen, mehr Orthogonalität [88] und verbesserte Modellierungsmöglichkeiten. Sie bringt dem Anwender mehr Portabilität und Interoperabilität. Es gibt Bestrebungen, SQL in Richtung auf eine objektorientierte Datensprache weiterzuentwickeln (OOSQL, SQL3).
Der große Vorteil von relationalen DBMS besteht darin, daß die Endbenützer verstärkt in die Entwicklung, Wartung und in den Betrieb von Anwendungen einbezogen werden können. Sie ermöglichen darüber hinaus eine stärkere Flexibilität in den Daten und eine freiere Datenabfrage und flexiblere Informationsgewinnung.

5.2.1.3 Report-Generatoren

Report-Generatoren sind Programme, mit deren Hilfe Daten aus Dateien oder Datenbanken zu Berichten transformiert werden können. Man kann sie dabei in folgende Gruppen einteilen:

- Produkte die sich vornehmlich für die Entwicklung von Applikationen eignen. Beispiele sind Natural, CSP und IDEAL.
- Produkte im Bereich der individuellen Datenverarbeitung zur Erstellung von Abfrage, Reports und kleineren Applikationen. Beispiele sind Siron, QMF und ABAP/4.

Neben diversen Standardberichten, steigt vor allem der Wunsch der Anwender nach Ad-hoc Berichten und Auswertungen an. Diese Wünsche werden zumeist Mitarbeitern der EDV- oder Informations-Systeme Abteilung überantwortet, die aber aus kapazitativen Engpässen oder aus anderen Restriktionen diese Anforderungen häufig nicht oder stark verzögert realisieren. Report-Generatoren sollen daher dem Benützer eine Möglichkeit an die Hand geben, seine Auswertungen und Berichte selbst, ohne Einschaltung der zentralen EDV Abteilung zu formulieren. Dies entspricht dem immer gängigerem Ansatz, Teile der Arbeiten, die früher ausschließlich von EDV Mitarbeitern durchgeführt wurden, in die Fachabteilungen zu verlagern. Diese individuelle Datenverarbeitung (IDV) ist besonders wichtig im Bereich der Finanzwirtschaft, da das erforderliche Spezialwissen aus den finanzwirtschaftlichen Bereichen, auf Grund des hohen Spezialisierungsgrades, meistens nur mehr in den Fachabteilungen vorzufinden ist.

5.2.2 Rechenzentrum- und Netzwerkmanagement-Tools

Moderne Rechenzentren weisen eine ständig wachsende Komplexität auf, die das Management derartiger Systeme immer schwieriger gestaltet und häufig die

---

[87] ISO 9075: 1992 Database Language SQL

[88] Orthogonal Design ist das Prinzip eines minimalen, universell und beliebig kombinierbaren Bausteinsystems

menschliche Kapazität überfordert. Die steigende Komplexität ergibt sich aus dem Wachstum der Applikationen und deren Mächtigkeit, der Transaktionen, der Netzwerke und der Terminals. Außerdem gibt es eine direkte Korrelation zwischen manuellen Eingriffen und den resultierenden Kosten. Es war daher naheliegend, den Rechenzentrumsbetrieb hochgradig zu automatisieren, um einerseits die bestehende Komplexität zu beherrschen und andererseits die Kosten senken zu können. Da der angesprochenen Komplexität nicht mit punktuellen Lösungen begegnet werden kann, muß man trachten, das Systems Management systemisch zu sehen, um die Verfügbarkeit, die Performance und die Produktivität moderner Installationen mit ihren oftmals heterogenen Systemen und Netzwerken sicherzustellen und das Operating wirkungsvoll entlasten zu können. Besonders schwierig gestaltet sich die Steuerung und Optimierung von Installationen mit mehreren Prozessorkomplexen. IBM hat beispielsweise mit der Ankündigung von "Sysplex" einen wichtigen Schritt in Richtung auf Automation und Vereinfachung des Betriebs von Mehrrechner Installationen gesetzt. Bis zu acht MVS-Komplexe [89] können so über eine einzige Benützer-Schnittstelle überwacht und gesteuert werden. Eine Hardware Einrichtung, der Sysplex Timer, synchronisiert die einzelnen angeschlossenen Systeme. Die Hardware ist aber nur eine Komponente eines derartigen Lösungspaketes, das auch Software und Dienstleistungen umfassen muß.

Ein unternehmensweites System- und Netzwerkmanagement muß integrativ, automatisiert und offen sein.
Es umfaßt eine Reihe sich gegenseitig ergänzender Disziplinen:

- Change Management
- Problem Management
- Business Management
- Konfigurations Management
- Performance Management
- Operations Management

Auch im Netzwerk-Management ist eine einheitliche Sicht und Verwaltung der Netzressourcen erforderlich. Entsprechende Produkte bilden die Basis für ein effektives Management von Netzwerken, die als LANs (Local Area Networks) und WANs (Wide Area Networks) bezeichnet werden. Wesentliche Komponenten derartiger Softwarelösungen am Beispiel von "NetView" sind:

- Command Facilities
- Session Monitor
- Hardware Monitor
- Status Monitor
- Online Help Facility

---

[89] in der IBM Terminologie "Multiple Virtual Storage" Maschinen

- Help Desk Facility
- Panel Manager
- Sequential Logging
- Network Log und Data Set Browse
- Network Asset Management

Die Problematik liegt in der Heterogenität der Systeme und der Netzwerke sowie im Mangel an allgemein anerkannten Standards. IBM hat versucht mit "SystemView" einen Quasi Standard vorzugeben. Ein ganzheitlicher Systems-Management Ansatz ist erforderlich, um die Komplexität zu beherrschen, Termine einzuhalten und Betriebsmittelengpässe zu vermeiden.

5.2.2.1 Performance Messungen

Ständige Performance Messungen bilden die Grundlage für eine entsprechende und vor allem rechtzeitige Planung und Steuerung. Das rasche Wachstum der Mengengerüste (Applikationen, Benützer, Daten, Terminals, etc.) führt dazu, daß installierte Systeme schneller als erwartet an ihre Leistungsgrenzen stoßen. Komplexe Systeme haben die Eigenschaft, daß sich ihr Leistungsverhalten nicht kontinuierlich, sondern beim Erreichen eines kritischen Wertes abrupt ändert. Anwender reagieren zumeist sehr rasch und mit geringem Verständnis auf Verschlechterungen bei den Antwortzeiten. Gerade im Bereich der Finanzwirtschaft ist jedoch die schnelle Verfügbarkeit von Marktdaten oder Auswertungsdaten oft von entscheidender Bedeutung. Die entsprechende Systemleistung vorzuhalten erfordert daher eine mittel- und langfristige Planung, als deren Grundlage unter anderem Performance-Messungen herangezogen werden sollen.
Performance-Messungen können mit Hilfe von Hardware und/oder Software Monitoren vorgenommen werden. Performance Monitore messen ständig die Leistung von Systemen und Subsystemen und liefern laufend Informationen an das automatische Operating. Schon daran kann man erkennen wie wichtig integrative Systeme sind, innerhalb derer die einzelnen Pakete problemlos Informationen austauschen können.

Als Beispiel für ein derartiges integratives System ist die Produktfamilie von Boole & Babbage genannt:

- MainView: Automatisierung des Systems
- JobView: Automatisierung des Operating
- SpaceView: Automatisierung der Speicher

Das Paket besitzt darüber hinaus eine Schnittstelle zu NetView (Netzwerk-Management) und berücksichtigt die Richtlinien von SystemView.
Monitore liefern Daten wie: CPU-Aktivzeiten, CPU-Wartezeiten, Suchzeiten auf der Platte, Speicherbelegungen, Transaktionsraten, etc. Ein zeitgemäßes Performance-Management umfaßt:

- Das Sammeln von Performancedaten

- Analyse der Workloads
- Tuning der Workloads
- Optimierung der Konfiguration
- Feststellung von Unter-/Überkapazitäten
- Erstellung von Reports

5.2.3 System-Steuerungssoftware

5.2.3.1 Betriebssysteme

Betriebssysteme bilden die Schnittstelle zwischen der Hardware und den eigentlichen Applikationen bzw. deren untergeordneten Tools (Datenbank-Server etc.). Daher müssen Betriebssysteme auch im Zusammenhang mit der verwendeten Hardware betrachtet werden.

Bei den meisten Herstellern von Mainframe-Rechnern und High-End Minicomputern haben sich seit jeher Eigenentwicklungen und somit sehr unterschiedliche Arten von Betriebssystemen etabliert. Im unteren Leistungsspektrum (PCs, Workstations und zunehmend Minicomputer) setzen sich aber immer stärker, zusätzlich zum allgegenwärtigen MS-DOS, Standard-Betriebssysteme wie z.B. UNIX und dessen Derivate, VMS [90], etc. durch. Dieser Trend wird weiters begünstigt durch die zunehmenden Verschiebungen hin zu kleineren Systemen (Downsizing). Speziell in diesem Bereich geht der Trend der letzten Jahre immer mehr zu sogenannten "offenen Systemen", die nicht mehr hardwarespezifisch angesiedelt sind.

Die weltweit installierte Basis von DOS der verschiedenen Hersteller (bei weitem führend jedoch MS-DOS von Microsoft), wird auf 80 bis 100 Mio. geschätzt. DOS leidet bereits seit vielen Jahren an Altersbeschwerden, da es mit der Leistungsfähigkeit der modernen Prozessorgenerationen (486, P5, etc.) designbedingt nicht mehr mithalten kann und immer mehr Kompromisse eingegangen werden müssen. Mit der außerordentlich erfolgreichen Einführung von MS-Windows, konnte Microsoft den Lebenszyklus von DOS bis heute verlängern. MS-Windows tritt dabei als Herausforderer von OS/2 [91] auf, das von IBM als Nachfolger von DOS konzipiert war, durch den Ausstieg von Microsoft und durch den enormen Ressourcenhunger aber bis heute bei weitem nicht die Verbreitung von MS Windows gefunden hat. Dies obwohl Windows kein Betriebssystem sondern nur ein Aufsatz auf DOS ist und durch dessen Begrenzungen eingeengt wird. Im Gegensatz dazu ist OS/2 ein eigenständiges

---

[90] Virtual Memory Operating System von Digital Equipment

[91] IBM Operating System 2

32-Bit Betriebssystem mit preemptive Multitasking [92] und hoher Performance unter voller Ausnützung der Möglichkeiten der modernen Mikroprozessoren.

Als geplanten Gegenpol zu IBMs OS/2, hat Microsoft das Betriebssystem MS-NT (New Technology) im Herbst 1992 auf den Markt gebracht. Auch diesem war der durchschlagende Erfolg bis heute aufgrund seines enormen Ressourcenhungers und des Mangels an Applikationen nicht beschieden. NT hat jedoch seinen Platz als Server-Betriebssystem für leistungsfähige Netzwerkumgebungen gefunden. Die Ablösungsphase von DOS hat mit der Ankündigung von MS Windows 95 (Chicago Projekt) für September 1995 dennoch begonnen. Dieses objektorientierte 32-Bit (mit 16 Bit Modulen [93]) Betriebssystem welches äußerlich viele Ähnlichkeiten mit OS/2 hat, benötigt DOS nicht mehr als Unterbau, liefert DOS aber dennoch mit, um bestehende DOS Applikationen in der DOS-Box lauffähig zu machen. Der angekündigte Ressourcenbedarf hält sich in vertretbaren Grenzen und die Nachfrage nach diesem Windows Nachfolger ist so enorm, daß gut informierte Kreise mit einer Upgraderate im ersten Jahr von 40 - 50 % der derzeitigen Windows Anwender rechnen. Wenn diese Ankündigung eintritt, dominiert Microsoft den zukünftigen Betriebssystemmarkt mit W95 genauso wie den vergangenen mit DOS.

Mit der Verfügbarkeit der neuen Betriebssysteme und der immer leistungsfähigeren Hardware verschwimmen die Grenzen zwischen PCs und Workstations immer mehr. Da die meisten dieser neuen Betriebssysteme hardwareunabhängig eingesetzt werden können, wird sich durch die leichtere Portierbarkeit von Applikationen, ein viel größerer einheitlicher Softwaremarkt öffnen.

Einer der ersten Vertreter (ab 1971) solcher "offener" Betriebssysteme war UNIX, welches mittlerweile große Verbreitung gefunden hat. Erstmals wurde mit UNIX ein Betriebssystem in einer Programmier-Hochsprache (C) und nicht mehr in Assembler programmiert. AT&T besitzt die Lizenzrechte von UNIX und stellt den Herstellern den Quellcode zur Verfügung. Diese Sub-Lizenznehmer führen die erforderlichen Anpassungen, Änderungen und Erweiterungen selbst durch, dürfen das resultierende Betriebssystem aber nicht unter dem Namen UNIX einsetzen. Daher entwickelten sich zusehends immer mehr herstellerspezifische Derivate, wie z.B. AIX von IBM, UX von HP, ULTRIX von DEC, XENIX von Microsoft usw.

---

[92] Erlaubt die gleichzeitige Ausführung mehrerer Programme unter Prozessorkontrolle

[93] um die Kompatibilität mit dem riesigen Pool an 16-Bit Windows Anwendungen sicherzustellen

In das UNIX-Marktsegment fällt mit DEC und seinem Betriebssystem VMS auch noch ein weiterer renommierter Anbieter von Hard- und Software. Derzeit wird VMS laut DEC von mehr als 10 Mio. Anwendern eingesetzt und ist damit eines der wichtigsten "Nicht-UNIX" Betriebssysteme. Mit OpenVMS wurde nun eines der ersten Betriebssysteme, das zwar kein UNIX ist, aber dennoch sowohl X/Open, als auch POSIX [94] konform ist, eingeführt. Ferner bietet der neue 64-Bit "Alpha" RISC [95] Chip, der auch in der neuen Produktgeneration von DEC zum Einsatz kommt, die Möglichkeit unter OpenVMS, OSF/1 [96] und auch unter Windows NT betrieben werden zu können. Laut DEC ist diese RISC Technologie auf einen Lebenszyklus von 25 Jahren ausgelegt, und kann daher den Anwendern Investitionssicherheit über viele Jahre bieten.
Die nachstehende Tabelle zeigt die Marktvolumina und Wachstumsraten der einzelnen Segmente:

Typ	1992	1996	Durchschnittl. Wachstum in %
Mainframe	6.430	7.390	4
Mini-Computer	4.440	7.090	13
PC/Workstations	3.110	7.000	23
Total Mio. $	13.980	21.480	11

Tabelle 5: Marktprognose für System-Software in Westeuropa

Es zeigt sich zunehmend der Trend zu Kooperationsgemeinschaften bestimmter Hersteller bzw. Interessengruppen, welche bestrebt sind offene Standards zu definieren. Ein Beispiel dafür ist X/Open, ein gemeinnütziges Konsortium für die weltweite Spezifikation und Durchsetzung von Standards (Anwender, Softwareentwickler und Computerhersteller).

5.2.3.2 Netzwerksteuerung

Im Zuge der immer stärkeren Vernetzung von Rechnersystemen, angefangen vom Abteilungs-LAN aus einigen PCs bis hin zum Rechnerverbund von hunderten Rechnern über große Entfernungen, besteht ein stark wachsender Bedarf an Software für das Netzwerk-Management bzw. die Netzwerk-Administration.
Die Entwicklung von Netzwerk-Topologien hat einige Konzepte [97] hervorgebracht, die heute mehr oder weniger nebeneinander existieren oder auch zusammen eingesetzt werden. Auch hier gingen die ersten Initiativen von den

---

[94] Portable Operating System Interface for Computer Environments

[95] Reduced Instruction Set Computing

[96] Open Software Foundation (u.a. IBM, DEC, HP etc.)

[97] Token Ring Netz, Bus Netz, Stern Netz etc.

großen Hardwareherstellern (IBM, DEC etc.) aus, die mit ihren Mainframe- und Midrange Systemen schon früh gezwungen waren, Verbindungen zwischen ihren Systemen zu realisieren.

Eine Ursache für die zunehmende Vernetzung von Rechnern liegt sicher auch im Trend zum Downsizing, bzw. in den modernen Client-Server Architekturen. Diese Entwicklungen wurden erst durch die Fortschritte in den Bereichen Server-Technologie und LAN Betriebssysteme möglich gemacht. Produkte wie z.B. der LAN Manager unter OS/2, bieten Systemdienste im Mainframe Stil und die Leistungen eines Minicomputers, auf relativ preisgünstigen Hardware-Plattformen.

Mit der unternehmensinternen Vernetzung vom Computern (LAN's und WAN's) ist gegenwärtig ein neuer Typus von Software, die sogenannte Groupware, stark im Aufwind. Durch die Verwendung von Groupware wird es den Mitgliedern eines Unternehmens möglich, an gemeinsamen Projekten zu arbeiten ohne sich physisch zu treffen oder auch nur auf dem gleichen Kontinent zu leben (Sproull/Kiesler 1991).

5.3 Anwendungs-Software

Die Wachstumschancen im Bereich Anwendungs-Software werden trotz Abschwächung gegenüber dem bis zu 35 %igen Wachstum in den 80er Jahren, für die 90er Jahre dennoch auf an die 18 % jährliches Wachstum geschätzt. Die Wachstumsaussichten im Bereich Anwendungs-Software sind allerdings nicht gleichmäßig verteilt.

Wie die nachstehende Tabelle zeigt, weichen nicht nur die veranschlagten Marktvolumina, sondern auch die zugehörigen Marktwachstumsraten je nach Hardwareplattform erheblich voneinander ab.

Typ	**1992**	**1996**	**Durchschnittl. Wachstum (%)**
Mainframe	1.040	1.185	3
Mini-Computer	3.330	5.560	14
PC/Workstations	6.280	14.070	23
Total Mio. $	10.650	20.815	18

Tabelle 6: Marktprognose für Anwendungs-Software für Europa

5.3.1 Branchenspezifische Systeme

Der Markt für Software und Computer-Dienstleistungen kann in bestimmte Sektoren gegliedert werden. Diese sind in der nachfolgenden Graphik schematisch nach Hauptsektoren dargestellt.

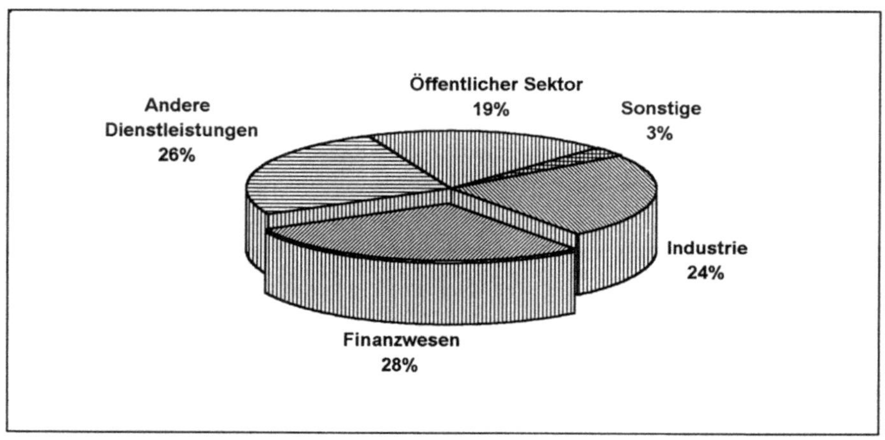

Abbildung 4: Sektorverteilung branchenspezifischer Software

Innerhalb dieser Sektoren zeichnen sich teilweise unterschiedliche Entwicklungstrends ab. Der Bereich Finanzwesen ist gegenwärtig das größte Benützersegment für Software und Computerdienstleistungen. Es dürfte auch in Zukunft, im Zuge der Ausweitung des europäischen Binnenmarktes, mit einem starken Wachstum von 16 - 18 % auf europaweit nahezu 30 Mrd. $ (1995) zu rechnen sein.

5.3.1.1 Finanzwirtschaft

Der Bereich Finanzwesen, bestehend überwiegend aus Banken und Versicherungen, unterhält in hohem Maße Tochtergesellschaften, welche als "Outsourcer" die IT Agenden der Muttergesellschaften wahrnehmen.
Europaweit ist die Tendenz zu erkennen, daß sich nur wenige große Anbieter den überwiegenden Teil des Marktes untereinander aufteilen. Der Grund für diese Konzentration liegt in der Natur der Finanzmärkte. Banken haben zumeist große zentrale Informationssysteme und stellen daher ideale Objekte für Großanbieter dar. Außerdem können nur große Anbieter das Sicherheitsbedürfnis (Kontinuität, Stabilität, Wartung und Weiterentwicklung über längere Zeiträume) garantieren.

In Zukunft werden vor allem in Bereichen der Kundenbetreuung, im Ausbau der Selbstbedienung und der Vertriebssteuerung, sowie in der Ausstattung der Handelsbereiche neue Anwendungen vermehrt erforderlich sein.

- Die Bereitstellung von integrierten Kundenbetreuungsplätzen (Kundenberatung, Anlageberatung, Portfolio-Management etc.), die je nach Kundensegment individuell gestaltet sein können, gehört mit zu den wichtigsten Bereichen der Anwendungsentwicklung.
- Der Ausbau der Selbstbedienungs-Infrastruktur vom Bankomat, Kontendrucker, etc. bis hin zum elektronischem Homebanking, der ein entscheidendes Mittel zur Kostensenkung im Massengeschäft darstellt, ist abhängig von der Kundenakzeptanz. Diese ist nur garantiert, wenn die Systeme ein hohes Maß an Sicherheit, Verfügbarkeit, Funktionalität und Bedienungskomfort sicherstellen.
- Ein weiterer starker Trend zeichnet sich mit der zunehmenden Automatisierung im Bereich des Handels und der Wertpapierabwicklung ab. Einige wichtige Börsenplätze (z.B. London oder Paris) sind mittlerweile bereits großteils computerisiert, andere werden in Kürze folgen. Gerade die zunehmende weltweite Vernetzung der Bankaktivitäten bringt eine immer größere Informationsflut mit sich, die es zu bewältigen gilt. Ein Beispiel dafür ist das Erfordernis, die Aktienkurse aller wichtigen Börsen ab Datenstrom simultan in Echtzeit zu verarbeiten.

Problembereiche im Banksektor sind in diesem Zusammenhang:

- Um ein mehrjähriges Neudesign der gesamten IT-Infrastruktur zu vermeiden, werden neue Systeme als zusätzliche Schichten auf alten Systemen realisiert. Dies führt zu einer deutlichen Steigerung der Komplexität der gesamten Anwendungsumgebung.
- Als Resultat steigender Komplexität steigt der Wartungsanteil, wobei gleichzeitig die für Neuentwicklungen zur Verfügung stehende Kapazität auf 20 - 30 % der gesamten Entwicklungskapazität sinkt [98]. Aufgrund des immer komplexeren Umfeldes sinkt auch die Entwicklungsproduktivität. Die Verbindung neuer mit alten Applikationen erfordert überproportionalen Wartungsaufwand, gleichzeitig wird die Einbindung von Standardsoftware in Altprogramme schwierig und limitiert ihren Einsatz auf Randbereiche.
- Durch die geringer werdenden Entwicklungsressourcen treten Verzögerungen in der Realisierung auf. Projekte werden mit unterkritischen Ressourcen begonnen. Verzögerte Realisierungen führen zu langen Wartezeiten und verspäteter Einführung neuer Applikationen, die teilweise bei der Erstbenützung schon wieder überaltert sind.

---

[98] Quelle IBM Deutschland / McKinsey 1992, gestützt auf Angaben der fünf größten deutschen Banken

5.4 System-Integration

Die Kombination von Produkten und Dienstleistungen, durch die ein Anbieter die Verantwortung für die Entwicklung einer kundenspezifischen Lösung im Bereich von Informationssystemen übernimmt, bezeichnet man als Systemintegration. Dienstleistungen im Systemintegrationsbereich (SI-Bereich) gewinnen zunehmend an Bedeutung. Eine besondere Bedeutung nehmen dabei schlüsselfertige Systeme ein.

Wie die nachfolgende Tabelle zeigt, dominieren innerhalb dieses Marktsegments die externen Dienste in Bezug auf die Integration von Hardware und die Entwicklung und Integration von Software, wobei die Systemintegratoren vorwiegend das jeweilige Projektmanagement übernehmen.

Typ	**1992**	**1996**	**Durchschnittl. Wachstum %**
Hardware	1.480	2.600	15
Anwendungs-Software	153	407	27
System-Software	112	240	21
Software-Entwicklung	2.110	4.570	21
Total Mio. $	3.875	7.860	19

Tabelle 7: Marktvolumen von Systemintegrations-Dienstleistungen in Europa

Wie aus dieser Tabelle zu entnehmen ist, wird in den nächsten Jahren vor allem die Nachfrage nach Systemintegrations-Dienstleistungen steigen, die ihren Schwerpunkt bei Anwendungs-Software haben werden. Zusammen mit dem relativ hohen Anteil der Software-Entwicklung in diesem Bereich ist dies ein Signal dafür, daß sich parametrisierbare Standard-Software verstärkt durchsetzen wird.

5.4.1 Schlüsselfertige Systeme

Der Trend zu schlüsselfertigen Systemen, bei denen der Kunde keine oder nur sehr eingeschränkte freie Wahl der Software hat, wurde aus der Not mangelnder Systemintegrationsfähigkeit und dem Fehlen von Software-Generalunternehmern bzw. professionellen Systemintegratoren geboren. Da sich die Möglichkeiten zur Systemintegration laufend verbessern und sogenannte offene Systeme, welche Integrationsbemühungen unterstützen, forciert werden, ist eine gewisse Abschwächung des Trends zu geschlossenen schlüsselfertigen Systemen zu beobachten.

In diesem Zusammenhang ist ein neuer Trend zu "Halbschlüsselfertigen" Systemen feststellbar, bei dem der Systemintegrator die Auswahl der einzelnen am Markt verfügbaren Software-Module gemeinsam mit dem Kunden vornimmt und anschließend die technisch-organisatorische Funktion der Integration bis zur Schlüsselreife übernimmt.

In vielen schlüsselfertigen Systemen werden Standard-Computer verwendet. Die Wertschöpfung ergibt sich vor allem aus den Software- und Supportleistungen des Anbieters. Seit Mitte der 80er Jahre versuchen immer mehr Hardware Anbieter ihre Produkte mit Software zu kombinieren. Die meisten schlüsselfertigen Systeme werden jedoch durch sogenannte Value-Added-Reseller (VAR) [99] verkauft.

Ein Blick auf die führenden Anbieter im Bereich schlüsselfertiger Systeme zeigt einige bemerkenswerte Strukturen.

Hersteller	**Herkunftsland**	**Einnahmen 1990 (Mio. $)**
SNI	BRD	970
Mannesmann-Kienzle (DEC)	BRD	400
PRIME	USA	400
Intergraph	USA	270
McDonnel Douglas	USA	235
IBM	USA	230
Unisys	USA	150
Reuters	Großbritannien	145
Nokio-Data (Fujitsu)	Finnland	130
ICL (Fujitsu)	Großbritannien	125
Total		3.055
Anteil am Europa-Markt		40 %

Tabelle 8: Marktführer bei schlüsselfertigen Systemen in Europa

Die größten zehn Anbieter am europäischen Markt für schlüsselfertige Systeme nehmen 40 % des europäischen Marktes ein. Damit weist dieser Markt einen hohen Konzentrationsgrad auf. Ebenso ist der Markt stark durchsetzt von amerikanischen Anbietern.

5.4.2 Komplettlösungen

Komplettlösungen umfassen Hardware, Standard-Software, Implementierung und Wartung. Personelle Unterstützungen bei Implementierung und Wartung werden auch unter dem Begriff "Professional Services" zusammengefaßt.

[99] engl. wertschöpfungssteigernde Wiederverkäufer

Üblicherweise werden Komplettlösungen vor allem auf Mini-Computern angeboten. Im Jahre 1991 betrug ihr Anteil nahezu 60 %. In Zukunft werden aber Workstations und vor allem PCs als die wichtigsten Plattformen für Komplettlösungen angesehen. 1991 betrug ihr Anteil bereits 35 %. Die restlichen 5 % entfielen auf Mainframe Computer.

Die nachfolgende Tabelle zeigt als Schätzung für 1996 für Komplettlösungen am westeuropäischem Markt ein Volumen von 24,3 Mrd. $.

Bereich	**1990**	**1991**	**1992**	**1996**
Hardware	5.690	6.280	7.020	10.490
Applikations Software	2.160	2.540	3.080	6.090
System Software	295	325	370	585
Professional Services	2.650	3.150	3.680	7.100
Total Mio. $	10.800	12.300	14.100	24.300

Tabelle 9: Marktgröße für Systemintegration - Westeuropa

Der weltweite Gesamtmarkt für Systemintegration inklusive Hardware wird auf fast 20 Mrd. $ geschätzt.

5.5 Outsourcing

Outsourcing kann als die Nutzung externer technischer und /oder personeller Ressourcen verstanden werden. Es umfaßt sowohl die Systemintegration als auch alle Arten der Professional Services. Letztere beinhalten Dienstleistungen wie Beratung, Auftragsprogrammierung, Schulung, Systemkonzeption und Facilities Management.
Dataquest schätzt den europäischen Markt für Facilities Management [100] auf etwa 1,3 Mrd. $. Die Wachstumsraten dürften in Zukunft bei jährlich 20 % liegen. Als Hauptgrund für diese Entwicklung wird genannt, daß die Unternehmensleitungen die ständig steigenden Kosten für die eigene EDV nicht länger hinnehmen wollen.

Durch Outsourcing erhofft man sich folgende Vorteile:

- Kostentransparenz und -reduktion
- Lösung von Personalproblemen
- Reduktion der Komplexität
- Beschränkung auf Kernkompetenzen
- Beseitigung des Anwendungs-Backlogs
- Verminderung des Anspruchsdenkens der Anwender

[100] FM - Übernahme des RZ-Betriebes durch einen externen Dienstleister

- Risikominimierung
- Erzielung von Synergieeffekten
- Erhöhung der Flexibilität
- Exaktere Kostenplanung

Kritisch muß in diesem Zusammenhang angemerkt werden, daß der Trend zum Outsourcing im Softwarebereich langfristig zu einer Standardisierung und damit auch zu einer Verarmung im Softwarebereich führen wird. Softwarepakete mit einem hohen Marktanteil werden weiter gestärkt, weil Kostenvorteile zu einem hohen Anteil nur dann erzielt werden können, wenn möglichst viele Kunden dasselbe Standardpaket in einem Outsourcing-Rechenzentrum verwenden.

5.5.1 Systembetrieb

Der Zukauf von Verarbeitungsleistungen in einem externen Rechenzentrum ist nicht neu. Schon in der Frühzeit der Datenverarbeitung wurden Datenträger zur Weiterverarbeitung an Rechenzentren übergeben. Heute geht man allerdings wesentlich weiter. Der FM-Anbieter stellt nicht nur reine Rechnerleistung zur Verfügung, sondern er übernimmt in vielen Fällen auch die Software Entwicklung, die Beratung, die Schulung und oftmals auch die Mitarbeiter des Kunden.

Dies ist ein relativ kleines Marktsegment, welches jedoch wie die nachfolgende Tabelle zeigt, überdurchschnittlich stark wächst.

Typ	**1992**	**1996**	**Durchschnittl. Wachstum %**
Plattform-Operationen	1.005	1.995	19
Anwendungs-Operationen	795	1.755	22
Total Mio. $	1.800	3.750	20

Tabelle 10: Marktvolumen von Systembetriebs-Dienstleistungen in Europa

5.5.2 Verarbeitungs-Dienstleistungen

Dieses Marktsegment umfaßt im wesentlichen die sogenannte Transaktions-Verarbeitung, bei der der Kunde die vom Anbieter zur Verfügung gestellten Informationssysteme (Hardware, Software, Netzwerke) beim Anbieter oder vor Ort benützt. Wie die nachfolgende Tabelle zeigt, gibt es zwar zwei transnationale Anbieter, dennoch sind die meisten Anbieter auf einzelne Nationen beschränkt.

Anbieter	**Herkunftsland**	**Einnahmen 1990 (Mio. $)**
IBM	USA	350
Datev	BRD	280
Finsiel	Italien	245
Sligos	Frankreich	185
Axime	Frankreich	140
GSI	Frankreich	120
Telekurs	Schweiz	115
GEIS	USA	100
AC Service	BRD	90
Concept	Frankreich	90
Total		1.715
Anteil Europa		20 %

Tabelle 11: Marktführer bei Verarbeitungs-Dienstleistungen in Europa

6. Handelsarten und Instrumentarien

Die Handelsbereiche der Internationalen Finanzwirtschaft beschäftigen sich mit praktisch allen bekannten Arten von finanziellen Handelsgütern, auch Finanzprodukte genannt. Führende Institute der Finanzbranche sind laufend bemüht über die Vielzahl solcher bereits vorhandener Produkte hinaus, neue erfolgversprechende zu kreieren.

Die wichtigsten Märkte der Finanzwirtschaft sind:
- Wertpapierhandel
- Geldhandel
- Goldhandel
- Devisenhandel
- Rohstoffhandel

Diese Handelsarten spielen sich zum Teil in einem staatlich und gesetzlich geregeltem Rahmen (z.B. der Börsenhandel) und zum anderen Teil in einem völlig ungeregeltem (z.B. der Devisenhandel), nur den Gesetzen der Marktwirtschaft folgenden, Rahmen ab.

6.1 Der Wertpapierhandel

Der überwiegende Teil des Wertpapierhandels spielt sich auf geregelten Märkten, den sogenannten Börsen ab. Eine treffende Definition von Börse lautet: "Eine Börse ist jede in kurzen Zeitabständen, meist täglich wiederkehrende Versammlung von Bankkaufleuten zum Zweck des Abschlusses von Handelsgeschäften ohne gleichzeitiges Vorzeigen, Übergeben und Bezahlen der Ware." Diese Börsen als regelmäßige Versammlungen von Teilnehmern am Wertpapierhandel nennen sich Präsenzbörsen [101]. Immer stärker entwickeln sich jedoch elektronische Märkte welche keine physische Anwesenheit der Marktteilnehmer mehr erfordert, da zur Teilnahme am Geschehen Computerterminals eingesetzt werden. Diese Börsen nennt man Elektronische Börsen oder On-line Börsen.

6.1.1 Die Effekten

Wertpapiere verkörpern versachlichte Schuldverhältnisse. Es liegt in ihrem Wesen, daß keine persönlichen Beziehungen zwischen Schuldner und Gläubiger bestehen. Ein unpersönlicher Markt, der die Gesamtheit der Kapitalnachfrage und des Kapitalangebotes repräsentiert,- die Börse-, bestimmt die Bedingungen, zu denen solche Schuldverhältnisse eingegangen werden. An der Börse wird eine besondere Art von Wertpapieren gehandelt, die "Effekten",

[101] von Anwesenheit der Marktbeteiligten

wobei es sich dabei um fungible [102] Wertpapiere handelt. Man unterscheidet zwei Gruppen von Effekten, die Gläubiger-Effekten und die Teilhaber-Effekten. Darüber hinaus gibt es noch die Sondergruppe der Genußscheine.

6.1.1.1 Gläubiger-Effekten (Renten)

Diese werden am häufigsten Anleihen oder Obligationen [103] genannt. Der Erwerber hat ein Forderungsrecht, das in dem Wertpapier verbrieft ist. Eine größere Anleihesumme wird in eine Vielzahl von Teilen (Anleihe-Stücke) aufgeteilt, die einzeln erworben, übertragen und wieder veräußert werden können. Zu den besonderen Eigenschaften der Renten gehören:

1. Vereinbarung über laufende Zinszahlung (Festverzinsliche Papiere)
2. Verpflichtung des Schuldners zur Rückzahlung des Darlehens

Unter dem Sammelbegriff "Rente" werden an der Börse alle festverzinslichen Wertpapiere verstanden, die am Rentenmarkt gehandelt werden. Hier gibt es eine Vielzahl von Anleihetypen, deren wichtigste nachfolgend beschrieben sind.

6.1.1.1.1 Öffentliche Anleihen

Diese werden von der öffentlichen Hand, d.h. von der Republik, den Bundesländern, den Großstädten, der Bundesbahn und anderen Gebietskörperschaften, ausgegeben. Die öffentliche Hand haftet global mit ihrem Gesamtvermögen und ihrer Steuerkraft. Früher gab es auch Bonitätunterschiede [104] nach der Güte der öffentlichen Anleihen. Diese Anleihen sind beliebt, weil die öffentliche Hand in besonderem Maße um einen Ausgleich von Angebot und Nachfrage bemüht ist und auf diese Weise Kurspflege betreibt.

6.1.1.1.2 Schuldverschreibungen von Sonderinstituten

Diese haben meistens öffentlich/rechtlichen Charakter und umfassen Sonderinstitute, welche durch die öffentliche Hand zum Zwecke ganz bestimmter Finanzierungen geschaffen wurden. Beispiele dafür sind Sondergesellschaften für die Finanzierung öffentlicher Großbauvorhaben im Autobahn- oder Eisenbahnbau.

6.1.1.1.3 Pfandbriefe und Kommunalobligationen

Diese können durch private Hypothekenbanken oder öffentlich/rechtliche Kreditanstalten (z.B. Girozentralen der Sparkassen) ausgegeben werden. Solche Bankinstitute werden Dauer-Emittenten [105] genannt, weil sie je nach Finanzbedarf immer wieder neue Anleihe-Serien verkaufen. Pfandbriefe und Kommunal-Obligationen stellen bei weitem den größten Block am Rentenmarkt dar. Pfandbriefe haben die längste Laufzeit unter allen Rentenwerten, welche

---

[102] vertretbare, d.h. solche, bei denen jedes Stück einer bestimmten Sorte, jedem anderem Stück gleicht

[103] engl. Bonds, z.B. Euro-Bonds

[104] Kreditwürdigkeit; erstklassige wird auch Bona Fide genannt

[105] von Emission (Ausgabe) eines Wertpapieres

bis zu 40 Jahren reichen kann. Infolge der inflatorischen Entwicklung werden aber fast nur noch Kurzläufer [106] verkauft. Pfandbriefe sind Schuldverschreibungen, deren Gegenwert in Form von Hypotheken, also durch Grundbucheintragung, gesichert ist. Für Kommunalobligationen haften Gemeinden und Gemeindeverbände als Schuldner. Die Ausgabe von Pfandbriefen und Kommunalobligationen ist an bestimmte gesetzliche Auflagen gebunden.

6.1.1.1.4 Industrie - Schuldverschreibungen

Diese werden auch Industrie-Obligationen genannt und sind Schuldverschreibungen industrieller Unternehmen, bestehend hauptsächlich aus großen Aktiengesellschaften oder bekannten Gesellschaften mit beschränkter Haftung. Für Industrie-Obligationen haftet nicht die öffentliche Hand, sondern nur das begebende Unternehmen. Früher lag die Rendite von Industrieanleihen, da das Risiko allgemein etwas höher eingeschätzt wurde, über derjenigen von öffentlichen Anleihen und Pfandbriefen.

6.1.1.1.5 Wandelschuldverschreibungen

Diese werden auch Wandelanleihen genannt. Sie nehmen am Rentenmarkt eine Sonderstellung ein. Die Wandelanleihe hat insofern Rentencharakter, als sie mit einem festen oder während der Laufzeit variablen Zins sowie mit festen Rückzahlungsbedingungen ausgestattet ist. Aber auf Wunsch des Anleihe-Inhabers kann der Gläubiger die Stücke während ihrer Laufzeit zu fest vereinbarten Bedingungen auch in Aktien des Schuldners umtauschen. Wandelanleihen haben also wegen der verbrieften Umtauschmöglichkeiten einen Doppelcharakter, und sind eine Art Zwitter an der Börse.

6.1.1.1.6 Variable verzinste Anleihen

Um das Zinsänderungsrisiko auszuschalten, wurden schon vor längerer Zeit die variabel verzinsten Anleihen [107] erfunden. Bei diesen steht zwar auch die Rückzahlung des Kapitals zu 100 % des Nennwertes am Fälligkeitstag fest, die laufenden Zinszahlungen hingegen werden dem gerade aktuellen Marktniveau angepaßt. Diese Anpassung kann man natürlich nicht dem Gutdünken des einzelnen Emittenten überlassen, sie muß sich vielmehr an einem definierbaren Maßstab orientieren. Am Londoner Finanzplatz ist das etwa der LIBOR [108], also der Geldmarktsatz, zu dem zwischen den Banken am Londoner Platz Geld für 3 oder 6 Monate verliehen wird. Diese regelmäßige Zinsanpassung sorgt dafür, daß Floating Rate Notes im Kurs immer relativ nahe bei 100 % gehandelt werden, weisen sie doch spätestens zum nächsten Zinsanpassungstermin wieder eine marktgerechte Verzinsung auf. Floaters sind vor allem dann interessant, wenn demnächst steigende Zinsen erwartet werden.

---

[106] Papiere mit maximal 10 Jahren Laufzeit

[107] engl. Floating Rate Notes (FRN's) oder Floaters

[108] London Interbank Offered Rates

6.1.1.1.7 Nullkupon-Anleihen

Diese nennt man auch Prämienanleihen, da der Ertrag für den Anleger in der Differenz zwischen Ankaufs- und Rückzahlungskurs und nicht in einer laufenden Verzinsung besteht. Nullkupon-Anleihen reagieren viel stärker im Kurs als normale zinszahlende Anleihen. Auf vielen Kapitalmärkten, vor allem im Dollarbereich, gibt es das Instrument der Nullkuponanleihe [109] schon lange. Meistens werden sie nicht zu 100 % emittiert, sondern zu 100 % zurückgezahlt was bedeutet, daß Zero's mit sehr niedrigem Kurs (oft nur 20 % bis 30 % des Nennwertes) emittiert werden.

6.1.1.1.8 Optionsanleihen

Optionsanleihen sind normale Industrieanleihen, denen zusätzlich Sonderrechte zum Bezug von Aktien in einem vereinbarten Umfang anhaften. Wegen dieser speziellen Eigenschaft werden die Stücke nach der Ausgabe an der Börse gespalten. Der Inhaber kann sein Anrecht auf späteren Bezug von Aktien separat verkaufen. Tut er dies, so verbleibt eine Optionsanleihe ausschließlich Optionsrecht (ex Option), die dann bis zur Einlösung den Charakter einer normalen Industrieanleihe hat. Die Bewertung des Optionsrechts einer Optionsanleihe ist von der Börsenentwicklung der Aktie abhängig, die mit Hilfe der Option gekauft werden kann. Optionsanleihen haben somit einen spekulativen Charakter und sind größeren Kursschwankungen ausgesetzt als normale Anleihen oder auch Wandelanleihen.

6.1.1.1.9 Inlandswährung - Auslandsanleihen

Dieses sind Anleihen welche ausländische Staaten, Städte, Wirtschaftsunternehmen und supranationale Institutionen im Inland in inländischer Währung aufnehmen. Ein Beispiel dafür ist eine 500 Mio. SFR Anleihe in der Schweiz, begeben durch einen in Deutschland ansässigen internationalen Industriekonzern.

6.1.1.1.10 Währungs - Anleihen

Das sind Schuldverschreibungen von ausländischen Schuldnern [110], die auf eine ausländische Währung lauten, z.B., auf Dollar oder Pfund Sterling. Ein Beispiel dafür ist eine 500 Mio. Dollar Anleihe in der Schweiz, begeben durch einen in der Schweiz ansässigen internationalen Industriekonzern. Wer als Inländer Währungs - Anleihen kauft, geht ein Devisenrisiko ein. Durch mögliche Auf- oder Abwertungen einer Währung kann sich der Wert dieser Anleihen, in Inlandswährung ausgedrückt, ändern.

6.1.1.2 Teilhaber-Effekten (Aktien)

Der Erwerber wird hier nicht Gläubiger, sondern wirtschaftlich, aber nicht juristisch Miteigentümer. Er hat auch keinen Anspruch auf eine feststehende Verzinsung. Der Aktionär trägt als wirtschaftlicher Miteigentümer das dazu-

[109] Zero Coupon Bonds, auch Zero Bonds oder Zero's genannt

[110] Bei der Begebung durch einen europäischen Emittenten auch Euro-Bonds genannt

gehörige Risiko. Was der Aktionär von seiner Aktiengesellschaft empfängt, hängt davon ab, wie gut dieses Unternehmen im vergangenen Jahr gearbeitet hat. Je nachdem welcher Ertrag erwirtschaftet wurde, kann ein entsprechender Betrag an die Aktionäre ausgeschüttet werden. Dieser Betrag fließt dem Aktionär als sogenannte Dividende [111] zu, weshalb die Aktien auch Dividenden-Papiere genannt werden. Wieviel Dividende eine Aktiengesellschaft ausschütten wird, spielt für die Bewertung an der Börse eine große Rolle. Eine Ankündigung etwa, daß eine Aktiengesellschaft in diesem Jahr keine Dividende ausschütten wird, drückt den Kurs dieser Aktie. Alle diese Eigenschaften verleihen der Aktie, im Gegensatz zur Rente, mehr den Charakter des Spekulativen. In den laufenden Tagespreisen für Aktien, den sogenannten variablen Kursen, spiegelt sich auch ständig die vermutete Zukunftsentwicklung des Unternehmens. Aktien werden deshalb auch Spekulationspapiere genannt. Der Aktionär haftet aber nur bis zur Höhe des Nennbetrages seiner Aktie, die Gesellschaft oder die Gläubiger können vom Aktionär im Konkursfall keinen Nachschuß fordern. Dadurch wird das Risiko des Aktionärs klar begrenzt, was eine wesentliche Voraussetzung für die leichte Handelsfähigkeit der Aktien an der Börse darstellt.

Aktien verbriefen eine Beteiligung an einer Kapitalgesellschaft (Aktiengesellschaft (AG) oder Kommanditgesellschaft auf Aktien (KGA)) und schließen eine Reihe von Mitgliedsrechten ein, so etwa das Stimmrecht, das Recht vom Vorstand auf der Hauptversammlung Auskünfte zu erlangen, den Anspruch auf Gewinn, das Recht zum Bezug neuer (junger) Aktien bei Kapitalerhöhungen, das Recht auf Anteil am Liquidationserlös bei Auflösung des Unternehmens und anderes.

Jede Aktienurkunde besteht aus zwei Teilen: dem "Mantel", bestehend aus der eigentlichen Aktien-Urkunde und dem "Bogen", bestehend aus dem Bezugsschein für Dividenden. Der Bogen wird gewöhnlich mit 20 Dividendenscheinen und einem Erneuerungschein zum Bezug neuer Bogen ausgestattet. Dieser Erneuerungsschein wird "Talon" genannt. Wer den Dividendenschein vorlegt erhält die Dividende ausgezahlt. Dividendenscheine sind also, wie die Aktien, anonyme Inhaberpapiere.
Im Gegensatz zu Anleihen können Beträge, die der Aktiengesellschaft bei der Zeichnung der Aktien übergeben wurden, nicht zurückverlangt werden. Es gibt anders als bei Anleihen, keine Fälligkeit und keine Tilgung von Aktien. Der Aktionär kann aber durch Vermittlung der Bank auf der Börse sein in Aktien angelegtes Vermögen, jederzeit zu Preisen, die sich frei über Angebot und Nachfrage bilden, veräußern. Es gibt zwei wesentliche Gattungen von Aktien, die Stammaktien und die Vorzugsaktien. Darüber hinaus wird unterschieden

---

[111] lat. Dividere = teilen

nach Inhaberaktien, Namensaktien und vinkulierten Namensaktien. Diese Gattungen sind nachfolgend näher beschrieben.

6.1.1.2.1 Stammaktien

Diese sind die bei weitem gebräuchlichste Form von an der Börse handelbaren Aktien. Stammaktien verbriefen dem Inhaber alle nach dem Aktiengesetz zustehenden Rechte ohne Einschränkung. Die Stammaktie muß auf einen bestimmten Nennbetrag lauten. Über den Nennbetrag hinaus haftet der Stammaktionär nicht für Verbindlichkeiten des Unternehmens.

6.1.1.2.2 Vorzugsaktien

Diese werden auch Prioritätsaktien genannt und besitzen im Gegensatz zur Stammaktie kein Stimmrecht. Vorzugsaktien sind im Regelfall bei der Dividendenzahlung oder bei der Verteilung des Vermögens im Falle der Auflösung der Gesellschaft bevorrechtigt. Der Aktiengesellschaft steht es frei die Vorzüge zu differenzieren. Des öfteren wird eine bevorzugte Dividendennachzahlung nach dividendenlosen Jahren eingeräumt. Verschiedentlich erhalten Vorzugsaktien auch vorweg eine feste Dividende, bevor den Stammaktionären Gewinnausschüttungen zustehen.

6.1.1.2.3 Inhaberaktien

Diese sind in Gestalt der Stammaktie am gebräuchlichsten. Sie sind insofern anonym, als der jeweilige Eigentümer der Gesellschaft nicht bekannt zu sein braucht. Sie verbriefen alle Rechte, die dem Aktionär auf Grund des Aktiengesetzes zustehen. Der Besitzwechsel ist einfach, er vollzieht sich ohne besondere Formalitäten durch Kaufvertrag, meist im Rahmen des Börsenhandels.

6.1.1.2.4 Namensaktien

Diese sind für Aktiengesellschaften vorgeschrieben, wenn das Grundkapital nicht voll einbezahlt wird. Bei Besitzübertragungen muß jeweils der Name des neuen Besitzers auf der Rückseite der Aktienurkunde [112] vermerkt werden. Über die Namensaktie ist bei der Gesellschaft ein Aktienbuch zu führen. Im Verhältnis zur Gesellschaft gilt nur als Aktionär, wer in diesem Aktienbuch eingetragen ist. Ein Eigentumswechsel erfordert also die Umschreibung im Aktienbuch.

6.1.1.2.5 Vinkulierte Namensaktien

Bei diesen ist die Umschreibung im Aktienbuch an die Zustimmung der Gesellschaft gebunden. Das ist erforderlich, wenn nach der Satzung einer Gesellschaft den Aktionären besondere Nebenpflichten übertragen werden. Oft werden vinkulierte Namensaktien bei Gesellschaften mit einem begrenzten Aktionärskreis auch als Instrument verwendet, um zu verhindern, daß außerhalb stehende Personen durch Erwerb von Aktien gegen den Willen der Gesellschaft [113] wirtschaftlich zu Miteigentümern der Gesellschaft werden können.

---

[112] Indossament = in dosso; auf dem Rücken

[113] wird auch "unfreundliche Übernahme" oder "unfriendly takeover" genannt

Namensaktien können indirekt dadurch leichter handelbar gemacht werden, daß Blanko-Indossamente ausgestellt werden. Das heißt, bei Übertragungen wird auf der Rückseite der Aktie der Name des neuen Eigentümers nicht eingetragen. Die Aktien bleiben vielfach ständig auf den gleichen Namen, z.B. den der handelnden Bank, ausgestellt. Nur diese Bank kann dann die Rechte aus den Namensaktien ausüben. Die Dividenden fließen jedoch dem jeweiligen Inhaber zu. So lassen sich aus Namensaktien praktisch, aber nicht rechtlich, Inhaberaktien machen.

6.1.1.3 Genußscheine

Diese werden auch Partizipationsscheine (PS) genannt und sind börsenfähige Wertpapiere besonderer Art. Im Gegensatz zu Aktien verbriefen sie keine Mitgliedsrechte an einer Aktiengesellschaft; sie haben also weder Stimm- noch sonstige Rechte. Genußscheine garantieren lediglich Ansprüche auf Gewinn und Liquidationserlös der Gesellschaft. Vereinzelt steht den Inhabern der Genußscheine auch ein Bezugsrecht zu, falls Kapitalerhöhungen vorgenommen werden. Juristisch entstehen die "Genüsse", wie sie in der Börsensprache genannt werden, durch einen Vertrag zwischen der Emissionsgesellschaft und dem ersten Erwerber des Genußscheins, der seinerseits die Stücke veräußern kann.

6.1.1.4 Optionsscheine

Der Inhaber eines Optionsscheines hat das Recht, bis zu einem gewissen Zeitpunkt eine bestimmte Aktie zu einem vorher fixierten Preis zu erwerben. Dadurch ergibt sich für den Optionsschein eine erhöhte Volatilität gegenüber der Aktie. Bei einer für den Anleger ungünstigen Entwicklung der zugrundeliegenden Aktie braucht der Anleger sein Optionsrecht nicht auszuüben. Bei einem starken Kursanstieg jedoch schlagen sich Anstiege im Aktienpreis überproportional, d.h. mit Hebelwirkung auf den Optionsscheinkurs nieder. Die Prämie, die nichts anderes als den Hoffnungswert des Optionsscheines bedeutet, wird während der Optionsfrist kontinuierlich auf Null abgebaut.

6.1.1.5 Optionen

Das spekulativste aller Kapitalmarkt-Instrumente ist die Option. Eine Option ist ein typisches "derivatives" [114] Instrument, d.h. die Kursentwicklung hängt stark von der Entwicklung eines Leitwertes [115] ab. Eine Option ist das Recht, zu einem festgelegten Zeitpunkt ein bestimmtes Wertpapier zu einem festgesetzten Preis zu kaufen (Call-Option) oder zu verkaufen (Put-Option).

---

[114] abgeleitetes Wertpapier

[115] engl. Underlyer, zugrundeliegendes Instrument, z.B. Aktie

Für dieses Recht bezahlt der Anlager dem Stillhalter den Optionspreis. Der Optionspreis setzt sich aus dem inneren Wert und der Prämie zusammen. Der innere Wert einer Option ergibt sich aus der Differenz aus dem aktuellen Kurs der Aktie und dem Basispreis (dem Preis zu dem die Aktie am Ende der Laufzeit gekauft bzw. Verkauft werden kann). Die Prämie kann als die Maßzahl für das Risiko beim Kauf einer Option betrachtet werden (je höher die Prämie, desto höher das Risiko). Der Grund für das Interesse der Anlager an Optionen liegt darin, daß eine Option einen wesentlich geringeren Kapitaleinsatz erfordert als der Kauf einer Aktie und einen immensen Hebeleffekt [116] beinhaltet. Durch die Verwendung von Optionen ergibt sich also die Chance riesige Kursgewinne zu erzielen, aber auch das Risiko das gesamte eingesetzte Kapital zu verlieren.

Optionen eignen sich einerseits für risikobereite Anleger, die auf steigende (Call-Optionen) oder fallende (Put-Optionen) Kurse spekulieren wollen. Andererseits eignen sich Optionen auch für konservative Anleger, die sich vor Kursschwankungen schützen wollen. Durch die Kombination verschiedener Call- und Put-Optionen ist es möglich, auf fast beliebige Kurserwartung zu spekulieren oder Positionen abzusichern.

Des weiteren gibt es Optionen auf Futures. Das sind anfangs normale Optionen, die sich bei Ausübung in entsprechende Future-Positionen verwandeln. Diese Futures können dann am Futures-Markt glattgestellt oder bis zur Fälligkeit gehalten werden. Dies kann Gebührenvorteile gegenüber der echten Lieferung von Aktien und Anleihen haben, und auch die Margin bei Futures ist niedriger als der Kapitalbedarf bei echter Lieferung der Wertpapiere.

6.1.1.6 Futures

Diese sind die Urform aller Terminkontrakte. An einem beliebigen Tag wird ein fester Vertrag über eine spätere Leistung geschlossen, wobei Preis, Liefertermin und alle sonstigen Konditionen am Tag des Vertragsabschlusses verbindlich festgelegt werden. Futures sind ein sehr wichtiges Börseninstrument und werden an diversen Terminbörsen [117] in standardisierter Form und in großer Stückzahl gehandelt. Beispiele dafür sind DAX [118]-Futures oder Bund-Futures an der Deutschen Terminbörse (DTB).
Futures werden nicht nur auf Wertpapiere sondern auf handelbare Waren aller Art gehandelt. Darunter sind zum Beispiel Zinsen, Währungen, Indizes, Schweinebäuche, Edelmetalle und dergleichen.

---

[116] engl. Leverage

[117] z.B. Deutsche Terminbörse (DTB) oder Swiss Options and Financial Futures Exchange (SOFFEX)

[118] Deutscher Aktienindex

6.1.1.7 Synthetische Wertpapiere

Synthetische Wertpapiere oder synthetische Anlagepositionen sind künstliche, wertpapierähnliche Anlagepositionen, die durch die Kombination mehrerer herkömmlicher Wertpapiere oder Börsengeschäfte geschaffen wurden. So können "Wertpapiere" konstruiert werden, die ganz andere Eigenschaften als ihre Einzelkomponenten haben können. So ist es zum Beispiel möglich durch die Kombination von DAX-Calls und DAX-Puts einen synthetischen Zerobond zu kreieren, dessen Wert völlig unabhängig vom DAX-Stand ist und nur vom Marktzins und der Restlaufzeit bestimmt wird.

Bei dem Begriff "Synthetische Wertpapiere" handelt es sich um einen bisher nicht ganz eindeutig definierten Oberbegriff, der viele neue Börseninstrumente abdeckt. Oft wird in diesem Zusammenhang von "Finanzinnovationen" gesprochen.

Das Gesamtvolumen aller offenen derivativen Finanzprodukte wie Optionen, Futures, Swaps und diverse noch kompliziertere Konstruktionen, wird weltweit auf zirka 17.000 Milliarden US Dollar geschätzt. Derzeit sind weltweit Notenbanken, Aufsichtsbehörden und Ratingagenturen um eine verstärkte Erfassung der derivativen Geschäfte und des darin schlummernden Risikopotentials bemüht.

6.1.2 Der Investment-Markt

Investmentfonds dienen zur Reduktion des Risikos für den Investor durch breite Streuung der im jeweiligen Fond enthaltenen Wertpapiere. Kursverluste des einen Papiers können durch Kursgewinne anderer kompensiert werden. Gegen eine allgemeine Baisse [119] an den Börsen kann allerdings auch ein Wertpapierfonds nur wenig ausrichten.

Unter einem Investmentfonds wird ein Sondervermögen verstanden, welches von einer Kapitalanlagegesellschaft (Investmentgesellschaft) treuhänderisch verwaltet wird. Das Geld der Anleger wird auf gemeinschaftliche Rechnung nach dem Grundsatz der Risikomischung in Wertpapieren und dgl. angelegt. Über die sich aus der gemeinschaftlichen Anlage ergebenden Rechte der Anleger (Anteilinhaber) werden Urkunden (Anteilscheine, Zertifikate) ausgestellt.

Nach dem Gesetz müssen Investmentfonds "offene" Fonds sein, d.h. sie können jederzeit neue Anteilsscheine ausgeben, müssen aber jederzeit auch Zertifikate von den Anlegern zurücknehmen und den jeweiligen Gegenwert auszahlen. Wenn sich ein Anleger an einem Investmentfond beteiligt, erhält er ein Zertifikat welches seine Eigentumsrechte an dem gemeinschaftlichen Vermögen verbrieft. Das Vermögen wird von der Kapitalanlagegesellschaft verwaltet, welche allein entscheidet was mit dem Kapital der Anleger

[119] Allgemeines sinken der Kurse auf breiter Front

geschieht. Dabei dienen klare gesetzliche Regelungen dem Schutz der Anleger. Die Kapitalanlagegesellschaft bekommt das Kapital der Anleger auch gar nicht selbst in die Hand, vielmehr muß dieses Sondervermögen von einem anderen Kreditinstitut (der Depotbank) verwahrt werden. Die Depotbank hat darüber zu wachen, daß über das Sondervermögen keine unzulässigen Verfügungen getroffen werden. Als Investmentfonds werden nur solche bezeichnet, welche das Sondervermögen entweder in Wertpapieren oder Grundstücken anlegen.

6.1.2.1 Wertpapierfonds

Diese können entweder Inlands- oder Auslandsfonds sein, und entweder nur Aktien erwerben oder nur Rentenpapiere in ihr Portefeuille aufnehmen. Es gibt auch Fonds welche beide Arten von Wertpapieren besitzen; man nennt sie deshalb gemischte Fonds. Weiterhin unterscheidet man Fonds danach ob sie nur inländische- oder nur ausländische Wertpapiere erwerben oder weltweit investieren. Das Anlageziel ist ein weiteres Merkmal zur Gliederung der Fonds. Man spricht von einem Einkommensfonds wenn der Fonds Ausschüttungen vornimmt, und von einem Wachstumsfonds [120] wenn alle Erträge wieder reinvestiert werden. Andere Fonds schütten nur Zins- und Dividendeneinnahmen aus, legen aber realisierte Kursgewinne wieder an.

Es gibt konservative und auch aggressive Fonds, je nachdem wie risikofreudig die Fondsverwaltung investiert. Aggressive Fonds schlichten auch mit Blick auf eine gute "Performance" (Wertentwicklung) häufig und umfassend das Fondsvermögen um. Ferner gehören zu den aggressiven Fonds besonders solche, welche Methoden des "Leveraging" [121] einsetzen. Das bedeutet, daß der Fonds zu einem bestimmten festen Zinssatz Darlehen aufnimmt und auch diese geborgten Beträge in Wertpapieren investiert. Treten Kurssteigerungen ein, sorgt der mit dem Darlehen erzielte Kursgewinn, wenn er die eigenen Darlehenszinsen übersteigt, dafür, daß der Ertrag des eingesetzten eigenen Geldes größer ist, als wenn der Fonds nur dieses angelegt hätte. Aber bei Kursverlusten wirkt der "Hebel" der Kreditaufnahme ebenso stark nach unten. Sogenannte "Hedge" [122] Fonds nehmen nicht nur Darlehen auf, sondern verkaufen auch Aktien auf Termin, die sie noch gar nicht haben (Baisse Spekulation). Solche "Leerverkäufe" und Kreditaufnahmen zum Wertpapierkauf sind hochspekulativ da das Verlustrisiko höher sein kann als das gesamte eingesetzte Kapital und daher in vielen Ländern verboten. Das gleiche gilt für sogenannte "Dachfonds" welche Zertifikate anderer Investmentgesellschaften in ihr Vermögen aufnehmen.

---

[120] auch "thesaurierender" Fonds genannt

[121] Prinzip der Hebelwirkung

[122] Termingeschäft als Schutz gegen Verluste

6.1.2.2 Immobilienfonds

Diese sind eine besondere Gruppe von Investmentfonds, nämlich auf Grundbesitz ausgerichtete Fonds. Diese finden immer stärkeren Anklang bei den Investoren, weil Grundvermögen als wertbeständig und werterhaltend gilt.

6.1.3 Indikatoren der Kursentwicklung

Die Grundidee aller Indikatoren ist, die unübersichtliche Börsenentwicklung bei einer Vielzahl gehandelter Titel in den Griff zu bekommen, indem aus einem Bündel ausgewählter Titel eine Meßzahl laufend errechnet wird. Die laufende Veränderung dieser Meßzahl ist ein guter und übersichtlicher Indikator für die jeweilige gesamtbörsliche Entwicklung.

6.1.3.1 Dow-Jones-Index

Der Dow-Jones-Index ist der berühmteste Aktienindex der größten Börse der Welt, der New York Stock Exchange. Es ist "der" Bewertungsmaßstab für amerikanische Aktien schlechthin und dient vielen anderen Indices weltweit als Vorbild.

Der Dow-Jones-Index besteht eigentlich aus drei verschiedenen Indices. Diese sind:

- Industrie-Index, mit 30 Werten
- Eisenbahn-Index mit 20 Werten
- Versorgungs-Index mit 15 Werten

Wenn aber im allgemeinen über den "Dow-Jones" gesprochen wird, ist praktisch immer der Industrie-Aktien-Index gemeint.

Dadurch, daß 30 Repräsentationswerte aus allen wichtigen Industriebranchen ausgewählt wurden, die ihrerseits fast ein Drittel aller Tagesbörsenumsätze ausmachen, gelang es einen Maßstab für die Entwicklung der amerikanischen Börsen zu finden, mit dem analytisch und prognostisch gearbeitet werden kann.

Der Dow-Jones-Index ist von Anfang an mehr gewesen als ein reiner Börsenindex. Seine Faszination besteht darin, daß er auch als Basis einer weltbekannten Börsenkurs-Theorie gilt, der "Dow-Theorie". Darin wird die Ansicht vertreten, daß sich in den Börsenkursen von heute (und damit auch im Börsenindex) alles widerspiegle, was für die Preisbildung von Aktien an einem bestimmten Tag maßgeblich ist. Darin enthalten sind alle politischen und wirtschaftlichen Überlegungen, die jeweiligen kurz- und langfristigen Zinsen und darüberhinaus alle sonstigen Erwartungen aller Marktteilnehmer. Die Quintessenz der Dow-Theorie lautet "Die Kurse von heute sind mehr das Spiegelbild der Zukunft als der Gegenwart". Oder anders ausgedrückt: Die Börse hat stets vor den politischen, wirtschaftlichen und währungspolitischen Ereignissen der Zukunft einen Vorlauf. Wer die Kurskurven von gestern und heute verfolgt, kann sich gewisse Vorstellungen von dem vermutlichen Verlauf der Kurse von morgen und übermorgen machen[123].

Die Dow-Theorie kennt drei Hauptbewegungen:
1. Primary-Trend: Langfristiger oder Haupttrend, der entweder aufwärts oder abwärts gerichtet ist und der jeweils 12 bis 18 Monate, ja bis über 2 Jahre dauern kann.
2. Secondary-Trend: Mittelfristige Entwicklung, die einige Wochen oder Monate dauern kann. Sie kann dem Primary-Trend entgegenlaufen (Zwischenerholungen in einer Baisse und temporäre Kursrückgänge in einer Hausse).
3. Daily-Fluctuations: Tägliche Kursschwankungen, die wiederum vom Primary-Trend als auch vom Secondary-Trend abweichen können und auf Zufälligkeiten des Tages zurückzuführen sind

Kombiniert mit einer ausführlichen Beobachtung auch der täglichen Börsenumsätze und ihrer Abschwächungen oder Zunahmen kommt die Dow-Theorie zu einer jeweiligen Momentaufnahme, die Schlüsse auf den zukünftigen Trend - mittelfristiger und langfristiger Art - zuläßt.

6.1.3.2 FAZ Aktienindex

Ein wichtiges Handwerkszeug für den Börsenhändler ist die Börsenstatistik. Die Basis für alle statistischen Börsenkurs-Analysen ist aber ein zuverlässiger Börsen-Index. Dem FAZ [124] Aktienindex liegen Berechnungen des Eurosyndikats Brüssel zugrunde, eines Finanzinstituts, das schon früher einen europäischen Börsenindex erstellt hatte. In dieses Euro-Index-System wurde der FAZ Aktienindex eingegliedert. Auf diese Weise sind jederzeit transnationale Index Vergleiche möglich.

Der FAZ Aktienindex umfaßt 100 repräsentative, an der deutschen Börse amtlich notierte Aktien, die in fünfzehn Branchengruppen aufgegliedert sind. Der FAZ Aktienindex hat rasch Beachtung als ein "schneller" Index gefunden, der die deutsche Börsenentwicklung präzis widerspiegelt. Der Index wird sowohl als kurzfristiges Meßinstrument von an der Börse interessierten Teilnehmern benützt, als auch von Chartisten für langfristige Ausarbeitungen und Aktienanalysen benötigt.

---

[123] siehe Kapitel 8.3.5 ff.

[124] Frankfurter Allgemeine Zeitung

Die Berechnungsformel für den FAZ Aktienindex lautet:

$$\text{Index} = \frac{\sum i \, Ni \times Ki}{\sum i \, Ni \times Ci \times \prod j \, Aji} \times 100$$

Dabei bedeuten:

	$\sum i$	= Summierung über die hundert erfaßten Aktien
	i	= laufender Zähler für eine einzelne Aktie
	Ni	= Grundkapital der Aktie i am Berechnungstag
	Ki	= Kurs der Aktie i am Berechnungstag
	Ci	= Kurs der Aktie i am Basistag (31.12.1958)
	$\prod i$	= Produktbildung der Ausgleichsfaktoren
	j	= Laufender Zähler für einen einzelnen Ausgleichsfaktor
	Aji	= j-ter Ausgleichsfaktor der Aktie i

Die Formel lautet in Normalsprache übersetzt: Summe der Tageskurswerte geteilt durch die Summe der Kurswerte am 31.12.1958 mal 100.

Um die Entwicklungstendenzen am Aktienmarkt erkennen und verfolgen zu können, mußten tendenzunabhängige Kurssprünge bei der Berechnung des Index eliminiert werden. Solche Störfaktoren können zum Beispiel Kapitalveränderungen bei Aktiengesellschaften sein. Werden Bezugsrechte abgetrennt, so führt dies im Kurszettel zu Kursrückgängen. Aber das ist kein Ausdruck einer echten Börsenabschwächung. Würde man diese Bezugsrechtsabschläge unberücksichtigt lassen, würden sich entscheidende Fehlrechnungen in den Index einschleichen. Um dies zu verhindern, wird in den Nenner der Indexformel ein besonderer Bezugsrechts-Ausgleichsfaktor eingesetzt. Vereinfacht ausgedrückt lautet er: Rechnerischer Kurs nach Abgang des Bezugsrechts geteilt durch den tatsächlichen Kurs vor dem Abgang.

6.2 Der Geldhandel

Der Markt für Geld ist, auf den einfachsten Nenner gebracht, ein Markt für kurzfristige Kredite. Dies in deutlichem Gegensatz zum Wertpapiermarkt, wo Kapital gehandelt wird. Geldmärkte dienen dem Liquiditätsausgleich innerhalb der Kreditwirtschaft. Sie werden weit mehr als der Kapitalmarkt von der Notenbank beeinflußt und gelenkt. Die Zentralbank vermag über den Geldmarkt die Bankenliquidität zu dosieren und damit indirekt auch das Geldpotential der Wirtschaft und der öffentlichen Hand. Die hauptsächlichsten Geschäftspartner des Marktes sind die Notenbank, die Kreditinstitute und große Kapitalsammelstellen, insbesondere Versicherungsgesellschaften.

Geld notiert innerhalb der Kreditwirtschaft zu ständig schwankenden Preisen (Zinsen), den differenzierten Bedürfnissen der Marktteilnehmer entsprechend. Ländliche Banken brauchen zur Finanzierung der Ernte im Herbst besonders viel Geld. Im Winter aber haben sie Überschüsse. Großbanken müssen zu den Steuerterminen Milliardenbeträge bereitstellen. Andererseits fliessen ihnen zum Monatsende durch die Gehaltszahlungen an die Mitarbeiter wieder große Beträge zu. Einmal benötigt ein Kreditinstitut Geld, ein andermal hat es Geld im Überschuß. Über den Geldmarkt werden Angebot und Nachfrage ausgeglichen.

Zunächst stehen den Kreditinstituten als Liquiditätsreserve bei Geldbedarf die "Rediskontlinien" der Notenbank zur Verfügung. Bis zu bestimmten Höchstbeträgen, die zwischen der Notenbank und jedem Kreditinstitut vereinbart werden, können die Banken jederzeit Handelswechsel ihrer Kunden der Notenbank verkaufen, d.h. zum "Diskont" anbieten. Die Wechsel müssen allerdings "rediskontfähig" sein, also den strengen Anforderungen der Notenbank entsprechen. Kundenwechsel verwandeln sich über den Rediskont bei der Notenbank in Guthaben des jeweiligen Kreditinstitutes. Abzüglich der Mindestreserven [125] können die Kreditinstitute über so gewonnene Guthaben frei verfügen.

Sind die Rediskontlinien [126] erschöpft, können die Banken auf eine zweite Liquiditätslinie, den Lombardkredit, ausweichen. Lombardfähige Wertpapiere [127] können vorübergehend der Notenbank verpfändet werden. Der Lombardkredit ist in der Regel ein Prozent teurer als der Diskontkredit. Er darf aber nur zur kurzfristigen Über-brückung von Liquiditätsbedarf in Anspruch genommen werden. Lombardkredite sind also für die Banken keine Dauerkredithilfe.

Sind Diskont- oder Lombardkreditlinien eines Kreditinstitutes bei der Notenbank ausgeschöpft, oder wollen die Banken wie in der Praxis üblich, die Refinanzierung bei der Notenbank nicht in vollem Umgang in Anspruch nehmen, begeben sie sich in den freien Geldmarkt. Sie kaufen sich die fehlende Liquidität gegen entsprechende Zinsen von anderen Teilnehmern am Geldmarkt. Ist das Angebot reichlich, wird der Zinssatz moderat sein und möglicherweise unter dem Niveau des Diskontsatzes liegen. Herrscht Geldmangel, können die Zinssätze am freien Geldmarkt aber auch den Diskont- und Lombardsatz weit übertreffen.

---

[125] Pflichteinlagen die ein Kreditinstitut zinslos bei der Notenbank halten muß

[126] Höchstbetrag der zulässigen Wechselverkäufe an die Notenbank

[127] in erster Linie öffentliche Anleihen

Die Notenbank kann jederzeit in dieses Geschehen von Angebot und Nachfrage eingreifen. Wenn es erforderlich ist, verkauft sie Geldmarktpapiere. Das sind Schatzwechsel und Schatzanweisungen der öffentlichen Hand oder Schuldverschreibungen der Notenbank. Durch den Verkauf dieser Geld-Wertpapiere, die meist eine kurze Laufzeit zwischen 30 Tagen und 3 Jahren haben, kann die Notenbank Liquidität vom Markt abschöpfen. Je attraktiver der Zinssatz, desto mehr Geld wird zur Notenbank drängen. Umgekehrt kann die Notenbank Geldmarktpapiere vorzeitig (vor deren Fälligkeit) zu günstigen Preisen zurückkaufen. Auf diese Weise würde die Geldmenge vermehrt werden. Diese Funktion der Notenbank wird als "Offen-Markt-Politik" bezeichnet.

Der Geldmarkt macht nicht an den nationalen Grenzen halt. Ist ein Geldausgleich innerhalb eines Landes nicht möglich, oder werden im Ausland günstigere Bedingungen geboten, nehmen die Banken die internationalen Geldmärkte in Anspruch. Sie borgen sich von ausländischen Kreditinstituten Geld oder verleihen Geld an ausländische Banken.

Bei festen Wechselkursen könnten sich die Banken die angeschafften Auslandsguthaben bei der Notenbank in Inlandswährung wechseln. Die Notenbank würde sich bei festen Wechselkursen in den grenzüberschreitenden Geldhandel einschalten. Seit dem Übergang zu floatenden [128] Wechselkursen seit 1973 sind die Banken gewöhnlich allein auf den freien Markt bei Devisen An- oder Verkäufen angewiesen. Größere Kauf- und Verkaufsoperationen beeinflussen die Wechselkurse: vorrangig den Kurs des US Dollars gegen die DM, weil alle Fremdwährungen über den US Dollar abgerechnet werden. Auch am frei floatenden Devisenmarkt kann die Notenbank, falls aus geldmarktpolitischen Gründen erforderlich, in den Markt eingreifen und Kurspflege [129] betreiben, um unerwünscht starke Tageskursschwankungen zu glätten.

6.2.1 Euro-Geldmarkt

Kurzfristiges Geld wird auch außerhalb des Einflußbereichs der nationalen Notenbanken, an den sogenannten Euromärkten gehandelt. Dollars hauptsächlich über Londoner Tochterbanken amerikanischer Großbanken und DM und Schweizer Franken vorwiegend über Tochterbanken deutscher und schweizerischer Banken in Luxemburg. Das Geldvolumen aller Eurobanken stellt ein riesiges Liquiditäts - Potential dar, das für Kredite an Regierungen, transnationalen Organisationen und Großunternehmen in Anspruch genommen wird. Bei vermuteten größeren Wechselkursveränderungen kann es zu spekulativen Geldbewegungen größten Umfanges von einer Währung in die

---

[128] nicht geregelten, nicht festen Wechselkursen

[129] durch Kauf oder Verkauf großer Beträge in der Gegenrichtung zum jeweiligen Trend

andere kommen und dadurch Krisen am Devisenmarkt auslösen. Die bei den Eurobanken gehaltenen Mittel unterliegen nicht den nationalen Mindestreservevorschriften. Das Geld kann infolgedessen am Euromarkt etwas höher als in den Heimatländern verzinst und etwas günstiger ausgeliehen werden.

6.2.2 Termingeld

Beim Tausch großer Geldbeträge spielt die Dauer der Leihzeit eine entscheidende Rolle. Tagesgeld heißt der kurzfristige Leihtermin von Tag zu Tag. Eine Bank leiht der anderen für 24 Stunden Liquidität, d.h. einen Anspruch auf Giralgeld auf einem Notenbank Konto, über das der Geldnehmer verfügen kann. In der Praxis wird aber Tagesgeld nur eher selten wirklich auf einen Tag verliehen, sondern meistens "bis auf weiteres" zur Verfügung gestellt.

Stark ausgeprägt ist der Handel mit Ultimo-Geld, also von Geldbeträgen, die über den Ultimo eines Monats hinaus verliehen werden. Kreditinstitute haben naturgemäß zum Monatsende einen besonders starken Geldbedarf. Sie können sich die wahrscheinlich notwendige Liquidität durch rechtzeitigen Kauf von Ultimo-Geldern sichern. Begehrt ist Ultimo-Geld besonders am Jahresende, wo Banken und Wirtschaft zum Bilanzstichtag eine möglichst hohe Liquidität aufweisen wollen. Das ist der Grund für die besonders hohen Zinsen für Jahres-Ultimo Gelder.

Die Hauptumsätze am Geldmarkt werden mit Termingeld gemacht, wobei sich Termine von einem Monat, drei Monaten, sechs Monaten und zwölf Monaten eingebürgert haben. Jeder Monat wird prinzipiell zu 30 Tagen abgerechnet unabhängig von seiner tatsächlichen Länge. Die Notenbank verkauft selber am Geldmarkt Schatzwechsel des Bundes mit einer Laufzeit zwischen 30 und 90 Tagen. Es ist üblich, daß die Notenbank laufend die Zinsen für Schatzwechsel und Schatzanweisungen je nach Marktlage ändert. Werden die Abgabesätze reduziert, ist dies oft ein Signal für eine bevorstehende Diskontsenkung. Erhöht die Notenbank dagegen die Abgabesätze stärker, deutet dies auf eine Diskonterhöhung hin.

6.2.3 Geldhandel

Der Handel mit Geld ist ein Handel in Großbeträgen und bewegt sich meistens in Millionenhöhen. Er wird in einer besonderen Abteilung der Kreditinstitute abgewickelt. Der Chef-Geldhändler einer Bank hat die Aufgabe, sein Institut jederzeit mit Liquidität zu versorgen, was auch immer an Anforderungen aus dem operationellen Geschäft auf ihn zukommen. Er muß die Bank jederzeit zahlungsfähig halten. Er darf daher nicht zu kurzfristig planen, sondern muß die Geldeingänge und Verpflichtungen der nächsten Tage und Wochen überblicken können und aufeinander abstimmen. Für das Jahresende, für die großen Steuertermine und andere stark liquiditätswirksame Termine, müssen besondere Vorkehrungen getroffen werden. Wem es gelingt überschüssige

Liquidität in einem Moment zu haben, wo andere Geld brauchen, kann hohe Zinsen vereinnahmen. Ein guter Geldhändler muß nicht nur eine ausgezeichnete Markt- und Fachkenntnis besitzen, sondern in der Lage zu sein die vermutliche Entwicklung der Liquiditätslage nicht nur den eigenen Bank, sondern des ganzen Marktes vorauszusehen.

Geld wird seit jeher am Telefon gehandelt, aber immer mehr auch auf elektronischen Handelsterminals [130] der großen Anbieter, geführt von Reuters [131]. Die Geschäfte mit Millionen sind ebenso wie die Börsengeschäfte Abmachungen auf Treu und Glauben. Hinterher bestätigen sich die Geldmarkt-Teilnehmer die Abschlüsse und die vereinbarten Zinssätze. Für den Geldhandel unter Banken sind keine besonderen Sicherheiten oder Formvorschriften erforderlich. Jeder Marktteilnehmer muß voraussetzen, daß der Kontrahent zahlungsfähig ist und bleibt. Droht eine Bank illiquid zu werden, wird man das am ehesten am Geldmarkt merken. Ein Institut welches heftig auf Geldsuche ist, würde auffallen und die Aufsichtsbehörde auf den Plan rufen. Der Geldmarkt ist also auch ein feinnerviger Seismograph für die Bonität der teilnehmenden Banken.

Feste Regeln über die Zinshöhe für kurzfristige Gelder im Bankenhandel gibt es nicht. Ein wichtiges Orientierungsmittel sind der Diskont und Lombard der Notenbank. Eine Faustregel am Geldmarkt lautet: bei leichtem Geld (überschüssiger Liquidität) liegen die Geldsätze am freien Markt unter dem Diskont. Bei knappem Geld (Mangel an Liquidität) werden am freien Markt höhere Sätze vereinbart, als sie dem Diskontsatz entsprechen, ja sie können sogar über dem Lombardsatz liegen. Normalerweise ist Tagegeld am billigsten und längerfristiges Geld, speziell wenn es über den Jahresultimo hinausgeht, am teuersten. Dennoch kann es vorkommen, daß längerfristiges Geld auch billiger ist als Tagesgeld. Das kann der Fall sein, wenn langfristige Zinssenkungstendenzen wirksam sind, während kurzfristig noch eine Liquiditätsenge herrscht. Geldzinsen können auch Einfluß auf die langfristigen Kapitalzinsen haben. Werden für kurz- und mittelfristige Geldanlagen hohe Zinsen geboten, wird sich das Interesse an langfristigen Anlagen (Renten oder Aktien) möglicherweise vermindern. Dies kann zu einem Anziehen der Kapitalzinsen und zum Sinken der Aktienkurse führen. Im Bereich des längerfristigen Geldmarktes begegnen sich ohnehin Geld- und Kapitalmarkt und gehen schließlich fast ineinander über.

---

[130] siehe Kapitel 7 und 10.1 ff.

[131] Internationale Nachrichtenagentur und Weltmarktführer bei elektronischen Wirtschaftsdaten

6.3 Der Goldhandel

Gold war immer relativ knapp und aufgrund seiner besonderen Eigenschaften bereits in der Frühzeit der Menschheitsgeschichte als ideales Zahlungsmittel erkannt worden. Heute erfüllt Gold nicht mehr den Zweck eines Zahlungsmittels, sondern vielmehr eines Deckungswertes und eines Anlagewertes. Der überwiegende Anteil der Welt-Goldbestände befindet sich im Besitz der jeweiligen Notenbanken, welche diese als Wertdeckung für das ausgegebene Inlands-Geldvolumen halten. Eine Reihe von Notenbanken bewertet ihre Goldbestände zum letzten amtlichen Goldpreis von 42,20 Dollar pro Unze. Dazu gehört auch die Deutsche Bundesbank, deren Goldreserven in der Notenbankbilanz mit mehr als 14 Milliarden DM zu Buch stehen, oder die amerikanische Notenbank, welche zum "alten" Preis mehr als 10 Milliarden Dollar Gold besitzt. Im Gegensatz zu den relativ unbeweglichen "Währungsgold-Beständen" existiert ein reger Markt für den Handel mit privatem Gold.

Seit der Marktspaltung zwischen Währungs- und Privat-Gold bewegt sich der Goldpreis frei nach Angebot und Nachfrage auf und ab. Infolge dieser Freizügigkeit der Preisbildung spiegeln die Preise die jeweilige politische, wirtschaftspolitische und monetäre Lage der westlichen Welt wieder. Brechen Krisen oder gar Kriege aus, pflegt der Goldpreis am freien Markt stark zu steigen. Wenn Geld und Kapital international knapp werden, fällt der Goldpreis. In diesem Fall steigen auch die Zinsen deutlich, was dem (zinslosen) Gold Konkurrenz macht.

6.4 Der Devisenhandel

Devisen [132] sind im allgemeinen Sprachgebrauch alle auf eine ausländische Währung lautenden Zahlungsmittel. Dazu gehören Banknoten, Münzen, Schecks, Wechsel, Bankguthaben und Gold. Die Kreditwirtschaft bezeichnet als Devisen lediglich Guthaben bei Auslandsbanken, übertragbare Buchansprüche in fremder Währung also. Solange jedes Land, selbst innerhalb der Europäischen Union, über eine eigene Währung verfügt, ist ein gegenseitiger Austausch der Landeswährungen zur Bezahlung von Importen und Dienstleistungen, sowie für Kapitaltransaktionen unerläßlich. Ähnlich wie für Waren und Wertpapiere gibt es auch für Währungen einen besonderen Markt, den Devisenmarkt. Über den freien, ungeregelten Devisenmarkt hinaus, gibt es auch Länder in denen Devisenbörsen Auslandswährungen zu "amtlichen" Kursen, dem sogenannten Fixing, handeln.

[132] lat. Divisa = Abzeichen oder Emblem auf Münzen

Die Devisenmärkte sind ein getreues, und sehr schnell reagierendes Spiegelbild der internationalen Wirtschafts- und Politiklage und legen Zeugnis ab vom Vertrauen, das man einer Währung entgegenbringt. Trotz weitgehender internationaler Liberalisierung und Deregulierung existiert immer noch in vielen Ländern eine "Bewirtschaftung" mit Fremdwährungen und der Devisenhandel unterliegt gewissen Reglementierungen. Im Falle massiver Kursveränderungen greifen häufig Notenbanken oder Regierungen in den Mechanismus der Devisenpreisbildung ein.

6.4.1 Floaten und EWS

Infolge fortwährender Währungskrisen durch dramatische Kursveränderungen zwischen "starken" und "schwachen" Währungen, sind die frei austauschbaren Währungen ab 1973 zu frei schwankenden [133] Kursen im Devisenverkehr übergegangen. Aber eine Gruppe europäischer Länder hat sich im März 1979 das "Europäische Währungssystem (EWS)" [134] geschaffen, dem ein langfristiger Vertrag mit festen Vereinbarungen auch über gegenseitige Stützungen der Währungen zugrundeliegt. Alle derzeitigen Mitglieder der Europäischen Union sind EWS Mitglieder, wobei Österreich sich auch schon als damaliges "Noch-Nicht" Mitglied seit vielen Jahren de facto über die Wechselkursanpassung an die DM dem EWS angeschlossen hat. Die Schweiz stimmt ebenfalls ihren Wechselkurs laufend gegen die DM ab, um größere Schwankungen nach Möglichkeit zu vermeiden. Nach außen floaten alle EWS-Länder gemeinsam gegen den Dollar und gegen alle anderen Währungen.

Zentrale Basis des EWS ist einerseits die festgelegte maximale Schwankungsbreite der EWS - Währungen gegeneinander, mit der Pflicht zur Intervention, und andererseits die gemeinsame Verrechnungswährung, die European Currency Unit (ECU). Für jede EWS-Währung wird ein bestimmter ECU Leitkurs festgelegt, von dem sie nur innerhalb einer vorgegebenen Bandbreite nach oben und unten schwanken darf.

Die EWS Mitgliedsländer haben jeweils 20 % ihrer Währungsreserven gegen Gutschrift in ECU in den Fonds für währungspolitische Zusammenarbeit (FECOM), der zur gegenseitigen Kreditgewährung dient.

6.4.2 Kassa-Markt

Unternehmen, die Waren und Dienstleistungen exportieren, haben Deviseneingänge auf ihren Bankkonten. Liegt bei der Inlandsbank keine andere Anweisung vor, rechnet die Bank am Tag des Deviseneingangs das ausländische Guthaben (Kassa-Devisen), zum offiziellen Ankaufskurs der Fremdwährung, an der lokalen Devisenbörse in lokaler Währung ab. Der Empfänger eines Devisenguthabens kann aber auch den Auftrag erteilen,

---

[133] engl. floating

[134] engl. EMS - European Monetary System

eingehende Devisenbeträge auf separaten Devisenkonten bei der Inlandsbank zu verbuchen. Dann steht es dem Kontoinhaber frei, den Tag des Umtausches in Inlandswährung selbst zu bestimmen. Er kann über sein Devisenkonto natürlich frei verfügen und zum Beispiel eigene Devisenverpflichtungen daraus begleichen. Das Devisenkonto hat den Vorzug, daß keine für das Geldwechseln anfallende Spesen berechnet werden. Der Empfänger kann beliebig auf einen besonders günstigen Umtauschkurs warten. Liegt zum Zeitpunkt des Deviseneingangs der Devisenkurs für die betreffende Währung schwach, ist aber eine Erholung wahrscheinlich, wird sich das Warten lohnen. Umgekehrt kann es zweckmäßig sein, Importdevisen vorzeitig vor der Wareneinfuhr zu kaufen und dem eigenen Devisenkonto gutschreiben zu lassen, sofern eine Kurssteigerung für die Fremdwährung zu erwarten ist. Bei allen Erwägungen dieser Art müssen freilich eventuelle Zinseinbußen oder Zinsgewinne berücksichtigt werden. Sie können unter Umständen stärker zu Buche schlagen als Kursgewinne oder Verluste aus der Devisenabrechnung. Der Umtausch von Kassa-Devisen in Inlandswährung ist deshalb eine Wissenschaft für sich, weshalb Großunternehmen im Bereich “Treasury” Spezialisten beschäften, um Prozentpunkte bei den meist sehr großen Beträgen herauszuholen.

6.4.3 Termin-Markt

Gelddispositionen in Fremdwährung brauchen sich aber auch nicht auf Dispositionen am Devisen-Kassamarkt zu beschränken. Der Devisenmarkt kennt einen Terminhandel, der im Gegensatz zum Effekten-Terminhandel, in den meisten Ländern ohne Einschränkungen zulässig ist. Der Devisen-Terminmarkt ist völlig frei. Es gibt hier keine amtlichen Notierungen und keine Kursbegrenzungen wie am Kassamarkt der EWS-Währungen. Am Terminmarkt spiegeln sich infolgedessen herannahende Ereignisse, wie Auf- oder Abwertungen, schon sehr frühzeitig wider, und hier kann sich der Kontrahent auch längerfristig gegen Änderungen der Wechselkurse schützen.

Termindispositionen in Devisen können für Unternehmen manchmal zwingend notwendig werden. Wenn ein Exporteur einen Zahlungseingang in Devisen in sechs Monaten erwartet, aber während dieser Zeit ein größeres Kursrisiko in Fremdwährung fürchtet, wird er die Devisen im voraus per Termin auf sechs Monate verkaufen. Umgekehrt werden Devisen-Termingeschäfte getätigt, wenn ein Kursanstieg einer Währung zu befürchten ist. Die Importeure kaufen sich zur späteren Bezahlung einzuführender Ware per Termin Devisen in der Annahme, günstiger einkaufen zu können als in einigen Monaten.

Würden solche oder ähnliche Überlegungen in großem Umfang am Devisen-Terminmarkt einseitig angestellt, gäbe es unter Umständen keine Kontrahenten mehr zur Terminabsicherung. Dieses zu verhindern muß der Kurs einer abwertungsbedrohten Währung einen Abschlag gegenüber dem Kassakurs hinnehmen (Deport) und der einer aufwertungsverdächtigen Währung einen

Aufschlag (Report). Diese Prämien können das rechnerische Ergebnis eines Termingeschäftes verbessern oder verschlechtern. Die Kurse für Termindevisen ändern sich laufend, in hektischen Zeiten oft minütlich.

Sammelbegriff am Devisenmarkt für alle Tauschoperationen im Terminhandel ist der "Swap" (Tausch). Swapsätze sind die Aufschläge (Report) und die Abschläge (Deport), die am Devisen-Terminmarkt gegenüber den Devisen-Kassakursen bei freier Preisbildung zustandekommen. Swappen können auch die Notenbanken. Sie sind in der Lage, in die am freien Markt sich bildenden Swapsätze einzutreten oder aber andere Swapsätze zu stellen. In beiden Fällen bieten sie der Wirtschaft und dem übrigen "privaten" Devisenhandel eine Art "amtliche Kurssicherung". Das Ziel von Notenbank Swap-Transaktionen ist es je nach Währungslage unerwünschte Devisenzuflüsse abzuwehren oder den Ankauf von Devisen zu begünstigen.

6.4.4 Devisenbörse/Devisenhandel

In den meisten Ländern werden Devisen im grenzüberschreitenden Verkehr im freien Handel von Bank zu Bank umgesetzt. Der Devisenhandel findet überwiegend am Telefon oder Telex, und in zunehmenden Masse über computerisierte Handels-terminals [135] statt. Auf Grund der Internationalität des Devisenhandels beginnt der Handel frühmorgens bei Geschäftseröffnung und endet in den Abendstunden. Sehr stark international ausgerichtete Banken arbeiten oft im Schichtbetrieb um in den frühen Morgenstunden noch am asiatischen Handel (Tokio, Hongkong, Singapur) und in den späten Abendstunden am amerikanischen Handel (New York, Los Angeles) teilzunehmen. Sehr häufig nehmen während der Tagesstunden auch die Notenbanken am Devisenhandel teil. Während dieser Zeit ist die Notenbank "am Markt", oder sie hält sich betont aus dem Geschäft heraus. Lediglich gegenüber den EWS-Währungen sind die Notenbanken gehalten zu intervenieren, um unerwünschte größere Kursausschläge durch Käufe oder Verkäufe großer Mengen an Devisen zu vermeiden.

Gegenüber der mit Abstand größten Handelswährung, dem US Dollar, ist jedoch wegen des Floatens keine Kursintervention nötig, aber falls politisch erwünscht jederzeit möglich. Die Notenbank kann in den Dollarhandel eingreifen und Dollars ankaufen (den Kurs stützen) oder verkaufen (den Kurs bremsen). Alle Tausch-operationen von einer Währung zur anderen werden indessen innerhalb und außerhalb des EWS über den US Dollar vollzogen, der somit die Funktion einer zentralen Abrechnungswährung beibehalten hat.

---

[135] Marktführer ist Reuters mit seinem "Reuters Money Dealing System", einem On-Line System

In vielen Ländern werden die amtlichen Devisenkurse an der lokalen Devisenbörse einmal täglich festgestellt. Wie an der Effektenbörse, gibt es auch an der Devisenbörse amtliche Makler, die alle limitierten und unlimitierten Kauf- oder Verkaufsorder der Banken entgegennehmen und in ihr Skontrobuch [136] eintragen. Die Makler bemühen sich um den Ausgleich von Angebot und Nachfrage. Die Makler stehen dabei in telefonischem Dauerkontakt mit ihren Partnern an den anderen Börsenplätzen. Der Kurs der für eine Währung zustandekommt, ist der Mittelkurs oder auch Fixing genannt. Der jeweilige Geldkurs (Ankaufskurs) und Briefkurs (Verkaufskurs) weichen nach oben und unten vom Mittelkurs ab, wobei es feste Spannen bei jeder Währung gibt.

Obwohl die effektiven Devisen-Börsenumsätze nur einen Bruchteil der Tagesumsätze der Banken im freien Devisenmarkt ausmachen, hat die Börse doch eine wichtige kursregulierende Funktion. Die amtlichen Devisennotierungen sind auch für alle Abrechnungen von Devisen-Kassageschäften des betreffenden Tages gültig, einschließlich der Abrechnungen von Effektengeschäften in Auslandswährung.

In den Devisen-Handelsbereichen der internationalen Finanzwirtschaft sind Spezialisten tätig, welche gute Nerven und nebst ihrer Fachkenntnis ein ebenso gutes Fingerspitzengefühl haben müssen. Abgewickelt werden hier nicht nur die Aufträge der Bankkunden, sondern die Kreditinstitute unterhalten, ähnlich wie im Wertpapiergeschäft, eigene Positionen sowohl im Kassageschäft als auch im Termingeschäft. Sie versuchen, auch an der Arbitrage, also durch Ausnützen von Kursdifferenzen von Platz zu Platz, Bruchteile von Prozenten (Prozentpunkte) zu verdienen. Jeder Devisenhändler muß seinem Kollegen in einer In- oder ausländischen Bank einen verbindlichen Preis für eine Währung stellen. Er ist dann verpflichtet, zumindest einen Mindestbetrag abzunehmen, falls ihm per Telefon, Telex oder Computer-Handelsterminal etwas angeboten wird. Diese Mindestbeträge sind nicht gesetzlich geregelt sondern einem ungeschriebenem Gesetz im Devisenhandel entsprechend, und sind unterschiedlich für die diversen Währungen.

Es kann passieren, daß sich Devisenhändler im Nu mit Devisen eingedeckt sehen, die sie gar nicht mehr brauchen. Jeder Teilnehmer in diesem Markt versucht mit größtem eigenen Nutzen zu handeln. In den Devisenabteilungen einer Bank geht es daher wie in einem Bienenhaus zu. Laufend im Minutentakt, mitunter auch sekündlich, ändern sich die Devisenkurse. Politische und wirschaftspolitische Informationen werden sofort ausgewertet. Der Devisenhändler muß sie so schnell als möglich in Kursgewinne ummünzen. Händler die

---

[136] Das Buch, in das Kursmakler die Kauf- und Verkaufsaufträge zur Kursermittlung eintragen

vor ihren Konkurrenten kursbestimmende Informationen erhalten, ziehen daraus entscheidende Vorteile. Manchmal spielen dabei Sekunden eine Rolle zwischen Gewinn und Verlust in beträchtlichen Größenordnungen. Die Chefhändler der Banken operieren selbstständig innerhalb eines großen, vom Vorstand gesteckten Dispositionsrahmens, und brauchen nicht erst ihren Vorstand zu fragen, wenn sie Millionen an- oder verkaufen. Aufgrund der ungeheuren Schnelligkeit dieses Marktes wären solche Rückfragen gar nicht möglich. Kein Devisenhändler kann sich erlauben sich vor einem vereinbarten Geschäft, auch wenn es sich für ihn als extrem ungünstig herausstellt, zu kneifen, wenn er nicht seinen Ruf im internationalen Devisengeschäft ruinieren will. Einwände können nachträglich gegen abgeschlossene Geschäfte nicht geltend gemacht werden. Durch diese Mechanismen ist der an sich nicht geregelte internationale Devisenhandel dennoch soweit geregelt, daß die Marktteilnehmer sich auf das Funktionieren verlassen können.

Früher diente der Devisenhandel mehr dem Marktausgleich und der Kursstabilisierung. Heutzutage ist er ein riesiger Markt mit täglichen weltweiten Devisenbewegungen in Höhe von rund 750 Milliarden Dollar, wovon nur mehr etwa fünf Prozent davon durch Warenbewegungen unterlegt sind. Werden Auf- oder Abwertungen von Währungen angenommen, kann es zu massiven einseitigen Geldbewegungen kommen, die Währungskrisen auszulösen imstande sind. Die internationale Devisenspekulation verfügt über ein so gewaltiges Marktpotential, daß selbst Regierungen wie das jüngste Beispiel Frankreichs gezeigt hat, unfähig sind den Kurs ihrer Währung gegen den Außendruck auch nur halbwegs stabil zu halten.

6.4.5 Sortenhandel

Sorten sind ausländische Münzen, Banknoten und auf Fremdwährung ausgestellte Zins- und Dividendenscheine ausländischer Effekten. Im engeren Sinne des Wortes werden als Sorten allerdings nur umlaufende ausländische Banknoten und Münzen verstanden [137]. Früher waren Sorten der eigentliche Gegenstand des Devisenhandels, als noch überwiegend in "barer Münze" gezahlt wurde. Die Münzwechsler waren die Devisenhändler. Heute wird der internationale Zahlungsverkehr durch bargeldlose Banküberweisungen abgewickelt. Aber im grenzüberschreitenden Reiseverkehr braucht man nach wie vor Bargeld, so daß ein Bedürfnis zum ständigen An- und Verkauf von Noten und Münzen bei Banken und in Wechselstuben, auf Bahnhöfen, Flugplätzen und an den Grenzen besteht. Der Sortenhandel spielt freilich im Verhältnis zum Devisenhandel nur eine untergeordnete Rolle.

Die Kurse für Sorten brauchen nicht mit den Kursen für Devisen identisch zu sein. Für den Handel mit Banknoten und Münzen gelten andere Gesetze.

---

[137] auch häufig Valuten genannt

Schwankungsbreiten brauchen nicht beachtet zu werden. Sortenkurse sind völlig frei von Regulativen anders als den Marktgesetzen von Angebot und Nachfrage. Sind Währungen abwertungsverdächtig, wirkt sich dies frühzeitig im Sortenhandel aus. Schnell entstehen dann größere Preisabschläge gegenüber den Devisenkursen. Kommt eine Währung ins Gerede, wird gewöhnlich auch die Spanne zwischen Ankaufs- und Verkaufskurs [138] größer. Die Banken lassen sich das verstärkte Risiko mitbezahlen.

Die Abrechnung von Sorten-Importen oder Exporten wird zum Devisenkurs vorgenommen. Aus Sorten werden also wieder Bankguthaben, oder es entstehen Bankverpflichtungen. Daraus geht hervor, daß trotz Freizügigkeit der Sortenkurse, doch enge Beziehungen zwischen Sorten- und Devisenpreisen bestehen. Würden die Sortenkurse zu stark von den Devisenkursen abweichen, bestünde ein Bedürfnis Sorten zu importieren (bei hohen Sortenkursen) oder aber zu exportieren (bei sinkenden Sortenkursen). Eine solche Verbindung zwischen Sorten- und Devisenhandel ist allerdings nur bei konvertiblen [139] Währungen möglich.

6.5 Der Rohstoffhandel

6.5.1 Bedeutung der Rohstoffe

Rohstoffe sind für unser aller Leben unentbehrlich, obwohl die Verfügbarkeit dieser für uns zu einer Selbstverständlichkeit geworden ist. Rohstoffe begegnen uns beim Frühstück in Form von Kaffee, Kakao oder Tee wie auch beim Weg zur Arbeit, als Notwendigkeit Benzin nachzufüllen. Erdöl, Kohle, Kautschuk, Ölsaaten, Zinn, Nickel und viele andere Rohstoffe sind für das Funktionieren unserer Wirtschaft und Industrie und als direkte oder indirekte Bestandteile unseres täglichen Lebens, unabdingbar geworden.

Viele Länder und Volkswirtschaften leben davon, daß sie Rohstoffe verarbeiten, ohne genügend eigene Rohstoffe zu besitzen. Die Rohstoffquellen sind ungleich über die Welt verteilt und die meisten Industrienationen müssen eine Vielzahl, wenn nicht alle (z.B. Japan) Rohstoffe importieren. Trotz dieser Rohstoffarmut der meisten führenden Wirtschaftsnationen, sind diese Verarbeiterländer nicht zu bedauern, ist doch die Wertschöpfung bei der Rohstoffverarbeitung um ein Vielfaches größer als bei der Rohstoffgewinnung.

Mit Hilfe der Rohstoffe werden also in den Verarbeiterländern Beschäftigung und Wohlstand gesichert. So brauchen diese Länder in der Regel nur eine Sorge zu haben: daß die Rohstoffversorgung nicht klappt. Denn in diesem Bereich sind sie sehr verwundbar. Beispielsweise hat die Drosselung des Erdöl-

[138] engl. Spread genannt

[139] miteinander frei austauschbar. Der russische Rubel ist z.B. nicht konvertibel.

nachschubs beim ersten und zweiten Ölembargo der OPEC [140], Staaten zu schweren Krisen und Verlusten, bis hin zur teilweisen Lähmung der Wirtschaft geführt.

Viele Länder besitzen reiche Rohstoffvorkommen und exportieren die gewonnenen Rohstoffe, ohne sie selbst zu verarbeiten. Im Regelfall sind das die sogenannten Entwicklungsländer. Alle von ihnen sind auf den Export sehr stark angewiesen, denn der Erlös daraus ist meist die einzige nennenswerte Einnahmequelle für die Staatsfinanzen. Besonders schwer haben es jene Länder, deren Wirtschafts- und Finanzlage allein oder überwiegend nur von einem einzigen Rohstoff bestimmt wird. Man spricht dann von Ländern mit Monokulturen. Ein solches Land war zum Beispiel Brasilien, mit seinem Kaffee.

Der Pearson-Bericht [141] über Entwicklungspolitik stellt fest, daß etwa 90 Prozent der Exporterlöse der Entwicklungsländer, aus Rohstoffen stammt. Mehr als 50 Prozent dieser Länder erzielte ihre Exporterlöse aus einem einzigen Rohstoff. Viele dieser Produkte sind einem hohen Grad preislicher Instabilität unterworfen und Preisschwankungen nach unten können verheerende Folgen für die betroffenen Volkswirtschaften haben.

6.5.2 Preisschwankungen

6.5.2.1 Kurzfristige Preisbewegungen

Die Bedeutung der Rohstoffe für die Versorgung von Industrie und Verbraucher ist immer dann besonders deutlich, wenn die Versorgung gestört ist oder gestört zu werden droht. Das sichtbare Signal dafür sind Preisveränderungen. Selbst Ereignisse, die nur die Stetigkeit der Versorgung gefährden, können an den betroffenen Rohstoffmärkten sofort Preisbewegungen nach oben auslösen. Solche Ereignisse gibt es aber nahezu ständig. Ein Erdbeben in China, oder ein Minenunglück in Südafrika. Ein Kälteeinbruch in Brasilien oder Heuschreckenschwärme in Tansania. Ebenso kann es aber durch unerwartete Ankündigungen von Rekordernten oder Streikdrohungen in der zugehörigen verarbeitenden Industrie zu pötzlichen Preisabstürzen kommen. Man bezeichnet die Rohstoffpreise daher auch als internationales Krisenbarometer.
Sind die Krisen dann vorüber, schlägt das Preispendel meist wieder noch stärker zurück, weil Rohstoffspekulanten die Preisgewinne mitnehmen wollen und daher die Ware verkaufen, sodaß der Markt plötzlich unter Angebotsdruck steht. Man spricht dann im Gegensatz zu "fundamentaler" von "technischer"

---

[140] Organisation of Petroleum Exporting Countries

[141] Der Pearson Bericht: Bestandsaufnahme und Vorschläge zur Entwicklungspolitik. Bericht der Kommision für internationale Entwicklung. Wien-München-Zürich 1969

Reaktion. Es handelt sich dabei aber fast ausschließlich um kurzfristige Preisbewegungen.

6.5.2.2 Langfristige Preisbewegungen

Während kurzfristige Preisbewegungen das tägliche Brot der Rohstoff-Spekulanten sind, sind langfristige Preisveränderungen ein allgemeines Signal für die Erzeuger oder die gesamte Wirtschaft. Denn langfristige Preisbewegungen zeigen grundlegende und strukturelle Veränderungen entweder beim Aufkommen (Rohstoffangebot) oder beim Bedarf (Rohstoffnachfrage). Wenn die Erzeuger von Naturkautschuk zum Beispiel erleben, daß die Preise auf diesem Markt tendenziell längere Zeit sinken, so ist das für sie ein untrügliches Zeichen dafür, daß die Konjunktur für diesen Rohstoff nachläßt. Die langanhaltende Krise mit dem Rohstoff Zinn steht zum Beispiel in direktem Zusammenhang mit der geringer gewordenen Bedeutung von Zinn für militärische/strategische Zwecke.

Langfristige Preisveränderungen bei einem einzelnen Rohstoff sind ein spezielles Signal für diesen einen Markt. Veränderungen im Preisniveau aller Rohstoffe zusammen sind dagegen ein Barometer für die Entwicklung der allgemeinen Wirtschaftslage. Diese Preisbewegungen zeigen den allgemeinen Konjunkturverlauf in den Volkswirtschaften der Industrieländer, da sie auf zukünftigen Erwartungen beruhen, früher an als die statistischen Konjunkturzahlen über Beschäftigung oder Produktion. Die tatsächliche Entwicklung wird also wie bei der Kursbildung an den Wertpapierbörsen vorweggenommen.

6.5.2.3 Rohstoff-Indices

Um die allgemeine Tendenz der Rohstoffpreise klar erkennen und um Eigenbewegungen relativieren zu können, errechnet man aus den Notierungen aller wichtigen Rohstoffe einen täglichen Index. Am weitesten verbreitet und am bekanntesten sind der Moodys Index und der Reuters Index. Im Index der amerikanischen Moodys Investors Services sind die amerikanischen Börsenpreise von 15 Rohstoffen vertreten und als Berechnungsbasis gilt der 31. Dezember 1931. Die Nachrichtenagentur Reuters dagegen errechnet ihren Index aus den britischen Börsenpreisen von 17 Rohstoffen mit der Basis 18. September 1931. Ein noch älterer Index ist der Dow-Jones-Index [142], der vom Preisdurchschnitt der Jahre 1924 bis 1926 ausgeht, und unter dem gleichen Namen vor allem als Wertpapierindex bekannt ist. Jüngeren Datums ist der Financial-Times-Index mit dem 1. Juli 1952 als Preisbasis. Er erfaßt allerdings nur 12 Rohstoffe.

Für Wirtschaftsprognosen häufig verläßlicher und schneller als alle Indizes zusammen sind die Preise solcher Rohstoffe, die im Wirtschaftsleben eine

[142] siehe Kapitel 6.1.3.1. ff.

besonders wichtige Rolle spielen. Hatte sich der Zinnpreis als Krisenbarometer einen Namen gemacht, konnte man den Kupferpreis als Konjunkturbarometer betrachten.

6.5.3 Preisbildung und Handel

Daß sich die Rohstoffpreise so stark bewegen können, verdanken sie der Tatsache, daß der Handel mit Rohstoffen relativ frei ist und daß es große Warenbörsen gibt, an denen man jederzeit mit Rohstoffen handeln kann. Der Wettbewerb an diesen Börsen reflektiert direkt die Marktgesetze von Angebot und Nachfrage. Da hier Kauf- und Verkaufsaufträge aus aller Welt zusammenlaufen, ist der Kreis der Anbieter und Nachfrager sehr groß. Ferner ist die Warenbörse das, was die Wirtschaftstheoretiker einen "Punktmarkt" [143] nennen. Die Wettbewerbsintensität ist also entsprechend groß. Die Bedingungen sich über den Markt informieren zu können sind daher ideal und die Markttransparenz entsprechend gut. Über die Abwicklung an den Rohstoffbörsen hinaus, wird ein großer Teil des Warenhandels auch direkt über zum Teil langfristige bilaterale Verträge abgewickelt (zum Beispiel im Erdölbereich mit langfristigen Lieferverträgen mit der OPEC).

6.5.3.1 Handelsplätze

Gemessen an Bedeutung und Rohstoffumsatz, liegen die größten Märkte in Chicago, New York und London. Chicago ist der führende Handelsplatz für Getreide und Vieh. Hier steht die mit Abstand größte Warenbörse der Welt, die Chicago Board of Trade (CBOT) auch "Big Board" genannt. Hier werden überwiegend Mais, Weizen, Soja, Hafer und Gerste gehandelt. Die zweitwichtigste Warenbörse in Chicago ist die Chicago Merkantile Exchange (CME) deren Hauptumsätze mit Schweinebäuchen und Lebendvieh gemacht werden.

New York ist vor allem der Handelsplatz für solche Rohstoffe, die importiert oder exportiert werden. Hier gibt es die Kaffee- und Zuckerbörse sowie die Kakaobörse, ferner die Commodity Exchange für Silber und Kupfer, die Product Exchange für Soja, die Merkantile Exchange für Kartoffeln und die Baumwoll- und Wollbörse.

In London liegen die wichtigsten Börsen für Zucker, Kaffee und Kakao, sowie für Kautschuk, Wolle und für NE-Metalle (London Metal Exchange - LME), wo London ebenfalls führend ist.

In vielen Ländern der Welt gibt es weitere Warenterminbörsen mit jedoch weniger Bedeutung als den drei großen internationalen Handelsplätzen.

[143] wenn die Anbieter und Nachfrager an einer einzigen Stelle zur gleichen Zeit versammelt sind, wenn also Angebot und Nachfrage zeitlich und räumlich gebündelt sind

6.5.3.2 Börsenhandel

6.5.3.2.1 Terminmarkt

Der Handel erfolgt durch Makler (Broker) am sogenannten Ring (oder Pit) durch Signalisierung von Kauf- oder Verkaufsmenge und das dazugehörige Preisangebot. Kommt der Handel zustande, wird er von einem Börsenangestellten (Reporter) auf den großen Kurstafel veröffentlicht. Die Qualitäten und Handelsmengen an der Terminbörse sind als sogenannte Kontrakte verbindlich festgelegt. Der Terminmarkt ist der eine Teil der internationalen Warenbörse. Waren die man hier handelt, brauchen je nach Vereinbarung, erst in zwei, vier oder mehr Monaten geliefert oder abgenommen zu werden. Man spricht dann von Terminmonaten, und der ausgehandelte Preis ist der Terminpreis.

6.5.3.2.2 Kassamarkt

An der Warenbörse kann man die Rohstoffe jedoch auch zur Sofortlieferung kaufen. Das ist der andere Teil einer Warenbörse. Man nennt ihn den Lokomarkt (Spotmarkt) oder den Kassamarkt (Cash Market). Beim Kassamarkt gibt es nicht die strengen Regulierungen in Bezug auf Qualität und Standardmangen. Hier kann die Ware vorher an Hand von Mustern besichtigt werden. Der Preis der hier zustande kommt, wird als Loko- oder Kassapreis notiert. An diesem Preis orientieren sich auch die einzelnen Terminpreise, wobei diese meist über dem Lokopreis liegen. Man spricht dann von einem Terminaufpreis [144], der durch die Lagerkosten begründet ist, die die Terminware verursacht, bevor sie geliefert wird. Je näher der Liefermonat rückt, desto geringer wird das Contango, bis schließlich der Lokopreis mit dem Terminpreis übereinstimmt. Allerdings wird die Differenz auch durch positive oder negative Zukunftserwartungen für den jeweiligen Markt bestimmt. Das kann sogar dahin führen, daß der Terminpreis unter dem Kassapreis liegt [145].

6.5.3.3 Warenterminhandel

Wer in einer freien Marktwirtschaft Rohstoffe verkaufen oder kaufen will, ist mit sich ständig verändernden Preisen konfrontiert. Alle Landwirte bringen etwa zur gleichen Zeit die Ernte ein, und verkaufen die Ware. Das führt wegen eines momentanen Überangebotes zu einem Druck auf die Preise und damit zu einem Preisverfall. Auf der anderen Seite braucht die Wirtschaft solche Rohstoffe das ganze Jahr hindurch, wodurch gegen Ende des Wirtschaftsjahres die Preise wegen mangelnden Angebots stark anziehen würden. Daraus entwickelte sich im 17. Jahrhundert das Warentermingeschäft. Produzenten suchten sich ihre Abnehmer bereits lange vor Erntebeginn und verkauften die Ernte zu späteren Zeitpunkten, die möglichst gleichmäßig über die Saison verteilt waren. Der Preis wurde jedoch bereits bei Vertragsabschluß vereinbart.

---

[144] auch Contango, Discount oder Penalty genannt

[145] Kassa Aufpreis, auch Backwardation oder Premium genannt

Die Abwicklung dieser Warentermingeschäfte erfolgt auf den Warenterminbörsen zwischen den Hedgern [146] (Hersteller oder Kunde) und den Tradern (Spekulanten). Die Hedger wollen das Preisrisiko loswerden, die Trader sind bereit es zu übernehmen, weil sie dabei auf Gewinn spekulieren. Ermöglicht wird diese Risikoteilung durch die Organisation des Handels nach strengen Börsenregeln und durch die Einrichtung der beschriebenen Standardkontrakte. Durch sie wurden die Waren zu vertretbaren (fungiblen) Sachen und daher handelbar wie Wertpapiere.

[146] von "to hedge" = absichern

7. Externe Informationsquellen und On-Line Datenbanken

Die internationale Finanzwirtschaft ist wohl wie kaum ein anderer Zweig der Wirtschaft in einem globalen Markt tätig, welcher sich außerordentlich schnell verändert und auf eine Vielzahl von wirtschaftlichen und politischen Impulsen reagiert. Konkurrenzfähigkeit, ja das schiere Überleben der Teilnehmer an diesem Markt, erfordert umfassende und genau Information in hohem Maße in Echtzeit. Darüberhinaus werden für vielfältige Analysezwecke historische Daten sowie Hintergrunddaten benötigt. All diese Marktinformationen, vom Devisenkurs in Echtzeit bis zum Schlußkurs einer Aktie an einem bestimmten Tag vor 15 Jahren, werden von externen Informationslieferanten im Rahmen unterschiedlicher technischer Lösungen bereitgestellt.

7.1 Elektronische Informationsdienste

Elektronische Informationsdienste sind typischerweise Datenbankdienste, die spezifische Informationen zur Verfügung stellen, welche durch Terminals oder andere Computersysteme abgefragt werden können. Beispiele für solche Daten sind: Kurse (z.B. Aktienkurse, Devisen- und Rohstoffpreise etc.), Hintergrunddaten (z.B. Unternehmensdaten, Bilanzdaten etc.), Nachrichten (z.B. Wirtschaftsnachrichten, Politische Nachrichten, etc.) und andere Markt- oder Produktdaten. Die Benützer solcher Dienste selektieren gewöhnlich ganz gezielt bestimmte Informationen, welche sie entweder direkt über eine geeignete Benützerführung abfragen oder durch Abfragen extrahieren. Ferner besteht meistens die Möglichkeit, die benützten oder extrahierten Daten auf den eigenen Rechner zu übertragen und später weiterzuverarbeiten. Elektronische Informationsdienste lassen sich grob in drei Kategorien einteilen:

- Realtime On-Line Datenbanken
  Hier werden strukturierte und segmentierte Realzeit-Daten über wirtschaftliche Entwicklungen, Finanzdaten, Börsendaten und sonstige zeitkritische Daten zur Verfügung gestellt. Die Übertragung der Daten erfolgt im Realzeitbetrieb meistens als Daten-Broadcast [147], entweder auf zugeordnete Terminals des Datenlieferanten oder als Datenstrom in das kundeneigene Computersystem.
- Snapshot On-Line Datenbanken
  Bei diesen steht die Bereitstellung validierter Daten [148] in großer Menge bei gleichzeitig zeitunkritischem Verhalten im Vordergrund. Meistens handelt es sich dabei um Historische Zeitreihen für Aktien und dergleichen, oder Hintergrunddaten zu Produkten und Unternehmen. Auch hier ist die

---

[147] Broadcast bedeutet die laufende Aussendung bestimmter Daten zwecks Beobachtung der Entwicklung auf der Zeitschiene (z.B. Börsenkurse)

[148] auf Richtigkeit und Vollzähligkeit sowie Verlässlichkeit geprüfte Daten

Terminalabfrage, aber auch die Datenstrom-Lieferung als Batchdaten [149] üblich.

- Text-Datenbanken
  Diese enthalten überwiegend unstrukturierte Informationen welche in Textform vorliegen. Diese Texte können Kurzformen von umfassenden Textdokumenten sein (z.B. Wirtschaftszeitungen), oder auch als Volltexte vorliegen. Diese Datenbanken sind meistens typische Recherge-Datenbanken, d.h. der Anwender benützt Suchkriterien oder Suchschlüssel um die gewünschten Informationen aus der meistens sehr großen Masse zu extrahieren.

Traditionell werden solche Dienste über leistungsfähige On-Line Netzwerke angeboten. In letzter Zeit zeichnet sich aber bei nicht zeitkritischen Massendaten ein starker Trend zu Datenbanken auf CD-ROM[150] ab (z.B. Unternehmensdaten, Historische Zeitreihen und Fachbibliotheken).
Die größten Anbieter solcher Leistungen am europäischen Markt sind:

Anbieter	**Herkunftsland**	**Einnahmen 1990**
Reuters	Großbritannien	1.100
Telerate	USA	240
Dun & Bradstreet	USA	170
Telekurs	Schweiz	110
Citicorp	USA	95
DAFSA	Frankreich	70
EXTEL	Großbritannien	65
Mead-Data	USA	55
ADP-Financial	USA	50
Telesystemes	Frankreich	30
Total Mio. $		1.985

Tabelle 12: Größte europäische Datenlieferanten

Seit einigen Jahren ist ein starker Konzentrationstrend bei den On-Line Datenlieferanten festzustellen. Die hohen Investitionen in immer neue leistungs-fähigere Systeme und Netze begünstigen den Trend zur Konzentration vieler, diversifizierter Dienstleistungen aus einer Hand. Der große weltweite Gewinner dieser Marktentwicklung ist Reuters.

---

[149] Daten welche im Stapelformat extrahiert und bereitgestellt werden

[150] CD-ROM = Compact Disk - Read Only Memory. Nur einmal mit Spezialgeräten beschreibbarer Datenträger mit hoher Speicherkapazität

8. Analyse und Entscheidungsunterstützung

Seit jeher versuchte der Mensch die Zukunft vorauszusehen und benützte dafür jeweils die modernsten Mittel seiner Zeit. Dies ist heute, gerade auch im Bereich der Finanzmärkte, nicht anders. Hier haben sich zwei Schulen herausgebildet, welche jeweils überzeugt sind, die einzig richtige Methode zur Vorhersage von Kursentwicklungen zu benützen. Die eine benützt konventionelle Analyse der Fundamentaldaten eines Unternehmens, daher Fundamental Analyse. Die andere dagegen stellt die mathematische Analyse von Zeitreihen unter Nutzung einer Vielzahl von Algorithmen in den Mittelpunkt, daher Technische Analyse. Kritiker der jeweils anderen Seite behaupten beharrlich, der Erfolgsfaktor der jeweils anderen Methode läge bei exakt 50 %. Der nächste Abschnitt analysiert die Stärken und Schwächen beider Analysemethoden.

8.1 Technische versus Fundamental Analyse

Während sich der technische Ansatz mit dem Studium der Marktbewegungen selbst beschäftigt, konzentriert sich fundamentale Analyse auf die ökonomischen Kräfte von Angebot und Nachfrage, die dazu führen, daß die Kurse sich nach oben oder unten bewegen bzw. gleichbleiben. Der fundamentale Ansatz untersucht alle relevanten Faktoren, die den Kurs eines Instruments beeinflussen, um dann den inneren Wert desselben zu bestimmen. Der innere Wert [151] ist dabei der Wert, der aufgrund der Fundamentaldaten, basierend auf dem Gesetz von Angebot und Nachfrage, einem Instrument beizumessen wäre. Liegt dieser "intrinsic value" unter dem aktuellen Marktpreis, dann ist das Instrument überteuert und sollte verkauft werden. Im umgekehrten Fall ist der Markt unterbewertet und das Instrument sollte gekauft werden.

Beide Ansätze zur Marktprognose haben also dasselbe Ziel; die Richtung zu bestimmen, in die sich die Preise wahrscheinlich bewegen werden. Sie nähern sich dem Problem nur von unterschiedlichen Richtungen. Der Fundamentalist untersucht die Gründe für die Marktbewegung, während der Analyst den Effekt analysiert. Der Techniker glaubt dabei, daß der Effekt alles ist was er zu wissen braucht, und daß man die Gründe oder Ursachen nicht notwendigerweise verstehen muß. Der Fundamentalist muß dagegen immer wissen warum etwas passiert.

Die meisten Händler in den Finanzmärkten klassifizieren ihre Ausrichtung selbst entweder als technik- oder fundamentalorientiert. In der Praxis gibt es dabei aber vielfach Überlappungen und die reine Lehre kommt selten zur

---

[151] engl. Intrinsic value

Anwendung. Die meisten Fundamentalisten haben zumindest ein grundlegendes Praxiswissen über die Grundlagen der Chartanalyse. Die Techniker auf der anderen Seite kennen zumindest die Grundbegriffe aus dem fundamentalen Bereich. Sicherlich gibt es dabei aber auch Puristen, die alles tun um nicht mit den Methoden der "anderen Seite" in Berührung zu kommen.

Das wirkliche Problem liegt darin, daß Charts und Fundamentaldaten oft in krassem Widerspruch zueinander stehen. Normalerweise ist es, speziell am Anfang einer wichtigen Marktbewegung so, daß die Fundamentaldaten nicht erklären, in welche Richtung der Markt sich bewegen wird. Gerade in derartig kritischen Zeitpunkten, in denen der Trend dreht, scheinen beide Ansätze sich deutlich zu unterscheiden. Normalerweise finden sie dann nach einer gewissen Zeit wieder zueinander, oft aber zu spät damit ein Händler noch rechtzeitig handeln kann.

Eine Erklärung für diese scheinbaren Diskrepanzen ist, daß der Kurs anscheinend den bekannt werdenden Fundamentaldaten vorauseilt. Anders ausgedrückt stellt der Marktpreis einen vorauslaufenden Indikator für die Fundamentaldaten bzw. das allgemeine Wissen zu einem bestimmten Zeitpunkt dar. Während Fundamentaldaten bereits auf die Preise Einfluß nehmen, reagieren die Kurse nun auf die unbekannten Fundamentaldaten. Eine Reihe der größten Hausse- und Baissemärkte haben fast ohne feststellbare Änderungen bei den Fundamentaldaten begonnen. Zu dem Zeitpunkt als die Änderungen bekanntwurden, war der neue Trend schon eine ganze Zeitlang manifestiert.

Akzeptiert man die Prämissen der technischen Analyse, so erkennt man leicht, warum Techniker glauben, daß ihr Ansatz der Fundamentalanalyse überlegen ist. Sollte ein Techniker gezwungen sein zwischen den beiden Ansätzen zu wählen, so wäre die Entscheidung für den technischen Ansatz logisch, denn schon durch die Definition beinhaltet der technische Ansatz auch den fundamentalen. Denn wenn die Fundamentaldaten im aktuellen Kurs reflektiert sind, dann ist das Studium derselben überflüssig. So betrachtet ist die Chartanalyse eine implizite Kurzform der Fundamentalanalyse.

Das umgekehrte gilt jedoch nicht. Die Fundamentalanalyse beinhaltet nämlich kein Studium der Kursbewegungen. Es ist möglich an den Terminmärkten ausschließlich unter Nutzung technischer Signale zu handeln. Es scheint jedoch unmöglich auf die Änderungen in den Fundamentaldaten zu spekulieren, ohne die technische Seite des Marktes in die Überlegungen einzubeziehen.

Das Resümee daraus ist, daß der Chartanalyst ohne weiteres in allen Terminmärkten, gestützt auf seine Techniken, erfolgreich reüssieren kann,

während der Fundamentalanalyst unterstützend tätig, aber nicht allein auf fundamentale Methoden gestützt agieren kann.
Aufgrund dieser Feststellung, und bedingt durch die grundlegende Ausrichtung dieser Arbeit auf Einsatz der Informationstechnologie in der Finanzwirtschaft, wird der Abschnitt "Fundamental Analyse" relativ kurz, der Abschnitt "Technische Analyse" aber sehr ausführlich abgehandelt werden.

8.2 Fundamental Analyse

Grundannahme der Fundamentalanalyse ist, daß der Kurs eines Instruments auf seinem inneren Wert, dem "Intrinsic Value" beruht. Dieser wird nach überwiegender Meinung durch den Unternehmenswert bestimmt, der, da ein Kapitalgut nur soviel wert ist, wie es seinem Eigentümer Erträge bringt, durch die zukünftigen Gewinne eines Unternehmens bestimmt wird. Die Kursentwicklung eines Instruments beruht somit nach Meinung der Fundamentalanalyse maßgeblich auf der Ertragsentwicklung eines Unternehmens. Ziel fundamentalanalytischer Finanzanalysten ist es deshalb, die zukünftige Ertragssituation eines Unternehmens abzuschätzen, um daraus die Kursentwicklung eines Instruments ableiten zu können.
Steigende Gewinne müssen auf längere Sicht zu steigenden Kursen führen, da sie entweder über Dividenden oder Renditen den Investoren zufließen, oder, wenn die Erträge einbehalten werden, zu einer Steigerung des inneren Unternehmenswertes führen. Da sich der Kurs eines Instruments langfristig an den inneren Wert des Unternehmens annähert, versuchen die Fundamentalanalysten über- und unterbewertete Instrumente herauszufinden und daraus, unabhängig von der kurzfristigen Stimmung auf der Börse oder den Märkten, Kauf- und Verkaufsempfehlungen abzuleiten.

Bei der Gewinnprognose selbst, versuchen die Analysten sich durch Annahmen über die Umsatz- und Kostenentwicklung des Unternehmens an den wahrscheinlich zu erwartenden Gewinn des Unternehmens heranzutasten. Er ist der Ausgangspunkt für die Bewertung von Instrumenten mittels Kennzahlen, wie etwa der wahrscheinlich wichtigsten Größe, dem Kurs-Gewinn-Verhältnis, oder auch KGV genannt.
Historische Daten spielen dabei für die künftige Kursentwicklung nur eine untergeordnete Rolle, da der heutige Preis eines Titels die zukünftigen Erwartungen der Anleger diskontiert und nur sehr beschränkt als ein Produkt der Vergangenheit gesehen werden darf. Historische Daten dienen aber häufig als Ausgangspunkt fundamentaler Analysen.

8.2.1 Einflüsse auf die Gewinnentwicklung

Wenn die Gewinnentwicklung eines Unternehmens jeweils nur von einem Faktor abhängig wäre, ließe sich die Ertragsprognose der nächsten Jahre und so die Erwartung der Kursentwicklung relativ einfach erstellen. Da dies aber nicht zutrifft ergibt sich die Gewinnprognose aus dem Zusammenwirken vieler Einflußfaktoren.

8.2.1.1 Externe Einflußgrößen

Welchen Einfluß hat die Entwicklung folgender Größen auf die Gewinnsituation, daß heißt auf die Umsatz- und Kostenentwicklung eines Unternehmens:

- Wirtschaftswachstum ?
- Zinsentwicklung ?
- Inflation ?
- Arbeitslosigkeit / Löhne ?
- Investitionen ?
- Rohstoffpreise ?
- Export / Import Entwicklung ?
- Dollarkurs ?
- Witterung und andere Ausseneinflüsse

Beispiel: Energiewirtschaft
Wirtschaftswachstum → Anstieg Stromverbrauch, daher steigende Umsätze/Gewinne
Inflation → Abwälzung auf Konsumenten, daher kein Einfluß
Zinsniveau → Wenn zu hoch Anstieg der Zinszahlungen, daher Gewinnrückgang
Löhne/Gehälter → Spielen im Verhältnis zu den Materialkosten geringere Rolle
Investitionen → Indikator für Stromverbrauchswachstum, aber kein direkter Einfluß
Witterung → Einfluß der Wasserführung hat starken Einfluß auf Betriebskosten
Rohstoffe → Jede Verteuerung des Rohstoffs Öl, hat direkten Einfluß auf den Gewinn

8.2.1.2 Interne Einflußgrößen

Werden Bilanz- und Ertragszahlen als quantitative Größen bei entsprechendem Datenmaterial relativ leicht errechnet, gestaltet sich die Bewertung qualitativer Einflußfaktoren erheblich schwieriger. Komponenten wie Qualität und Intentionen des Managements, Innovationskraft, Standort, Technisches Know-How und dergleichen, haben vor allem für die längerfristige Gewinnprognose entscheidende Bedeutung.
Bei den quantifizierbaren Faktoren sind der letzte erreichte Gewinn sowie der Cash-Flow [152] Ausgangspunkte für die zukünftigen Gewinnerwartungen. Für Prognosen der zukünftigen Gewinne sind intern die Kostenstruktur, die Rentabilität und die Vermögenslage von besonderer Bedeutung.

---

[152] Kennzahl zur Beurteilung der Finanzlage eines Unternehmens

8.2.2 Arten der Ertragsentwicklung

Die zwei wesentlichen Komponenten bei der Heranziehung des KGV's bei der Analyse, sind Risiko und Gewinnwachstum.

8.2.2.1 Defensive Instrumente

Als defensiv gelten Titel von Unternehmen, die relativ unabhängig von der derzeitigen Wirtschaftsentwicklung eine langsame, aber stetige und risikoarme Ertragsentwicklung aufweisen. Zu den defensiven Instrumenten gehören insbesonders Titel von Versorgungsunternehmen und Immobilientitel. Als Ausgleich für das geringe Gewinnwachstum bieten solche Unternehmen meist hohe Dividendenrenditen.

8.2.2.2 Zyklische Instrumente

Als zyklisch gelten Titel von Unternehmen, die in hohem Maße von Konjunkturschwankungen abhängig sind. Auf Zeiten schlechter Erträge folgen im Konjunkturzyklus Rekordgewinne. Die Gewinne schwanken stark und dadurch auch die Kurse dieser Titel. So vermelden am Ende einer Boomphase die zyklischen Titel meist Rekordgewinne. Diese Titel erscheinen auf Basis der aktuellen Gewinne meist unterbewertet. Wenn sich die Ertragslage von Zyklus zu Zyklus nicht verbessert, kann die Höhe des KGV aus der Sekundärmarktrendite [153] ein Anhaltspunkt für die Bewertung sein. Zyklische Titel sind in der Regel unter dem Marktschnitt bewertet.

8.2.2.3 Wachstums - Instrumente

Wachstumsunternehmen sind generell in Branchen mit überdurchschnittlichen Steigerungsraten in Umsatz und Ertrag tätig. Die Konjunkturabhängigkeit ist aufgrund der steigenden Bedeutung bei der Produktpalette bei diesen Titeln gering. Wachstumsbranchen sind etwa Elektronik oder Gentechnik und in steigendem Maße Dienstleistungen. Wachstumsunternehmen verfügen meist über großes Gewinnpotential und sind in der Regel, in Erwartung der Zuwächse, auch deutlich höher als der Gesamtmarkt bewertet. Das Risiko der höheren Bewertung, wird in der Regel mit einer überdurchschnittlichen Rendite kompensiert.

8.2.3 KGV und Zinsen

Es besteht ein deutlicher Zusammenhang zwischen den Zinsen für langfristige Anleihen und dem KGV Niveau der einzelnen Märkte. Das KGV des Gesamtmarktes sollte in der Regel ungefähr dem Reziprokwert des langfristigen Zinsniveaus entsprechen, d.h.
Ideales Markt-KGV = 1/Langfristiges Zinsniveau.

---

[153] Im Gegensatz zum Primärmarkt handelt es sich dabei um einen Finanzmarkt für bereits in Umlauf befindliche Wertpapiere

8.2.4 Dividendenrendite versus Gewinndynamik

Neben dem KGV gilt die Dividendenrendite als Beurteilungskriterium für die Attraktivität von Aktien. Die Dividendenrendite erhält man durch
Rendite = Dividende pro Aktie / Aktienkurs x 100
Allgemein gilt, daß Aktien mit geringem Gewinnwachstum über eine entsprechend höhere Dividendenrendite verfügen müssen, um die Gesamtrendite in die Nähe der Sekundärmarktrendite von Anleihen zu bringen. Ebenso gilt, daß steigende Dividendenrenditen zu einer Verbilligung der Titel führen.

8.2.5 Substanzwert

Der Börsenwert eines Unternehmens errechnet sich aus der Multiplikation der ausstehenden Aktien mit dem Aktienkurs. Bei mehreren Aktienkategorien werden diese zusammengezählt. Der Börsenwert darf jedoch nicht mit dem Substanzwert verwechselt werden. Der Börsenwert setzt sich aus den Erwartungen der Anleger über die zukünftige Entwicklung der Gewinne und der Substanz zusammen. Der Substanzwert ist eine relativ genau meßbare Größe. Grob ausgedrückt kann darunter das zu Marktpreisen bewertete Vermögen, abzüglich der Schulden verstanden werden. Der wirkliche Wert des Vermögens ist aus der Bilanz nicht ohne weiteres ablesbar, da die Bewertungsansätze dem Unternehmen mehr oder weniger Spielraum lassen, seine Vermögenslage bei Bedarf schlechter darzustellen, als sie in Wirklichkeit ist.
So sind die im Laufe der Zeit erworbenen Grundstücke, betriebseigenen Anlagen, Maschinen aber auch die Beteiligungen an anderen Unternehmungen in der Bilanz meist zu Anschaffungskosten (minus Abschreibungen) angeführt, obwohl der Wert zu Marktpreisen oft erheblich höher liegt. Dadurch entstehen in den Bilanzen "stille Reserven", die nur bei einem Verkauf des betreffenden Objekts offengelegt würden.

8.3 Technische Analyse

Technische Analyse ist die Studie der Marktbewegungen, primär durch den Einsatz von Charts, mit dem Ziel, zukünftige Preisentwicklungen vorherzusagen. Der Begriff Marktbewegungen beinhaltet drei grundlegende Informationsquellen, die dem Analysten zur Verfügung stehen: Kurse, Volumina und Open Interest.

8.3.1 Philosophie oder Paradigma

Es gibt drei Grundlagen, auf denen jeder technische Analyseansatz beruht:

- Diskontierung durch Marktbewegung
- Kurse bewegen sich in Trends
- Die Geschichte wiederholt sich

8.3.1.1 Diskontierung durch Marktbewegung

Die Feststellung, daß "die Marktbewegungen alles diskontieren", stellt den Eckpfeiler der technischen Analyse dar. Der Techniker glaubt, daß alles, was möglicherweise die Kursentwicklung eines Instruments beeinflussen kann, wie fundamentale, politische, psychologische oder andere Faktoren, bereits aktuell in der Kursbildung dieses Titels reflektiert ist. Daraus folgert der Chartist, daß eine Analyse der Kursbewegungen alles ist, was erforderlich ist. Alles was die Chartisten wirklich fordern, ist, daß die Kursbewegungen Verschiebungen in der Angebots- bzw. Nachfragestruktur reflektieren sollen. Wenn die Nachfrage das Angebot übersteigt, sollen die Preise steigen, im umgekehrten Fall sollen die Kurse fallen. Dieses Verhalten ist Grundlage jeder ökonomischen oder fundamentalen Vorhersage. Der Analyst dreht nun den Zusammenhang einfach um und kommt zu dem Schluß, daß, falls die Preise steigen die Nachfrage das Angebot übersteigen muß und demnach die Fundamentaldaten "bullish"[154] sein müssen. Im umgekehrten Fall müssen die Fundamentaldaten "bearish"[155] sein. Die Charts selbst sorgen nicht für die Auf- und Abwärtsbewegung eines Marktes. Sie reflektieren nur die positive oder negative Psychologie im Markt.

Während der technische Ansatz machmal vielleicht zu einfach in seinen Forderungen aussieht, so wird doch die Logik, die hinter dieser ersten Prämisse steht, daß nämlich der Markt alles diskontiert, immer einsichtiger. Wenn alles was die Kursentwicklung beeinflusst, bereits im aktuellen Kurs enthalten ist, folgt daraus, daß eine Untersuchung der Kursentwicklung alles ist, was man benötigt. Durch die Studie von Kurs-Charts und einer Vielzahl unterstützender technischer Indikatoren erzählt der Markt dem Chartisten im Endeffekt, in welche Richtung er sich wahrscheinlich bewegen wird. Alle technischen Hilfsmittel, welche später noch genauer beschrieben werden, sind einfache Techniken, die der Chartist im Prozess der Marktanalyse benützt.

8.3.1.2 Preise bewegen sich in Trends

Das Konzept des Trends ist von essentieller Bedeutung für die technische Analyse. Der ganze Sinn der Analyse der Preisbewegungen besteht darin, Trends in einem frühen Zeitpunkt zu identifizieren und ihrer Entwicklung durch Handel in der entsprechenden Richtung zu folgen. Die meisten Techniken, die in dieser Arbeit beschrieben werden, sind ihrer Natur nach trendfolgende Methoden, d.h. ihr Sinn besteht darin, einen Trend zu identifizieren und einem existierendem Trend zu folgen.

---

[154] engl. Bull = Stier, meint eine Hausse, d.h. auf breiter Front steigende Kurse

[155] engl. Bear = Bär, meint eine Baisse, d.h. auf breiter Front fallende Kurse

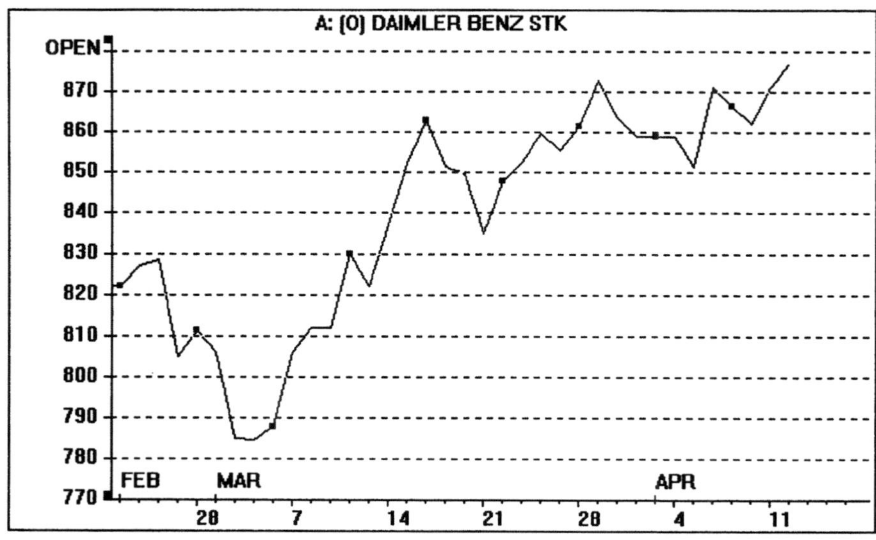

Abbildung 5: Beispiel eines Aufwärtstrends

Zu der Prämisse, daß sich Preise in Trends bewegen, existiert ein Corollar [156]: Ein Trend hat eine höhere Wahrscheinlichkeit weiterzulaufen, als sich umzukehren. Dieses Corollar ist eine Adaption von Newtons erstem Gesetz der Bewegung. Eine andere Formulierung dieses Corollars ist, daß ein Trend in Bewegung solange fortdauert, bis er seine Richtung ändert. Dies ist eine weitere Voraussetzung im Bereich der technischen Analyse, die fast zirkular aussieht. Der gesamte Trendfolgeansatz besteht jedoch darin, einen existierenden Trend auszureiten, bis er Zeichen für eine Trendumkehr zeigt.

8.3.1.3 Die Geschichte wiederholt sich

Viel vom Kern der technischen Analyse und überhaupt der Studie der Marktbewegungen hat mit menschlicher Psychologie zu tun. Preismuster die man während vieler Jahre identifiziert und katalogisiert hat, zeigen, daß immer wieder ähnliche Verläufe auf den Kurs-Charts auftauchen. Diese Bilder kennzeichnen die positive oder negative Psychologie im Markt. Da derartige Preismuster in der Vergangenheit recht zuverlässig funktioniert haben, nimmt man an, daß sie auch in der Zukunft verläßlich sein werden. Ihre Grundlage ist nämlich die menschliche Psychologie, die sich kaum ändert. Eine andere Möglichkeit um die Prämisse zu umschreiben, daß die Geschichte sich wiederholt, ist die Akzeptanz, daß der Schlüssel für das Verständnis der Zukunft im Verständnis der Vergangenheit liegt, oder anders ausgedrückt, daß die Zukunft nur eine Wiederholung der Vergangenheit ist.

8.3.2 Flexibilität und Anpassungsfähigkeit

Eine der größten Stärken der technischen Analyse ist ihre Anpassungsfähigkeit im Hinblick auf fast jedes Handelsinstrument und jede zeitliche Dimension. Es gibt keinen Bereich im Handel, weder bei Wertschriften noch bei Commodities [157], wo sich diese Prinzipien nicht anwenden lassen. In Bezug auf Rohstoffe ist es dem Chartisten möglich vielen Märkten zu folgen, während dies allgemein für den Fundamentalisten nicht möglich ist. Aufgrund der immensen Datenmengen mit denen sich der Fundamentalist auseinandersetzen muß, tendieren diese dazu, sich auf einen bestimmten Rohstoff oder eine Rohstoffgruppe, wie zum Beispiel Metalle, zu spezialisieren.

Die Vorteile in diesem Zusammenhang liegen eindeutig bei der technischen Analyse. Einerseits gehen Märkte durch aktive und inaktive Phasen, oder haben teilweise ein klares Trendverhalten oder zeigen unklare Seitwärtstrends [158]. Der Charttechniker ist in der Lage seine Aufmerksamkeit auf jene Märkte zu konzentrieren, die ein klares Trendverhalten aufweisen und kann die anderen ignorieren.

---

[156] abgeleiteter Lehrsatz

[157] Warentermin Geschäfte

[158] siehe Kapitel 8.3.8. ff.

Als Resultat kann der Chartist seine Aufmerksamkeit und das eingesetzte Kapital rotieren lassen, um von den Vorteilen der Rotation zwischen verschiedenen Märkten zu partizipieren. Zu unterschiedlichen Zeiten werden verschiedene Märkte heiß, und es kommt zur Ausbildung sehr starker Trends. Normalerweise folgt einer solchen Periode, mit einem ausgeprägten Trendverhalten, eine ruhige und relativ trendlose Marktphase, während ein anderer Markt oder eine andere Branche in einen Trend geht.

Ein weiterer Vorteil der sich aus dem Einsatz der technischen Analyse gegenüber der Fundamentalanalyse ergibt, ist der große Überblick. Indem der Chartist allen Märkten folgt, erzielt er ein exzellentes Gefühl dafür, was die Märkte als Gesamtheit tun und vermeidet den sogenannten "Tunnelblick" vieler Fundamentalisten welche nur bestimmten Märkten folgen. Auf Grund der wirtschaftlichen Beziehungen zwischen den Märkten folgt außerdem, daß eine Kursbewegung in einem Markt oft einen wertvollen Hinweis auf die zukünftige Richtung eines anderen Marktes gibt.

8.3.2.1 Technische Analyse auf Handelsinstrumente

Die Prinzipien der Chartanalyse lassen sich sowohl auf Wertpapiere wie auch auf Rohstoffe anwenden. Mit der erfolgreichen Einführung der Stock Index Futures [159] verschwimmt die Trennungslinie zwischen beiden Bereichen immer mehr. Die internationalen Aktienmärkte werden ebenfalls auf Basis technischer Prinzipien dargestellt und analysiert. Financial Futures, inklusive solcher auf Zinssätze und Fremdwährungen, haben im letzten Jahrzehnt enorm an Popularität gewonnen und stellen einen exzellenten Untersuchungsgegenstand für die Chartanalyse dar.

Technische Analyseprinzipien spielen eine starke Rolle beim Handel von Spreads und Optionen. Da der zukünftige Preis einer der Faktoren ist, die ein kommerzieller Hedger beachten muß, kann eine technische Prognose natürlich auch für den Hedgingprozess von großem Nutzen sein.

8.3.2.2 Technische Analyse auf Zeithorizonte

Eine weitere große Stärke des Chartansatzes ist seine Fähigkeit, unterschiedliche zeitliche Dimensionen zu behandeln. Ob der Anwender die Kursänderungen von einem Geschäft zum nächsten für Zwecke des "Day Trading" [160] nutzen oder dem mittelfristigen Trend entsprechend handeln möchte, es finden immer die gleichen Prinzipien Anwendung.

---

[159] Erstmals auf der Kansas Board of Trade gehandelt. Der populärste Kontrakt ist der Standard & Poors 500 Stock Price Index, der NYSE Composite Index und der Major Market Index

[160] Trading Methode am Financial Futures Markt bei der im Gegensatz zu Overnight Trades die jeweiligen Positionen nur einen Tag bestehen, d.h. am gleichen Börsentag eröffnet und geschlossen werden, sodaß geringe Brokerage Gebühren anfallen

Eine zeitliche Möglichkeit, die dabei oft übersehen wird, ist die längerfristige technische Prognose. Die Meinung, daß Chartreading [161] nur kurzfristig nützlich ist, ist nicht korrekt. Faktum ist, daß sich gerade die langfristige Prognose, unter Erstellung wöchentlicher und monatlicher Charts die viele Jahre zurückreichen, als außergewöhnlich treffsicher erwiesen hat.
Die Prinzipien der technischen Analyse können somit vom erfahrenen Anwender mit unglaublicher Flexibilität sowohl in Hinblick auf das Handelsmedium als auch die zeitliche Dimension angewandt werden.

8.3.2.3 Typologie der Technischen Analysten

Der breite Bereich der technischen Analyse läßt sich zwischen zwei Gruppen von Anwendern aufteilen, den traditionellen Chartisten und in Ermangelung eines allgemeingültigen Begriffes dem statistischen- oder Computertechniker. Es gibt jedoch viele Überlappungen und die Abgrenzungen zwischen den beiden Typologien sind alles andere als scharf.

Ob der traditionelle Chartist den Computer für seine Arbeit einsetzt oder nicht ist sekundär. Sein primäres Handwerkszeug sind die Charts. Charting ist daher immer subjektiv und der Erfolg hängt zu einem großen Teil von der persönlichen Begabung des Chartisten ab. Vielfach wird inzwischen auch der Begriff "Artcharting" benützt, denn Chartreading ist zu einem guten Teil eine Kunst.

Der statistische- oder Computeranalyst nimmt im Gegensatz dazu diese subjektiven Prinzipien, quantifiziert, testet und optimiert sie mit dem Ziel, computergestützte mathematische Handelsmodelle zu entwickeln. Diese Systeme oder Handelsmodelle werden dann in eine Computer-Applikation umgesetzt, welche mechanische Kauf- und Verkaufssignale produziert. Derartige Handelssysteme lassen sich als sehr einfach bis überaus komplex klassifizieren. Ziel ist es jedoch immer, das subjektive menschliche Element im Handel zu reduzieren oder komplett zu eliminieren und damit einen mehr wissenschaftlichen Ansatz zu verfolgen. Diese Statistiker benützen möglicherweise auch Charts bei ihrer Arbeit, sind jedoch nicht darauf angewiesen.

Auch diese werden jedoch als Techniker bezeichnet, solange sich ihre Arbeit mit dem Studium der Marktbewegungen beschäftigt. Die Computertechniker können noch weiter unterteilt werden in jene, die mechanische Handelssysteme präferieren bzw. den sogenannten "Black-Box Ansatz" und jene, die die Informationstechnologie einsetzen, um bessere technische Indikatoren zu entwickeln.

---

[161] das Interpretieren von graphischen Darstellungen

8.3.2.4 Vorhersagemöglichkeit der Zukunft

Eine grundlegende Frage, die in Fachkreisen oft diskutiert wird, ist die Gültigkeit des Einsatzes historischer Kursdaten zur Zukunftsprognose. In Hinblick auf die Häufigkeit des Einsatzes dieser Methode im täglichen Leben, von der Wettervorhersage bis zur medizinischen Prognose, immer gestützt auf kumulierte Daten der Vergangenheit, ist die häufige Kritik an diesen Techniken eigentlich überraschend. Mit welchen Arten von Datensätzen, wenn nicht mit den vorhandenen, sollte man sonst bei der Analyse arbeiten?

Die Statistik unterscheidet zwischen deskriptiver und induktiver Statistik. Der Begriff deskriptive Statistik bezieht sich auf die graphische Darstellung von Daten, etwa von Kursdaten auf einer Bar-Chart [162]. Induktive Statistik bezieht sich auf Verallgemeinerungen, Vorhersagen oder Extrapolationen, die aus derartigen Daten gewonnen werden. Der Kurs-Chart selbst, fällt also in den Bereich der deskriptiven Statistik, während die technische Analyse der Kursdaten in den Bereich der induktiven Statistik einzuordnen ist. "Der erste Schritt bei der Vorhersage der wirtschaftlichen Zukunft besteht darin, alle Beobachtungen über die Vergangenheit zu sammeln" [163].

Chartanalyse ist nur eine andere Art der Zeitreihenanalyse, die auf dem Studium der Vergangenheit beruht, was in jeder Art von Zeitreihenanalysen praktiziert wird. Die einzigen Daten die einfließen können, sind Vergangenheitsdaten. Wir können die Zukunft nur schätzen, indem wir Erfahrungen der Vergangenheit in die Zukunft projizieren.

8.3.3 Die Random-Walk-Theorie

Diese Theorie, welche im akademischen Bereich entwickelt wurde, behauptet, daß Preisänderungen seriell unabhängig sind und deswegen die historische Preisentwicklung kein zuverlässiger Indikator für die zukünftige Kursrichtung sein kann. Kurz gefaßt vertritt diese Theorie die These, daß alle Preisbewegungen rein zufällig erfolgen und daher nicht vorhersehbar sein können. Diese akademische Theorie wurde in breitem Maße populär nach Erscheinen des Buches " The Random Character of Stock Market Prices" [164].

Die Theorie basiert auf der Hypothese vom effizienten Markt, die besagt, daß die Kurse zufällig um ihren inneren Wert fluktuieren. Sie besagt weiters, daß die beste Art am Markt teilzunehmen, aus einer einfachen "Buy and Hold" [165] Strategie besteht, im Gegensatz zu jedem Versuch den Markt zu machen. Obwohl kaum Zweifel daran bestehen, daß ein gewisses Maß an Zufälligkeit

---

[162] Vertikale Balken mit der Kursgröße. Jeder Balken repräsentiert eine Zeiteinheit, z.B. 1 Tag oder 1 Monat

[163] John E. Freund und Frank J. Williams, Modern Business Statistics, Prentice-Hall, 1969

[164] dtsch. Der zufällige Charakter der Aktienkurse, von Paul H. Cootner, MIT Press 1964

[165] dtsch. Kaufen und Halten

oder "Noise" [166] im Markt existiert, ist es völlig unrealistisch anzunehmen, daß alle Preisbewegungen zufälliger Natur sein könnten [167].

Die akademische Debatte ob Markttrends existieren, ist jedoch von geringem Interesse für den Marktanalysten oder den Händler, der in der realen Welt gezwungen ist rasch und eindeutig zu handeln, wo Markttrends klar erkennbar sind.
Obwohl sie den Wert des technischen Ansatzes nicht widerlegen kann, ist die Theorie vom effizienten Markt doch relativ nahe an der technischen Prämisse, daß die Märkte alles diskontieren. Die Grundlage der technischen Prognose ist aber, daß wichtige Marktinformationen im Markt bereits diskontiert werden, lange bevor sie bekannt werden.

8.3.4 Die Dow-Theorie

Die Theorie von Mr. Charles Dow, welche auf den 3. Juli 1884 zurückdatiert, ist deshalb auch heute noch so wichtig wie damals, weil sie quasi die Grundlage der gesamten modernen technischen Analyse darstellt. Auch in der heutigen Welt der Informationstechnologie werden Dow's Ideen und seine Theorie immer noch häufig angewandt.

8.3.4.1 Grundlegende Leitsätze

8.3.4.1.1 Die Indices diskontieren alles

Dies ist eine grundsätzliche Prämisse der technischen Theorie, wie in den vorgegangenen Kapiteln bereits dargestellt, mit dem Unterschied, daß hier die Indices[168] anstelle der Märkte benützt werden. Die Theorie behauptet, daß jeder mögliche Einfluß auf Angebot oder Nachfrage in den Marktindices reflektiert wird.

8.3.4.1.2 Der Markt hat drei Trends

Dow's Definition eines Trends war, daß ein Aufwärtstrend existiert, solange jedes aufeinanderfolgende Rallyehoch bzw. das nächstfolgende Rallyetief höher als sein Vorgänger war. Ein Aufwärtstrend besteht demnach aus einem Muster steigender Hochpunkte und Tiefpunkte. Dow unterteilte den Trend in drei unterschiedliche Kategorien, den primären, sekundären und tertiären Trend.
Sein Hauptaugenmerk galt dem primären oder langfristigen Trend, der gewöhnlich ein Jahr oder länger andauert. Er war der Meinung, daß sich die meisten Investoren am Aktienmarkt mit der grundlegenden Richtung des Marktes beschäftigen.
Der sekundäre oder mittelfristige Trend repräsentiert Korrekturen des primären Trends und dauert normalerweise über drei Wochen bis zu drei Monaten an.

---

[166] Bandbreite des Grundrauschens

[167] siehe auch Kapitel 8.3.4.1.2. und 8.3.6. ff

[168] siehe auch Kapitel 6.1.3. ff

Der tertiäre oder kurzfristige Trend dauert normalerweise weniger als drei Wochen und repräsentiert kurzfristige Fluktuationen im mittelfristigen Trend.

8.3.4.1.3 Die Primärtrends haben drei Phasen

Der primäre Trend besteht aus drei Phasen. Die erste Phase, auch Akkumulationsphase genannt, besteht aus den Käufen der gutinformierten Investoren nachdem alle "schlechten" Nachrichten im Markt eingearbeitet sind. Die zweite Phase, an der die meisten trendfolgenden Techniken beginnen, tritt auf, während sich die Kurse schnell entwickeln und die Nachrichten aus dem Markt besser werden. Die dritte, auch Endphase genannt, wird charakterisiert durch eine zunehmende Teilnahme der Öffentlichkeit, während das spekulative Volumen zunimmt. Während dieser letzten Phase beginnen nun die informierten Investoren, die in der Nähe des Preisbodens Wertpapiere gekauft haben, diese wieder abzustoßen. Anhänger der Elliot-Wellen-Theorie [169] werden diese spezifische Unterscheidung des primären Haussemarktes in drei unterschiedliche Phasen wiedererkennen.

8.3.4.1.4 Die Bestätigung der Indices

Die Theorie besagt, daß kein wichtiger Hausse- oder Baissezyklus stattfindet, ohne daß verschiedene, aber gleichartige Indices dasselbe Signal abgeben. Anders ausgedrückt muß zum Beispiel der Dow-Jones Industrial und der Utility Index das letzte sekundäre Hoch übersteigen, um den Anfang eines neuen Bullmarktes zu erzeugen. Bei nur einem Signal liegt jedoch kein Bullmarkt vor. Beide Signale müssen nicht genau, aber annähernd, zur gleichen Zeit auftreten. Je größer die zeitliche Nähe desto stärker das entsprechende Signal. Ergibt sich eine Divergenz zwischen beiden Indices bleibt der vorhergehende Trend weiter aufrecht.

8.3.4.1.5 Trendbestätigung durch Volumen

Dow erkannte die Wichtigkeit des Volumens als einen sekundären, aber wichtigen Faktor bei der Bestätigung der Signale der Charts. Grundsätzlich sollte der Umsatz in Richtung des Primärtrends zunehmen. Bei einem steigenden Primärtrend sollte das Volumen steigen, während sich die Kurse erhöhen. Umgekehrt sollte das Volumen fallen, während die Preise sich reduzieren. In einem Abwärtstrend besteht die entgegengesetzte Situation. Das Volumen verstärkt sich bei den Kursabschwüngen und verringert sich bei den Kursrallyes. Das Volumen gilt jedoch nur als sekundärer Indikator. Die aktuellen Kauf- und Verkaufssignale nach der Dow-Theorie basieren ausschließlich auf den Schlußkursen.

8.3.4.1.6 Trend und Trendwendesignal

Der schon an früherer Stelle dieser Arbeit beschriebene Leitsatz, daß ein Trend solange existiert bis ein definitives Trendwendesignal auftritt, bildet die Grundlage des Trendfolgeansatzes der modernen technischen Analyse. In der Praxis ist es aber nicht immer einfach die Trendwendesignale festzustellen.

---

[169] siehe Kapitel 8.3.14 ff.

Analysen der Unterstützungs- und Widerstandsbereiche, der Kursformationen, Trendlinien und gleitende Durchschnitte finden sich unter den verschiedenen verfügbaren technischen Werkzeugen, welche anzeigen, ob sich ein real existierender Trend möglicherweise im Prozess der Veränderung befindet. Die Benützung von Oszillatoren ermöglicht es zu Frühwarnsignalen zu kommen.

8.3.4.2 Benützung von Schlußkursen

Dow verwendete ausschließlich Schlußkurse, die Indices mußten also über ein vorheriges Tief oder Hoch hinausgehen. Verletzungen innerhalb eines Handelstages wurden nicht als gültige Parameter betrachtet. Die Bezeichnung “Linie” bei den Indices bezieht sich auf horizontale Tradingbereiche, die auf den Charts auftreten. Diese Seitwärtsbewegungen finden sich häufig in Korrekturphasen. Man bezeichnet sie auch als Konsolidierungsphase.

8.3.5 Konstruktion von Charts

Die Bar-Chart auf Tagesbasis ist die gebräuchlichste Form des Charts in der technischen Analyse. Es gibt jedoch andere Arten von Charts, die ebenfalls häufig zur technischen Analyse eingesetzt werden. Diese häufigsten alternativen Chartformen sind die Linien-Chart und die Point-and Figure Chart. Die nächste Abbildung zeigt einen Standard Tageschart. Der Grund warum dieser Chart so bezeichnet wird, liegt darin, daß er die tägliche Bewegung in Form eines vertikalen Strichs darstellt. Ein Bar-Chart zeigt normalerweise Hoch-, Tief- und Schlußkurse.

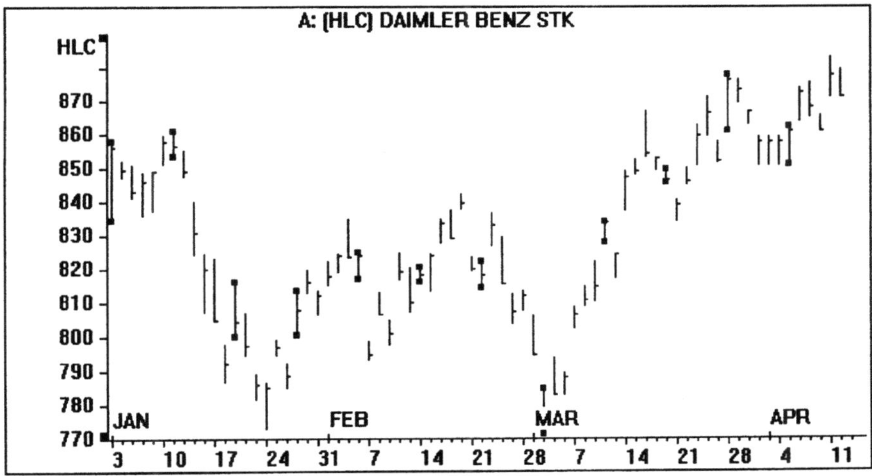

Abbildung 6: Tages High-Low-Close Standard Chart

Die nächste Abbildung zeigt, wie derselbe Kursverlauf als Linien-Chart aussieht. Im Linien-Chart wird nur der Schlußkurs für jeden aufeinanderfolgenden Tag dargestellt. Viele Chartisten glauben, daß, weil der Schlußkurs der kritischste Kurs eines Handelstages ist, ein Linien- oder Schlußkurs-Chart [170] die wichtigste Darstellung der Preisaktivitität ist.

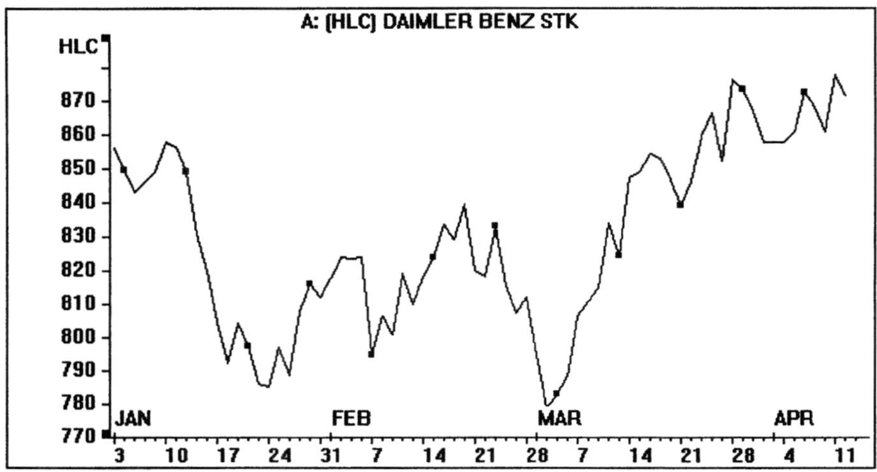

Abbildung 7: Tages Linien-Chart

[170] engl. Close only Chart

Die folgende Abbildung zeigt eine dritte Art von Chart, die Point-and-Figure Chart. Diese spezielle Chartform wird in dieser Arbeit später noch eingehend beschrieben. In kurzer Form soll hier nur gezeigt werden, daß die Point-and-Figure Charts dieselbe Kursbewegung in stärker komprimierter Form darstellen. Man beachte die wechselnden Säulen von X's und O's. Kauf- und Verkaufs-signale lassen sich erheblich präziser und einfacher als auf dem Bar-Chart erkennen. Die Point-and-Figure Chart arbeitet ausschließlich mit den Höchst- und Tiefstkursen.

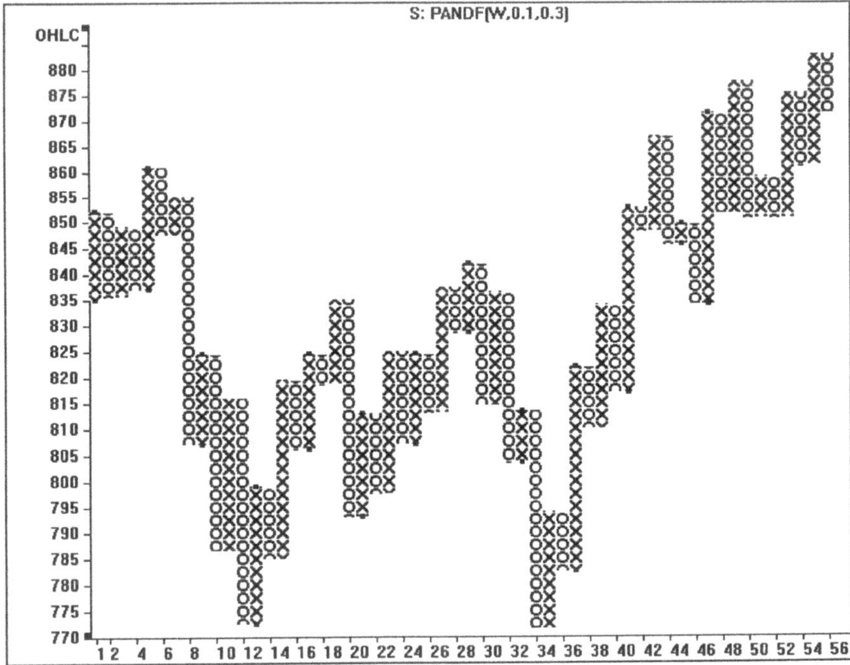

Abbildung 8: Point-and-Figure Chart

Die bisher dargestellten Arten von Charts betrachten im wesentlichen Hoch-, Tief- und Schlußkurse sowie manchmal Eröffnungskurse. Eine Vielzahl von Kursbewegungen an der Börse geht jedoch bei diesen Charts verloren.

Fast alle kommerziell im Terminhandel verwendeten Charts benützen eine arithmetische Kursskala. Für einige Arten der Analyse jedoch, speziell für längerfristige Trendanalysen, ergeben sich einige Vorteile beim Einsatz logarithmischer Charts. Auf der arithmetischen Skala stellt jeder vertikale Abschnitt eine gleiche Kursdistanz dar. Eine Kursänderung von 5 auf 10 wird durch die gleiche Entfernung wie von 50 auf 55 dargestellt, obwohl der erste Anstieg die Verdoppelung des Wertes und der zweite nur einen Anstieg von 10 % bedeutet. Auf der logarithmischen Skala steht dagegen eine gleiche Distanz für eine gleiche prozentuale Veränderung.

8.3.5.1 Kurs, Volumen und Open Interest

Der Bar-Chart ist sowohl ein Kurs- als auch ein Zeit-Chart. Die vertikale (X) Achse zeigt auf der Skala den Kursverlauf, während die horizontale (Y) Achse den Verlauf der Zeit abbildet. Außer dem Kurs, sind noch zwei wichtige Informationsträger auf dem Chart darzustellen, nämlich Volumen und Open Interest. Das Volumen repräsentiert die gesamte Handelsaktivität in einem Titel für einen Tag. Es handelt sich dabei um die Gesamtzahl von abgeschlossenen Kontrakten, d.h. der Anzahl der Aktien, die während eines Tages am Aktienmarkt den Besitzer wechselten. Das Volumen wird durch einen vertikalen Balken im unteren Teil der Chart, unter dem Kursbalken dargestellt.

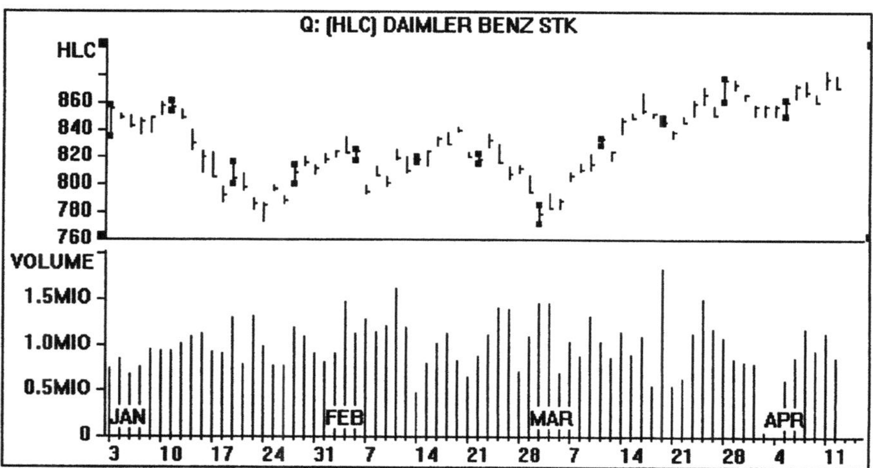

Abbildung 9: High-Low-Close-Volume Chart

Unter Open Interest versteht man die Gesamtzahl aller offenen Kontrakte, die von den Marktteilnehmern am Ende eines Tages gehalten werden. Open Interest ist die Zahl aller offenen Kontrakte die von den Marktteilnehmern am Ende eines Tages gehalten werden. Open Interest ist die Zahl aller außenstehenden Kontrakte und zwar entweder der Long [171]- oder Short Seite, nicht jedoch die Summe von beiden. Das Open Interest wird auf dem Chart durch eine durchgezogene Linie entlang der Unterkante dargestellt.

---

[171] Käufer eines Finanztermin-Kontraktes im Gegensatz zu Short, d.i. Verkäufer der Kontrakt-Position

8.3.6 Grundlegende Trendkonzepte

8.3.6.1 Definition des Trends

Das Konzept des Trends ist absolut essentiell für den technischen Ansatz der Marktanalyse. Alle Werkzeuge die der Chartist benützt, Unterstützungs- und Widerstandsbereiche, Kursformationen, Durchschnitte, Trendlinien etc. haben nur den Zweck, den Trend des Marktes festzustellen, um an diesem Trend zu partizipieren.

Zunächst einmal bewegen sich die Märkte im allgemeinen nicht in einer direkten Linie in einer bestimmten Richtung. Die Marktbewegungen können eher als eine Serie von aufeinanderfolgenden Zick-Zacks definiert werden. Diese Zick-Zack Bewegungen bestehen, klar erkennbar, aus einer Serie von Hoch- und Tiefpunkten. Es ist die Richtung dieser Hoch- und Tiefpunkte, die den Markttrend bildet. Ob diese Hoch- und Tiefpunkte sich nach oben, unten oder seitwärts bewegen, gibt uns den Markttrend an.

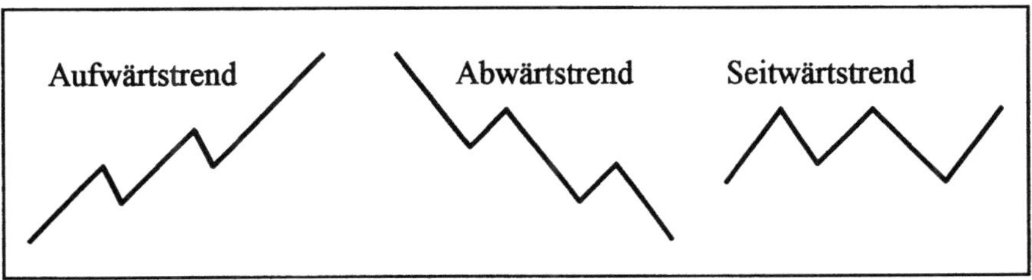

Die meisten technischen Werkzeuge und Systeme sind in ihrer Natur trendfolgend, was bedeutet, daß sie primär für Märkte, die sich entweder nach oben oder unten bewegen, entwickelt wurden. Normalerweise arbeiten diese Systeme sehr schlecht oder gar nicht, wenn die Märkte in eine solche seitliche oder trendlose Phase eintreten.

8.3.6.2 Widerstand und Unterstützung

Der nächste Schritt nach den Ausführungen zum Trend, besteht darin den Hoch- und Tiefpunkten des Trends Bezeichnungen zu geben und zugleich die Konzepte von Widerstand und Unterstützung einzuführen.

Die Kurstäler oder tiefsten Reaktionspunkte werden als Unterstützungsbereich bezeichnet. Der Unterstützungsbereich stellt ein Gebiet auf dem Chart unterhalb des Marktes an, wo das Interesse der Käufer ausreichend stark ist, um den Verkaufsdruck zu überkompensieren. Als Resultat davon hält die Abwärtsbewegung an und die Preise drehen wieder nach oben.

Der Widerstand ist das Gegenteil des Unterstützungsbereiches und stellt ein Gebiet oberhalb des Marktes dar, wo der Verkaufsdruck stärker ist als das Kaufinteresse und der Anstieg der Preise zurückgeworfen wird.

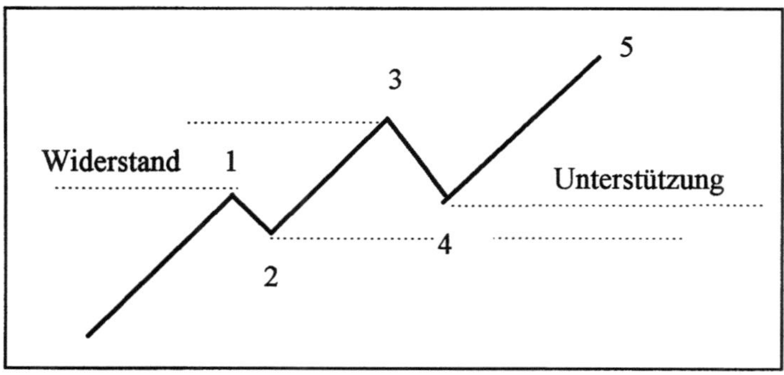

Abbildung 10: Widerstand und Unterstützung in steigendem Markt

Ein Unterstützungsbereich, der signifikant verletzt [172] wird, wird zu einem Widerstandsbereich und umgekehrt. Der Abstand, der sich zwischen dem Preis und einem Widerstand oder einer Unterstützung ergeben hat, ergibt die Signifikanz. Als Richtlinie für Signifikanz kann zum Beispiel ein 10 %-iges Verletzungskriterium angenommen werden.

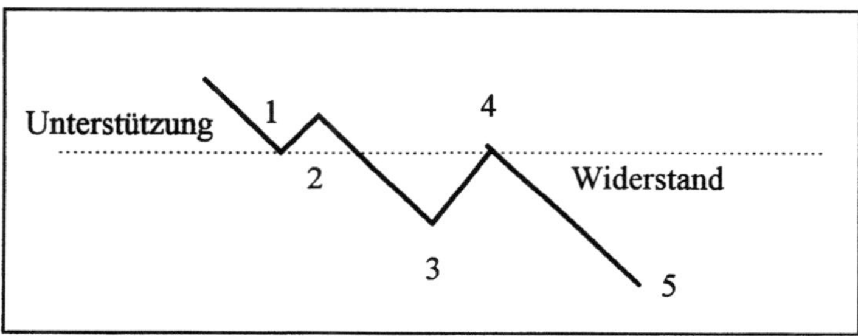

Abbildung 11: Widerstand und Unterstützung in fallendem Markt

Widerstands- und Unterstützungsbereiche tauschen jedoch nur dann ihre Rollen, wenn der Markt sich weit genug von ihnen wegbewegt hat, um die Marktteilnehmer davon zu überzeugen, daß sie einen Fehler gemacht haben.

[172] nach oben oder unten deutlich durchbrochen

8.3.6.3 Trendlinien

Die grundlegende Trendlinie ist eines der einfachsten, aber zugleich auch wichtigsten technischen Werkzeuge des Chartisten. Eine Aufwärts-Trendlinie ist eine gerade Linie, die nach rechts steigend alle aufeinanderfolgenden Reaktionstiefs verbindet.

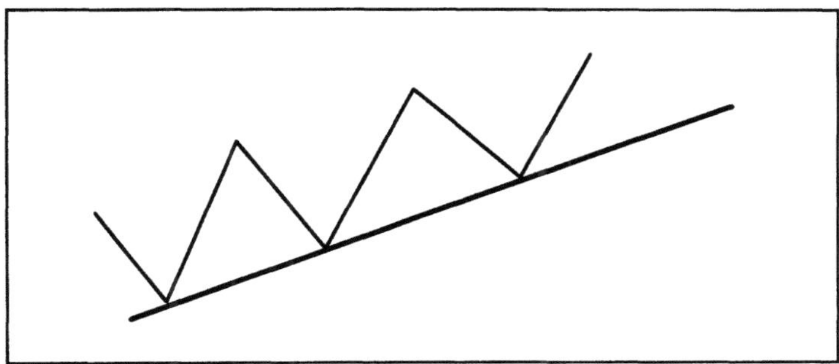

Abbildung 12: Aufwärts Trendlinie

Eine Abwärts-Trendlinie wird nach rechts fallend durch alle aufeinanderfolgenden Hochpunkte einer Rallye [173] gezogen.
Es wurde bereits erwähnt, daß Widerstands- und Unterstützungsbereiche sich ins Gegenteil verkehren, sobald sie verletzt werden. Dasselbe Prinzip gilt für Trendlinien. Das heißt eine Trendlinie (eine Unterstützungslinie) wird normalerweise zur Widerstandslinie, sobald sie einmal entschieden gebrochen wurde.

Die relative Steigung einer Trendlinie ist ebenfalls wichtig. Generell gilt, daß die meisten wichtigen Aufwärts-Trendlinien dazu neigen, eine ungefähre durchschnittliche Steigung von 42 Grad aufzuweisen. Häufig wird daher eine 45 Grad Linie an einen klar erkennbaren Hoch- oder Tiefpunkt als große Trendlinie gezeichnet.

Diese 45 Grad Trendlinie war eine der Techniken welche von W.D. Gann [174] favorisiert wurde. Solch eine Linie stellt eine Situation dar, in der sich die Preise so nach oben oder unten bewegen, daß die Preisanstiegsrate und die Zeit in völliger Balance sind. Ist eine Trendlinie zu steil, so zeigt dies normalerweise an, daß die Preise zu stark ansteigen und daß der laufende Anstieg nicht durchgehalten werden kann. Dasselbe gilt aliquot für zu flache Trendlinien.

---

[173] Erholungsphase an der Börse

[174] William D. Gann (1878 bis 1955), Aktien- und Rohstoffhändler

8.3.6.4 Kanallinien

Die Kanal- oder Umkehrlinie ist eine nützliche Variante der Trendlinientechnik. Manchmal bewegen sich die Kurse innerhalb eines Trends zwischen zwei parallelen Linien, der Basis-Trendlinie und der Kanallinie.

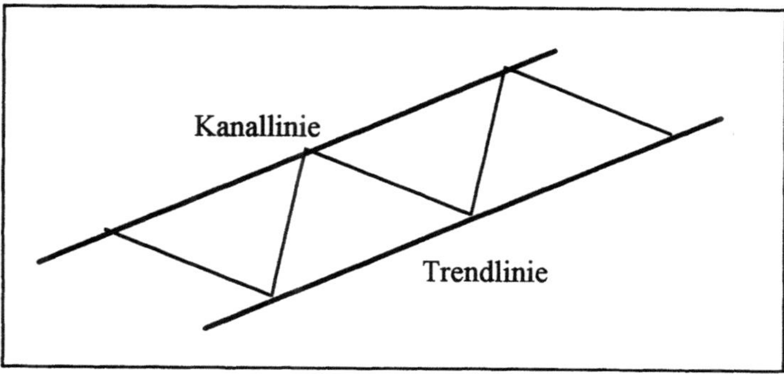

Abbildung 13: Steigende Kanallinien

Im Falle der Basis-Trendlinie gilt, daß je länger der Kanal intakt bleibt und je öfter er erfolgreich getestet wurde, desto wichtiger und verläßlicher wird er. Ein Bruch der primären Trendlinie zeigt einen wichtigen Wechsel im Trend an.

8.3.6.5 Gaps

Gaps oder Preis-Gaps sind einfach Bereiche auf einem Bar-Chart, in denen kein Handel stattfindet. In einem Aufwärtstrend beispielsweise, eröffnen die Kurse oberhalb des höchsten Kurses des Vortages und lassen so ein Loch oder einen offenen Bereich auf dem Chart, der während des Tages nicht gefüllt wird. Aufwärts-Gaps sind ein Zeichen für Marktstärke, während Abwärts-Gaps normalerweise ein Zeichen der Schwäche sind.

8.3.7 Umkehrformationen

Bis jetzt hat die Dow-Theorie die Ausführungen dominiert, wogegen als nächstes die Chartformationen untersucht werden. Im Rahmen der Trendbetrachtungen wurde auch der Seitwärtstrend erwähnt. Diese können häufig auch nur eine Übergangsperiode darstellen, da wichtige Trendänderungen normalerweise eine gewisse Übergangszeit benötigen. Das Studium dieser Übergangsperioden und ihrer Vorhersagewirkung, leitet über zum Thema der Kursformationen.

Es gibt zwei große Kategorien von Kursformationen, Umkehr- und Fortsetzungsformationen. Wie die Bezeichnungen schon sagen bedeutet Umkehrformation, daß ein wichtiger Wechsel im Trend stattfindet. Die Fortsetzungsformation auf der anderen Seite zeigt dagegen, daß der Markt nur eine Weile pausiert, möglicherweise um eine kurze Oversold oder Overbought [175] Situation zu korrigieren, nach der der vorherrschende Trend wieder aufgenommen wird. Das Problem dabei ist, zwischen beiden Arten von Formationen möglichst früh unterscheiden zu können.

8.3.7.1 Kopf- und Schulter-Umkehrformation

Diese ist die bekannteste und verläßlichste große Umkehrformation und wird gebräuchlich "Head and Shoulder Reversal" genannt. Die meisten anderen Umkehrformationen stellen nur Variationen der Kopf- und Schulter-Formation dar. Diese ist wie viele andere auch, lediglich eine Verfeinerung des Trends. Typisch ist eine Situation in einem größeren Aufwärtstrend, bei dem eine Serie steigender Hoch- und Tiefpunkte beginnt an Kraft [176] zu verlieren. Der Aufwärtstrend bewegt sich dann eine Zeitlang seitlich. Während dieser Zeit sind die Kräfte des Angebots und der Nachfrage relativ ausgeglichen. Sobald diese Distributionsphase vollendet ist und die Unterstützungsbereiche unterhalb des Bodens der horizontalen Handelszone gebrochen worden sind, etabliert sich ein neuer Abwärtstrend.

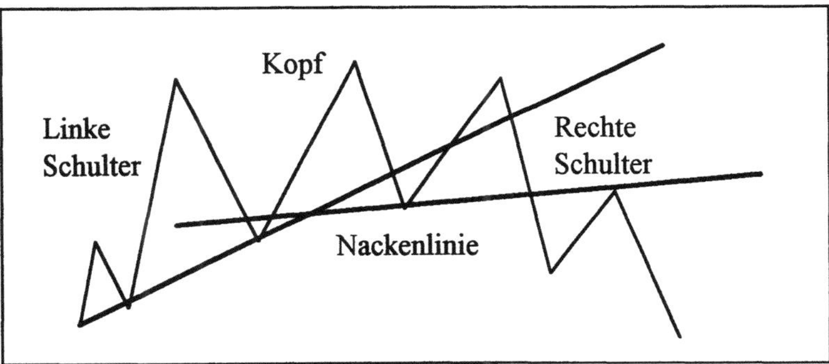

Abbildung 14: Head-and-Shoulder Formation

Das bedeutet, daß es bei dieser Formation immer drei klar definierbare Hochpunkte gibt. Der mittlere Hochpunkt, der Kopf, ist etwas höher als jede der beiden Schultern. Die Formation ist jedoch nicht vollendet, bevor die Nackenlinie nicht klar auf Schlußkursbasis gebrochen ist.

8.3.7.2 Bedeutung des Volumens

Die begleitenden Umkehrformationen spielen bei der Entwicklung der Kopf- und Schulter-Gipfelformation eine wichtige Rolle. Als allgemeine Regel gilt, daß der zweite Kursgipfel (der Kopf) bei geringeren Umsätzen als die linke Schulter gebildet wird.

Dies stellt eine Frühwarnung für das Abflachen des Kaufdrucks dar. Das wichtigste Umsatzsignal ergibt sich während des dritten Gipfels (auf der

[175] Überkauft oder Überverkauft

[176] auch Momentum genannt

rechten Schulter). Das Volumen sollte hier klar geringer sein als bei den beiden vorherigen Tops.

8.3.8 Fortsetzungsformationen

Diese Kursmuster zeigen normalerweise eine seitliche Preisbewegung auf dem Chart an, die nichts anderes ist, als eine Pause im vorherrschenden Trend bevor dieser neuerlich aufgenommen wird. Ein weiterer Unterschied zwischen den Umkehr- und den Fortsetzungsformationen liegt in der zeitlichen Dauer. Umkehrformationen benötigen normalerweise erheblich länger zu ihrer Ausbildung und kennzeichnen größere Trendwechsel. Fortsetzungsformationen auf der anderen Seite sind kurzfristigerer Natur.

8.3.8.1 Dreieck

Es gibt drei Arten von Dreiecken, symmetrische, steigende und fallende.
Das symmetrische Dreieck [177] ist normalerweise eine Fortsetzungsformation. Es stellt eine Pause im laufenden Trend dar, nach der der Ursprungstrend wieder aufgenommen wird.

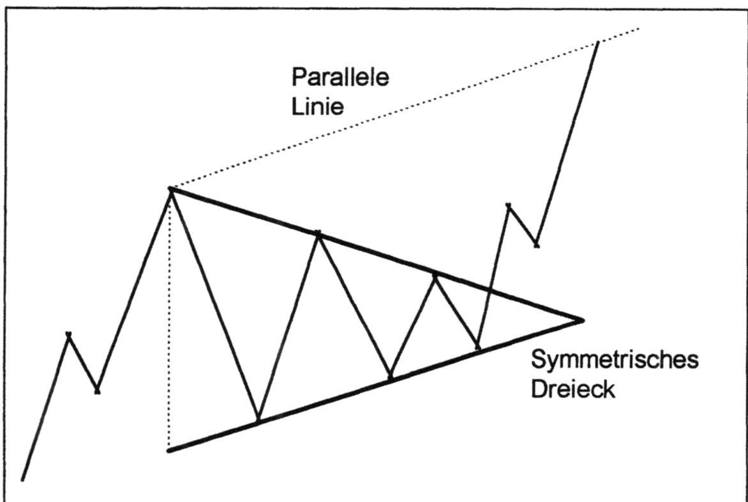

Abbildung 15: Dreiecks Formation

Das Volumen sollte abnehmen, während sich die Kursausschläge im Dreieck verengen. Diese Tendenz des Volumens sich zusammenzuziehen, gilt für alle Konsolidierungsformationen. Nach dem Bruch der Trendlinie, der die Formation vollendet hat, sollten jedoch die Umsätze wieder erkennbar ansteigen. Ein Return Move, sollte bei geringem Volumen vonstatten gehen, mit darauffolgender stärkerer Handelsaktivität nach Fortsetzung des Trends.

---

[177] auch die "Spule" genannt

Das steigende, bzw. fallende Dreieck sind Variationen des symmetrischen Dreiecks, haben aber unterschiedliche Vorhersagebedeutungen. Das steigende Dreieck zeigt an, daß die Käufer erheblich aggressiver vorgehen als die Verkäufer. Diese Formation wird daher als "bullish" [178] betrachtet und normalerweise durch einen Ausbruch nach oben beendet. Im Unterschied zum symmetrischen Dreieck verläuft die obere Trendlinie flach, während die untere Trendlinie ansteigt.
Das fallende Dreieck ist das exakte Spiegelbild der steigenden Variante und wird generell als "bearish" [179] angesehen. Diese Formation zeigt an, daß die Verkäufer erheblich aggressiver vorgehen als die Käufer und daher wird diese Formation normalerweise nach unten verlassen.

8.3.8.2 Verbreiterungsformationen

Diese Kursformation ist normalerweise eine Variante des Dreiecks und kommt relativ selten vor. Es handelt sich im Prinzip um ein umgekehrtes Dreieck. Alle bisher beschriebenen Dreiecksformen zeigten konvergierende [180] Trendlinien. Die Verbreiterungsformation ist gerade das Gegenteil davon. Hier divergieren die Trendlinien, womit sich ein Bild ergibt, das wie ein auseinanderdriftendes Dreieck aussieht.

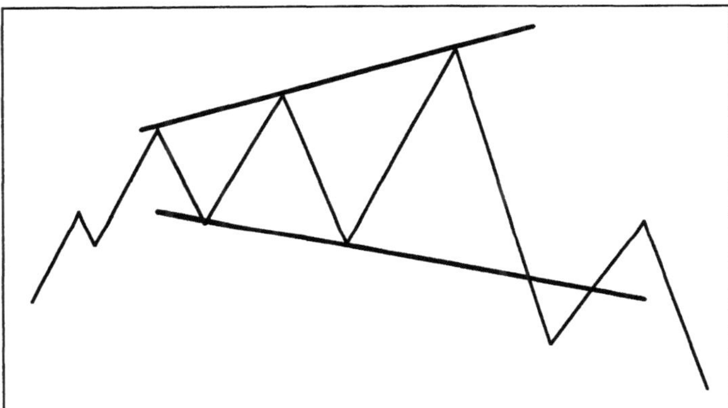

Abbildung 16: Verbreiterungs Formation

Der Volumensverlauf ist bei dieser Formation ebenfalls entgegengesetzt. Während bei den anderen Dreiecksformationen das Volumen dazu tendiert abzunehmen, während die Kursausschläge geringer werden, gilt das umgekehrte für diese Formation. Diese Situation kennzeichnet einen Markt der außer Kontrolle geraten ist.

---

178 Aufschwung oder "Hausse" an der Börse

179 Abschwung oder "Baisse" an der Börse

180 Zusammenlaufende (verengende)

8.3.8.3 Diamant

Diese Formation ist eine weitere eher seltene Ausprägung, die normalerweise im Markttop auftritt. Diese Formation ist insofern sonderbar, als daß sie eigentlich eine Kombination zweier unterschiedlicher Dreiecke darstellt, nämlich eines konvergierenden und eines divergierenden, aber symmetrischen Dreiecks.

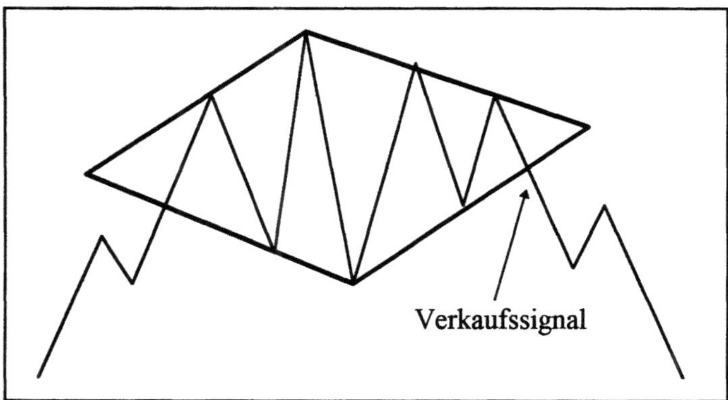

Abbildung 17: Diamant Formation

Der Volumensverlauf bestätigt dabei das Kursverhalten, indem das Volumen während der ersten Hälfte der Formation zunimmt und dann tendenziell abnimmt, während sich die Kursausschläge in der zweiten Hälfte der Formation verringern. Diese seltene Formation tritt meistens im Markttop auf, wobei normalerweise der Kursausbruch mit einer Zunahme der Handelsaktivität zusammenfällt.

8.3.8.4 Flaggen und Wimpel

Während Verbreiterungs- und Diamantformationen relativ selten auftreten, kommen Flaggen und Wimpel im Terminmarkt relativ häufig vor. Flaggen und Wimpel stellen kurze Pausephasen in einer dynamischen Marktentwicklung dar. Eine der Voraussetzungen sowohl für die Flagge als auch den Wimpel ist, daß ihnen eine scharfe, fast senkrecht verlaufende Bewegung vorangeht. Es handelt sich dabei um Situationen, wo ein steiler Anstieg oder ein Absturz sich selbst überholt hat und der Markt eine kurze Pause einlegt, bevor ein neuerlicher Schub in dieselbe Richtung erfolgt. Flagge und Wimpel stellen die verläß-lichsten Fortsetzungsformationen dar und produzieren nur äußerst selten einen Trendwechsel.

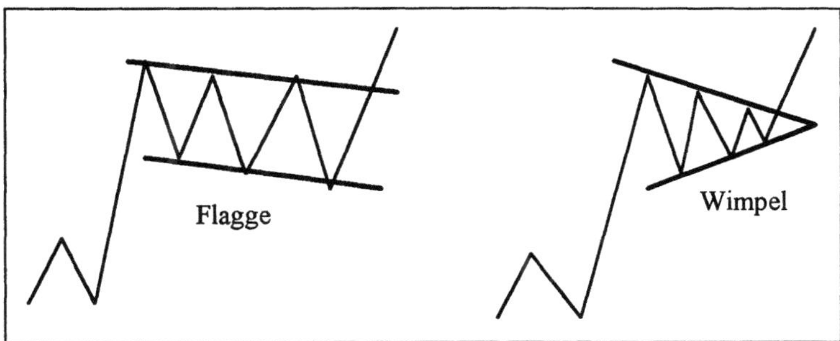

Abbildung 18: Flaggen und Wimpel Formation

Die Konstruktion der beiden Formationen weicht leicht voneinander ab. Die Flagge stellt ein Parallelogramm oder Rechteck dar, das durch zwei parallele Trendlinien gekennzeichnet ist, die dazu tendieren, daß ihre Steigung entgegen dem vorherrschenden Trend läuft. Der Wimpel wird durch zwei konvergierende Trendlinien beschrieben und liegt mehr horizontal.
Eine wichtige Voraussetzung beider Formationen ist dabei, daß das Volumen, während die Formation vollendet wird, deutlich austrocknen sollte. Beide Kursmuster sind kurzfristiger Natur.

8.3.8.5 Keil

Die Keilformation ist dem symmetrischen Dreieck sehr ähnlich, sowohl im Hinblick auf den äußeren Verlauf als auch auf die Zeit, die zu ihrer Ausbildung benötigt wird. Wie das symmetrische Dreieck wird sie durch zwei konvergierende Trendlinien identifiziert, die am Apex zusammenlaufen. Was den Keil vom Dreieck unterscheidet ist seine klar erkennbare Neigung.

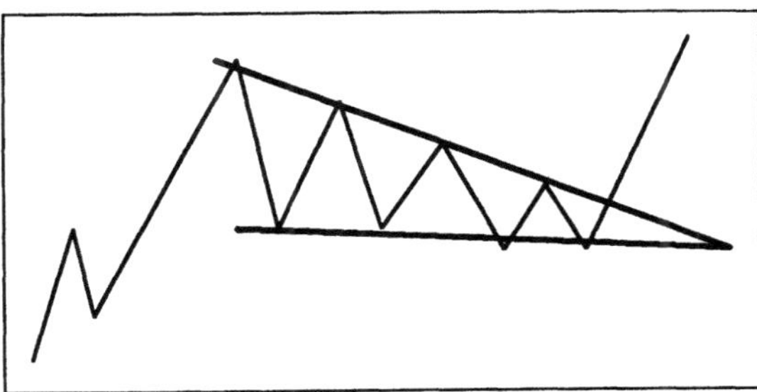

Abbildung 19: Keil Formation

Als Regel gilt, daß wie bei der Flaggenformation diese Steigung entgegen dem vorherrschendem Trend läuft. Ein fallender Keil wird daher als "bullish" und ein steigender als "bearish" betrachtet.

8.3.8.6 Rechteck

Rechteckformationen haben eine Vielzahl an Namen, sind jedoch gewöhnlich einfach auf den Kurscharts zu erkennen. Sie stellen eine Pause im Trend dar,

während der sich die Preise seitwärts, zwischen zwei parallelen horizontalen Linien bewegen.
Das Rechteck wird manchmal auch als "trading range" oder "congestion area" bezeichnet. Es handelt sich dabei um eine Konsolidierungsperiode in einem bestehenden Trend, weshalb die Auflösung normalerweise in Richtung des vorangegangenen Markttrends erfolgt.

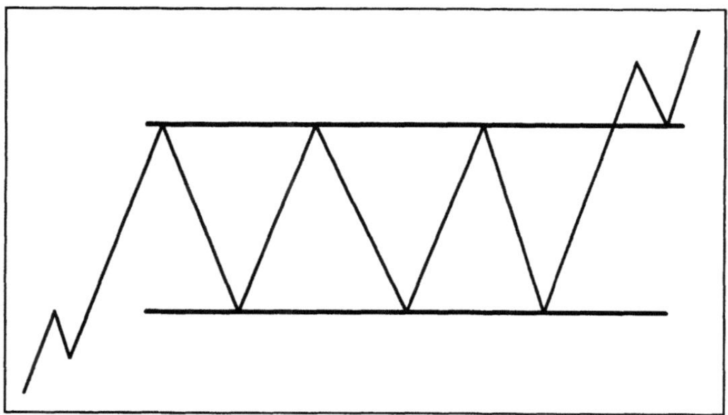

Abbildung 20: Rechtecks Formation

Ein bedeutender Indikator ist der Volumenverlauf. Da die Kursschwankungen in beide Richtungen relativ breit ausfallen, muß beobachtet werden auf welcher Seite das Volumen stärker ausgeprägt ist. Wenn die Kursanstiege mit höherem und die Rückschläge mit geringerem Volumen erfolgen, handelt es sich wahrscheinlich um eine Fortsetzung in einem Aufwärtstrend. Im umgekehrten Fall kann dies als eine Warnung in Hinblick auf eine mögliche Trendumkehr betrachtet werden.

8.3.9 Volumen und Open Interest

Die meisten Analytiker in den Terminmärkten benützen einen dreidimensionalen Ansatz für ihre Marktanalyse, wobei sie die Bewegung von drei Zeitreihen beachten, nämlich Kurs, Volumen und Open Interest. Die Thematik "Kurs" wurde in den vorangegangenen Abschnitten bereits behandelt, sodaß im Mittelpunkt der folgenden Betrachtungen das Volumen und sein Verhältnis zum Open Interest behandelt werden.
Beim Volumen handelt es sich um die Anzahl der gehandelten Kontrakte während einer beobachteten Zeitspanne. Das Hauptinteresse gilt dem täglichen Volumen, welches in Form eines vertikalen Balkens an der Unterseite der Chart dargestellt wird.
Die Summe aller offenen, nicht liquidierten Kontrakte am Ende eines Tages heißt Open Interest. Das Open Interest wird auf dem Bar-Chart unter dem entsprechenden Kurswert für den Tag dargestellt, allerdings noch oberhalb des Volumenbalkens. Das Open Interest stellt die Gesamtzahl aller offenen Long-

oder Shortpositionen [181] im Markt dar, nicht jedoch die Summe beider. Das Open Interest entspricht der Anzahl der Kontrakte. Hinter der Open Interest Angabe findet man eine positive oder negative Zahl, die den Anstieg oder Rückgang der Zahl der Kontrakte gegen den Vortag darstellt. Diese Wechsel im Niveau des Open Interest, entweder nach oben oder nach unten, sind es, die dem Chartanalytiker Hinweise auf Änderungen bei der Teilnahme am Markt und damit dem Open Interest seinen Vorhersagewert geben.
Der Marktanalytiker baut Volumen und Open Interest Informationen in seine Marktanalyse ein. Die Regeln für die Interpretation der Umsätze und des Open Interest werden dabei normalerweise kombiniert, da sie so ähnlich sind.

Kurs	Volumen	Open Interest	Markt
steigend	aufwärts	aufwärts	starker Markt
steigend	abwärts	abwärts	schwacher Markt
fallend	aufwärts	aufwärts	schwacher Markt
fallend	abwärts	abwärts	starker Markt

Tabelle 13: Interpretationsregeln für Volumen und Open Interest

Steigen sowohl Open Interest als auch Volumen, dann besteht eine starke Wahrscheinlichkeit, daß der Markt seine gegenwärtige Richtung nach oben oder unten beibehält. Gehen jedoch Volumen und Open Interest zurück, kann dies als eine Warnung angesehen werden, daß sich der aktuelle Kurstrend seinem Ende nähert.

8.3.10 Langfrist-Charts

Unter den Charts, die der Markttechniker zur Prognose und zum Handel in den Terminmärkten einsetzt, ist der Tages-Bar-Chart wohl der verbreitetste. Eine Tages-Bar-Chart deckt jedoch nur eine relativ kurzfristige Zeitspanne im Leben eines jeden Marktes ab. Eine durchgehende Trendanalyse eines Marktes sollte jedoch auch immer den täglichen Marktpreis in Beziehung zu seiner langfristigen Trendstruktur setzen. Um diese Aufgabe zu erfüllen, sind längerfristige Verlaufs-Charts das Werkzeug, das man einsetzen muß. Der Zweck wöchentlicher oder monatlicher Charts ist es, die Kursbewegung derart zu komprimieren, daß der zeitliche Horizont in größerem Umfang erweitert werden kann, um so erheblich längere Perioden studieren zu können.
Langfristige Kurs-Charts ermöglichen eine Perspektive des Markttrends die man mit Tages-Charts alleine niemals erreichen kann. Einer der größten Vorteile der Chart-Analyse ist, daß die gleichen Datenreihen und Analysemethoden für theoretisch jeden beliebigen Zeitraum angewendet werden können.

---

[181] Leerverkäufe auf Baisse

8.3.11 Moving Averages

Der gleitende Durchschnitt [182] ist der am häufigsten zu findende technische Indikator. Aufgrund seiner Konstruktion und seiner leichten Anwendbarkeit, stellt er die Grundlage der meisten Trendfolgesysteme, die heute benützt werden, dar. Regeln die auf gleitenden Durchschnitten basieren, können leicht in einem Computer programmiert werden, der dann spezielle Kaufs- und Verkaufssignale generiert. Während Kursformationen im Dreieck oder Diamant häufig fehlinterpretiert werden können, sind die Signale des Trends des Moving Average präzise und unstreitig.

Beim gleitenden Durchschnitt handelt es sich um einen Durchschnitt einer bestimmten Datenmenge. Beispielsweise ist ein 10-Tage Durchschnitt der Schlußkurse die Addition aller Tageskurse mit Teilung der Summe durch 10. Der Terminus "Moving" wird deswegen benützt, weil man nur die letzten 10 Tage für die Kalkulation benützt. Aus diesem Grund verschiebt sich die Menge der Daten, aus denen der Durchschnitt gebildet wird, mit jedem neuen Handelstag nach vorne.

Der Moving Average ist seiner Natur nach trendfolgend. Sein Sinn besteht darin anzuzeigen, daß ein neuer Trend begonnen hat bzw. ein alter Trend sein Ende gefunden hat oder gerade dreht. Es ist sein Ziel Fortschritte im Trend zu verfolgen, somit kann man ihn als eine gebogene Trendlinie betrachten. Der gleitende Durchschnitt ist nachfolgend und nicht führend, er folgt daher dem Markt und signalisiert, daß ein Trend begonnen hat. Durch die Durchschnittsbildung der Kursdaten wird eine geglättete Linie produziert, die es vereinfacht den zugrundeliegenden Trend zu erkennen. Kürzerfristige Durchschnitte reagieren sensitiver auf Kursbewegungen, während längerfristige weniger sensitiv sind.

8.3.11.1 Einfacher gleitender Durchschnitt

Der Simple Moving Average oder arithmetischer Mittelwert wird von den meisten technischen Analysten eingesetzt. Allerdings sind zwei Kritikpunkte zu berücksichtigen. Erstens fliessen nur die Kurse für die angegebene Länge des Average in die Berechnung ein. Zweitens bewertet der einfache gleitende Durchschnitt alle Tage der Betrachtungsperiode gleich.

8.3.11.2 Linear gewichteter gleitender Durchschnitt

Um das Gewichtungsproblem zu korrigieren, arbeiten viele Analysten mit einem linear gewichteten gleitenden Durchschnitt. Bei dieser Kalkulation wird der Schlußkurs vom 10. Tag mit 10 und jener vom 9. Tag mit 9, usw. multipliziert. Dadurch ergibt sich eine stärkere Betonung der jüngsten Schlußkurse. Der linear gewichtete Durchschnitt kann aber ebenfalls keine absolut zufriedenstellende Lösung des Problems sein, da er auch nur die Schlußkursdaten im Rahmen der Länge des Average berücksichtigt.

---

[182] engl. gebräuchlich "Moving Average"

8.3.11.3 Exponentiell geglätteter Durchschnitt

Ein fortschrittlicherer Durchschnitt ist der exponentiell geglättete Durchschnitt. Dieser gibt der jüngsten Kursbewegung ein größeres Gewicht. Aus diesem Grund handelt es sich um einen gewichteten gleitenden Durchschnitt. Während jedoch die Bedeutung der historischen Kurse laufend abnimmt, wird doch für die Kalkulation die gesamte Kursdatenmenge aus dem Leben eines Handelskontraktes verwendet. Selbstverständlich ist die mathematische Formel für diesen Durchschnitt so kompliziert, daß die Auswertung nur mit einem Computer möglich ist.
Die folgende Abbildung zeigt den Kursverlauf für Siemens mit allen drei oben beschriebenen Averages.

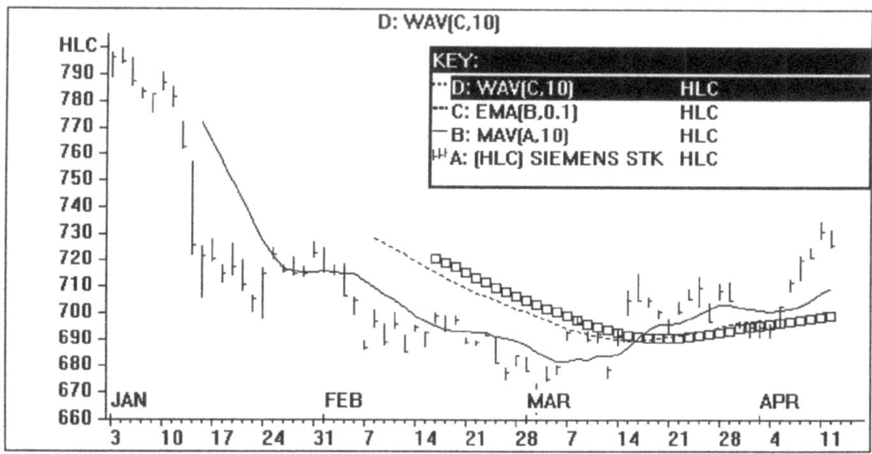

Abbildung 21: Kursverlauf mit 3 Durchschnitten

Die Chart ist ein typisches High-Low-Close Kurs-Chart für eine Aktie. Darübergelegt sind die verschiedenen Durchschnitte. Die durchgezogene Linie repräsentiert den einfachen gleitenden Durchschnitt mit 10 Tagen Dauer. Die gepunktete Linie ist der exponentiell geglättete Durchschnitt mit gleicher Dauer. Die Kästchenlinie ist der linear gewichtete gleitende Durchschnitt mit ebenso 10 Tagen Dauer.

Einer der größten Vorteile des Einsatzes gleitender Durchschnitt und einer der Gründe für ihre Popularität als Trendfolgesysteme, besteht darin, daß sie die wichtigste Maxime des Terminhandels verkörpern. Sie handeln in der Richtung des Trends.

8.3.12 Oszillatoren

Alle bisher besprochenen technischen Indikatoren waren ihrer Natur nach trendfolgend. Eine nützliche Alternative zu den trendfolgenden Systemen sind die Oszillatoren. Diese sind besonders nützlich in trendlosen Märkten, wo die Kurse in einem horizontalem Kursband oder einer Handelsspanne fluktuieren, was eine Marktsituation erzeugt, in der die meisten trendfolgenden Systeme versagen.

Der Oszillator ist ein Werkzeug spezifisch für die Prognose von Seitwärtsbewegungen und trendlosen Marktumgebungen. Der Oszillator ist aber auch nützlich in Trendphasen indem er vor kurzfristigen Markt-Extrempunkten warnt, die üblicherweise als Überverkauft- oder Überkauft-Situationen [183] bezeichnet werden. Der Oszillator warnt auch wenn ein Trend sein Momentum verliert, bevor dies in der Kursentwicklung sichtbar wird.

Oszillatoren werden im unteren Teil des Kurs-Charts als flaches, horizontales Band dargestellt, welches die Hoch- und Tiefpunkte des Kurs-Charts reflektiert. Als allgemeine Regel gilt, daß wenn ein Oszillator einen Extremwert entweder im oberen oder unteren Teil des Bandes erreicht, die laufende Kursbewegung möglicherweise zu weit oder zu schnell vorangeschritten und daher fällig für eine Korrektur oder Konsolidierung ist. Wenn sich die Oszillatorlinie im unteren Teil des Bandes befindet, ist dies ein Kaufsignal und im oberen Bereich ein Verkaufssignal. Das Kreuzen der Null-Linie kann für die automatische Generierung von Kauf- oder Verkaufssignalen benützt werden.

Ganz allgemein ist der Oszillator am nützlichsten, wenn sein Wert ein Extremum in der

Nähe der oberen oder unteren Grenze erreicht. Im Bereich des oberen Extrempunktes ist der Markt überkauft und beim unteren Extrempunkt überverkauft. Dies dient als Warnung, daß sich der Kurstrend zu stark in eine Richtung bewegt hat und dadurch verletzbar geworden ist [184]. Eine Divergenz zwischen dem Oszillator und der Kursentwicklung ist dann ein wichtiges Warnsignal, wenn sich der Oszillator in einer extremen Position befindet. Die Überkreuzung der Null-Linie kann ein wichtiges Handelssignal in Richtung des Kurstrends geben.

8.3.12.1 Momentum

Das Konzept des Momentums ist die grundlegende Anwendung der Oszillatoranalyse. Das Momentum mißt die Veränderungsrate der Kurse im Verhältnis zum aktuellen Kursniveau. Das Marktmomentum wird ermittelt, indem man kontinuierlich die Kursdifferenz für ein bestimmtes festgelegtes Zeitintervall ermittelt. Um eine 10-Tage Momentumlinie zu ermitteln, zieht

[183] engl. Overbought or Oversold Markets

[184] siehe auch Kapitel 8.3.6. ff.

man den aktuellen Schlußkurs vom Stand vor 10 Tagen ab. Diese positive oder negative Zahl wird dann um die Null-Linie herum dargestellt.

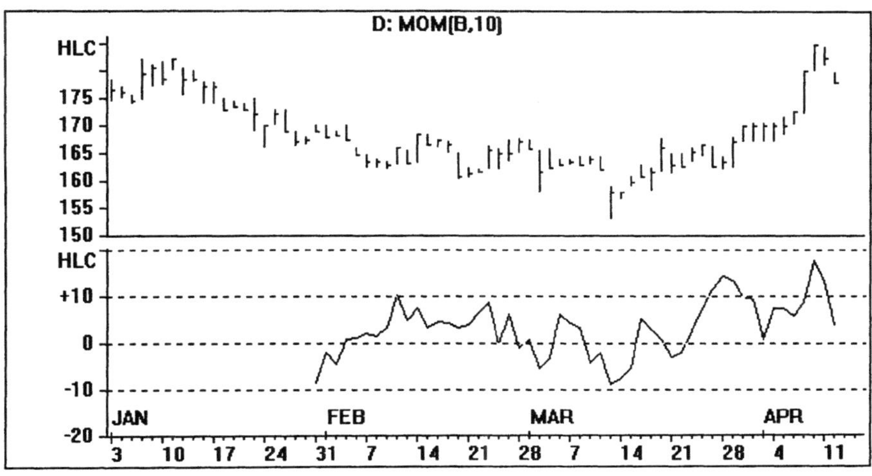

Abbildung 22: Momentum über 10 Tage

Die Formel für das Momentum lautet also:
$M = V\text{-}V_x$, wobei V der letzte Schlußkurs und V_x der Schlußkurs vor x-Tagen ist. Eine kürzere Zeitperiode (etwa 5 Tage) produziert eine sensitivere Linie mit stärkeren Oszillatoren, wogegen eine längere Zeitperiode (etwa 20 Tage) eine mehr geglättete Linie mit weniger volatilen Oszillatoren ergibt.

8.3.12.2 Rate of Change

Bei den Betrachtungen zum Momentum wurden die Preisdifferenzen zwischen zwei Zeitpunkten eingesetzt, um das Marktmomentum zu ermitteln. Um die Veränderungsrate (ROC) [185] zu bestimmen, wird das Verhältnis des jüngsten Schlußkurses zum x-Tage früheren ermittelt. Um etwa einen 10-Tages ROC Oszillator zu ermitteln, wird der letzte Schlußkurs durch jenen von vor 10 Tagen dividiert.

[185] engl. Rate of Change, Schnelligkeit der Veränderung

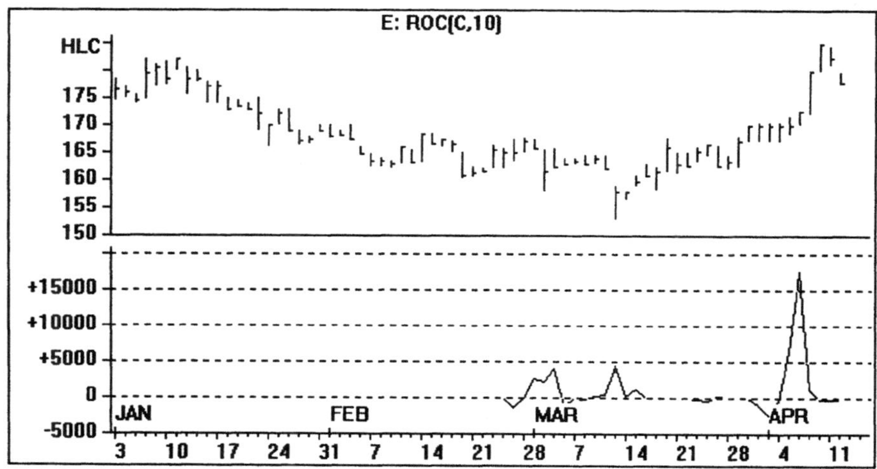

Abbildung 23: Rate of Change über 10 Tage

Die Formel lautet wie folgt:

$ROC = 100 (V/V_x)$

wobei V der letzte Schlußkurs und V_x der Schlußkurs von vor 10 Tagen sind. In diesem Fall wird die 100-Linie zum Mittelpunkt oder zur Null-Linie.

8.3.12.3 Relative Strenght Index

Der RSI [186] wurde von J. Welles Wilder, Jr. entwickelt und hat eine außerordentlich hohe Popularität unter den Terminhändlern erreicht.

Eines der zwei großen Probleme bei der Analyse einer Momentumlinie ist eine erratische Bewegung die durch scharfe Kursänderungen hervorgerufen wird. Ein solcher scharfer Anstieg oder Fall 10 Tage zurück, kann plötzliche Veränderungen der Momentumlinie erzeugen, auch wenn sich die aktuellen Preise kaum ändern. Eine gewisse Glättung ist daher notwendig um derartige Abweichungen zu minimieren.

Das zweite Problem ist, daß ein konstantes Band für Vergleichszwecke benötigt wird. Die RSI Formel sorgt nicht nur für das notwendige Glätten erratischer Kursbewegungen, sondern löst auch das zweitgenannte Problem, indem sie einen konstanten vertikalen Bereich zwischen 0 und 100 erzeugt.

Die Formel für den RSI lautet wie folgt:

$RSI = 100 (100/1+RS)$

wobei RS wie folgt ermittelt wird:

RS = Durchschnitt der Aufwärtskursdifferenzen der letzten x Tage / Durchschnitt der Abwärtskursdifferenzen der letzten x Tage

[186] engl. Relative Strength Index, Relativer Stärke Index

Je kürzer die Zeitspanne, desto sensitiver wird der Oszillator und desto breiter seine Amplitude. Der RSI arbeitet am besten, wenn seine Fluktuation obere und untere Extrempunkte erreicht.

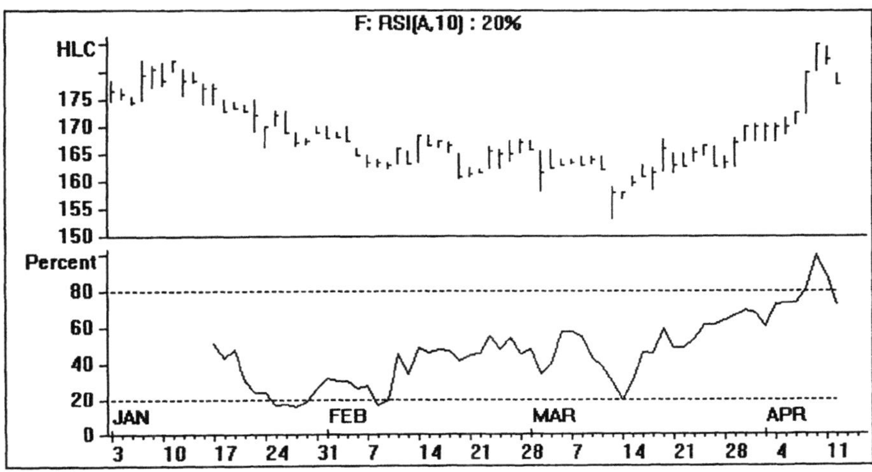

Abbildung 24: RSI mit 10 Tagen und 20 %

Der RSI wird auf einer vertikalen Skala zwischen 0 und 100 dargestellt. Bewegungen über 70 werden als überkauft betrachtet, während sich eine Überverkauft-Bedingung unter 30 ergibt. Aufgrund der Verschiebung die sich in Hausse- und Baisse Märkten ergibt, wird der 80er Bereich normalerweise zum Überkauftniveu in der Hausse und der 20er Bereich zum Überverkauftniveau in der Baisse.

Fehlausschläge [187] treten auf, wenn der RSI oberhalb von 70 oder unterhalb von 30 steht. Ein Top Failure Swing ergibt sich, wenn ein Hochpunkt im RSI (über 70) nicht in der Lage ist, einen vorherigen Gipfel im Aufwärtstrend zu übersteigen, gefolgt von einem Abwärtsbruch des vorherigen Tiefs. Ein Bottom Failure Swing tritt auf wenn der RSI in einem Abwärtstrend (unter 30) liegt, und nicht in der Lage ist ein neues Tief zu setzen und dann über den vorherigen Hochpunkt ansteigt.

8.3.12.4 Stochastics

Der Stochastics basiert auf der Beobachtung, daß im Falle eines Kursanstieges die Kurse eher am oberen Ende der täglichen Schwankungsspanne notieren. Umgekehrt gilt in einem Abwärtstrend, daß die Kurse eher zum unteren Ende der Kursspanne tendieren.

Beim stochastischem Prozeß werden zwei Linien benützt, die %K-Linie und die %D-Linie. Die %D-Linie ist dabei die wichtigere und die, welche die

[187] engl. Failure Swings

primären Signale erzeugt. Das Ziel liegt dabei darin, zu bestimmen, wo in Relation zur Handelsspanne einer gewissen Anzahl von Tagen der jüngste Schlußkurs liegt. Die gebräuchlichste Zeitspanne dafür sind 5 Tage. Um die K-Linie zu ermitteln, die die sensitivere von beiden darstellt, verwendet man die folgende Formel:

%K = 100 ((C - L5) : (H5 - L5))

wobei C der letzte Schlußkurs, L5 das tiefste Tief der letzten 5 Tage und H5 das höchste Hoch derselben 5 Tage sind.

Die Formel mißt einfach als Prozentspanne zwischen 0 und 100, wo sich der Schlußkurs im Verhältnis zur gesamten Kursspanne der gewählten Anzahl von Tagen aufhält. Eine relativ hohe Zahl über 70 besagt dabei, daß sich die Kurse in der Nähe des Tops der Handelsspanne befinden, während ein geringerer Wert (unter 30) nahe dem Bottom der Handelsspanne auftritt. Die zweite Linie (%D) ist nur eine mit Hilfe eines 3-Tages Durchschnitts geglättete Version der %K Linie. Die Formel für %D ist dabei wie folgt:

%D = 100 * (H3 / L3), wobei H3 die Summe über 3 Tage von (C - L5) und L 3 die Summe über 3 Tage von (H5 - L5) ist.

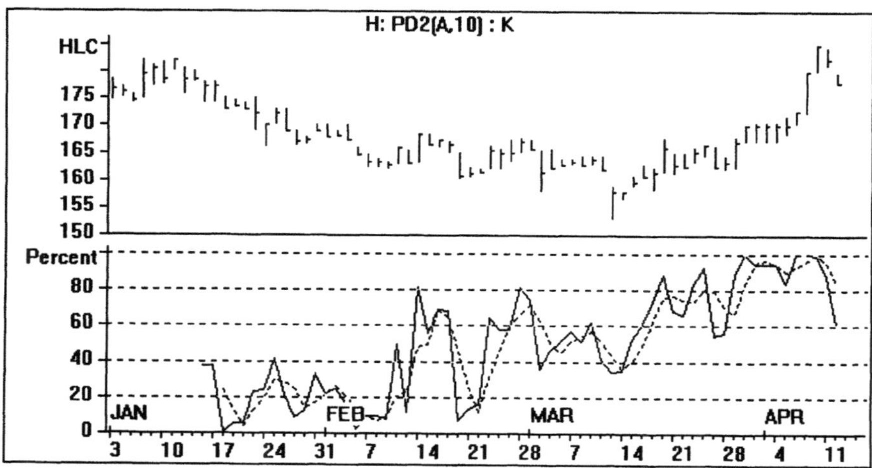

Abbildung 25: Stochastics mit 10 Tagen

Diese Formeln produzieren zwei Linien, die zwischen den vertikalen Werten 0 und 100 oszillieren. Die K-Linie ist eine durchgezogene Linie, während die langsamere D-Linie gestrichelt gezeichnet wird. Das primäre Signal, auf das man achten muß, ist eine Divergenz zwischen der D-Linie und dem Kurs des zugrundeliegenden Terminkontraktes, wenn sich die D-Linie in einem überkauften oder überverkauften Bereich befindet.

Die unteren und oberen Extremzonen entsprechen dabei mit 70 und 30 denselben Bereichen, wie sie auch beim RSI-Oszillator benützt werden.

Eine Baissedivergenz liegt vor, wenn die D-Linie über 70 notiert und zwei fallende Hochpunkte ausbildet, während sich die Kurse noch nach oben bewegen. Eine Haussedivergenz existiert, wenn die D-Linie unter 30 liegt und zwei steigende Tiefpunkte ausbildet, während sich die Kurse noch nach unten bewegen.

8.3.13 Intra-Day Point-and-Figure Charts

Der Point-and-Figure Chart ist eine Studie der reinen Kursbewegungen. Das bedeutet, er betrachtet den zeitlichen Aspekt nicht [188], während die Kursbewegungen aufgezeichnet wird. Wenn keine Kursänderung auftritt bleibt der Chart unverändert. Während aktiver Marktperioden kann es zu umfangreichen Aufzeichnungen kommen, wogegen bei ruhigem Markt kaum Einzeichnungen erfolgen. Ein wichtiger Unterschied zu anderen Chartmethoden ist die Behandlung des Volumens. Point-and-Figure Charts ignorieren die Volumenswerte als separaten Eintrag. Obwohl die Volumensangaben nicht separat aufgezeichnet werden, folgt daraus nicht, daß auf diesen Charts das Volumen oder die Handelsaktivität völlig verloren geht.

Da Intra-Day-Point-and-Figure Charts alle Kursbewegungen aufzeichnen, wird ein steigendes oder geringeres Volumen durch die Anzahl der Kursänderungen, die auf dem Chart dargestellt sind, reflektiert. Das Volumen ist ein wichtiger Faktor bei der Bestimmung der Macht von Widerstands- und Unterstützungsbereichen [189]. Point-and-Figure Charts sind daher auf Grund der Tatsache, daß sie die Kursniveaus festhalten, bei denen die Handelsaktivität stattfand, sehr nützlich. Die Methode der Kursdarstellung bei diesen Charts unterscheidet sich grundsätzlich von den bisher beschriebenen. Die Eintragungen in die Charts erfolgen durch Reihen von X's und O's (jeder Einzeleintrag ist eine Box). Die X-Kolonnen stellen steigende Preise dar, während die O-Kolonnen einen Preisabfall darstellen. Jedesmal wenn sich die X-Kolonne um ein Kästchen über die vorherige X-Kolonne bewegt, ergibt sich ein Aufwärtsausbruch. Entsprechend gilt, daß wenn eine Reihe fallender O's ein Kästchen unter die vorherige Reihe von O's setzt, ein Ausbruch nach unten stattgefunden hat. Diese Break-Outs [190] sind erheblich präziser als bei Bar-Charts. Diese Ausbrüche können natürlich als Kauf- und Verkaufssignale benützt werden.

Es gibt zwei Möglichkeiten um Point-and-Figure Charts zu variieren: Man ändert die Größe einer Box oder verwendet ein anderes Umkehrkriterium [191]. Point-and-Figure Charts können aber nicht nur für das kurzfristige Trading eingesetzt werden. Diese Technik kann im Rahmen jeder anderen zeitlichen

---

[188] Im Gegensatz zu allen anderen Chartformen, welche an einer Zeitachse auftragen

[189] siehe Kapitel 8.3.6.2. ff.

[190] engl. Ausbrüche nach oben oder unten

[191] die Anzahl von Boxen, die für eine Umkehr in die jeweils andere Richtung benötigt werden

Dimension erfolgreich benützt werden. P&F Charts können eingesetzt werden um die Kursbewegungen vieler Wochen und Monate zu analysieren. Alles was der Anwender dazu tun muß, ist die Boxgröße und die Anforderungen für das Reversal zu variieren.

8.3.14 Elliott-Wellen-Theorie

Die Elliott-Wellen-Theorie [192] geht insofern weiter als die traditionelle Chartanalyse, als sie eine Gesamtperspektive der Marktbewegungen ermöglicht und dabei hilft zu erklären, warum sich bestimmte Chartformationen entwickeln und was sie bedeuten. Daneben hilft sie dem Marktanalysten zu bestimmen, wo sich der Markt in seinem Gesamtzyklus befindet.

Es wurde schon erwähnt, daß der Großteil der technischen Analyse seiner Natur nach trendfolgend ist. Trotz all ihrer Vorzüge tendiert auch die Dow-Theorie dazu, ihre Signale erst zu geben, nachdem der Trend schon einige Zeit etabliert ist. Die Elliott-Wellen-Theorie gibt dem Analysten frühere Warnungen vor den Tops und Bottoms, die dann mit den eher traditionellen Ansätzen bestätigt werden können.

Es gibt drei wichtige Aspekte der Wellentheorie mit jeweils abnehmender Bedeutung: Formationen, Verhältnisse und Zeitspannen [193]. Der Begriff "Pattern" bezieht sich auf Wellenformationen die die wichtigsten Elemente der Theorie enthalten. Die "Ratio"-Analyse wird eingesetzt, um Korrekturpunkte und Kursziele durch Messungen der Verhältnisse zwischen unterschiedlichen Wellen zu bestimmen. Schließlich existiert eine zeitliche Beziehung, die dazu benützt werden kann, die Wellenformationen und Ratios zu bestätigen.
In ihrer rudimentärsten Form besagt die Theorie, daß der Aktienmarkt einem sich wiederholenden Rhythmus von fünf Wellen nach oben, gefolgt von 3 Wellen nach unten folgt. Die nächstfolgende Abbildung veranschaulicht die Wellentheorie.

---

[192] engl. Original "Elliott-Wave-Theory" nach Ralph Nelson Ellliott (1871 bis 1948)

[193] engl. Pattern, Ratio and Time

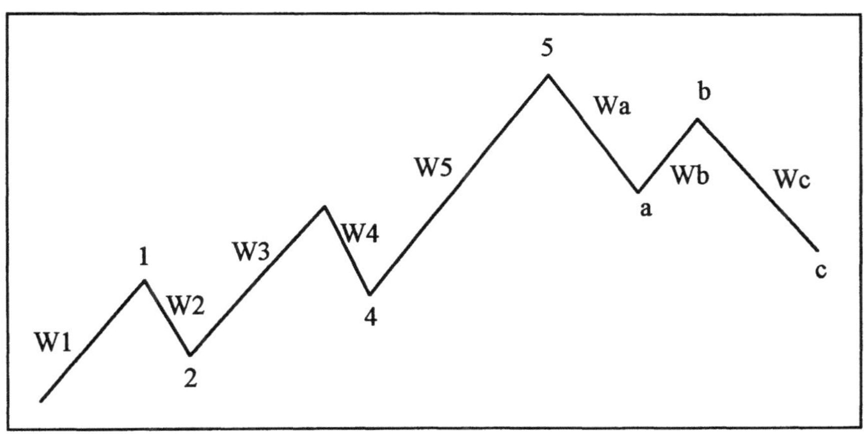

Abbildung 26: Eliott-Wellen-Theorie Basisformation

Die obige Abbildung zeigt einen kompletten Zyklus aus acht Wellen, fünf Aufwärts- und drei Abwärtswellen. Im steigenden Teil des Zyklus sind die Wellen numeriert. Die Wellen 1,3,5 die als Impulswellen bezeichnet werden, sind steigende Wellen, während die Werte 2 und 4 entgegen dem Aufwärtstrend laufen. Die Wellen 2 und 4 werden Korrekturwellen genannt, da sie die Wellen 1 und 3 korrigieren. Nachdem der 5-Wellen Anstieg vollendet ist, setzt die 3-Wellen Korrektur ein. Die drei Korrekturwellen werden mit den Buchstaben a, b und c bezeichnet. Neben der konstanten Form der unterschiedlichen Wellen ist jedoch immer noch die Art der Abstufung ein wichtiger Punkt. Es gibt unterschiedliche Trendabstufungen. Diese Trendkategorien reichen vom großen 200-jährigen Superzyklus bis zum Stundenzyklus. Der grundlegende 8-Wellen Zyklus bleibt konstant, unabhängig davon, welcher Grad von Trend untersucht wird. Jede Welle läßt sich in Wellen des nächst kleineren Grades zerlegen. Diese wiederum können in noch kleinere Wellen zerlegt werden. Daraus folgt natürlich selbstredend, daß jede Welle ihrerseits Teil der Welle des nächstgrößeren Grades ist [194].

Mathematische Grundlage für die Elliott-Wellen-Theorie sind die Fibonacci-Zahlen [195], d.h. 1, 2, 3, 5, 8, 13, 21, 34, 55, 89, 144 usw. bis zu unendlich. Diese Zahlenfolge weist eine Reihe interessanter Eigenschaften auf. Die Summe zweier aufeinander folgender Zahlen entspricht der nächst höheren Zahl, das Verhältnis einer Zahl zur nächsthöheren entspricht 0,618 oder zur

---

[194] siehe auch Ausführungen zur Fraktaltheorie in Kapitel 9.1. ff.

[195] Nach Fibonacci, Leonardo [italien.] (Leonardo von Pisa, Leonardo Pisano), * Pisa um 1170, ebd. nach 1240, italien. Mathematiker. Erster bed. Mathematiker des Abendlandes, dem er seine im Orient gesammelten mathemat. Kenntnisse vermittelte. Veröffentlicht in Liber Abaci (Buch der Kalkulationen)

nächstniedrigen Zahl 1,618 deren Kehrwert wieder 0,618 ist. Diese beiden Zahlen 0,618 und 1,618 waren bereits den alten Griechen und den ägyptischen Mathematikern bekannt. Diese Zahlen wurden beim Bau des Parthenon und der großen Pyramiden von Gizeh ebenso verwendet wie von Pythagoras, Plato und Leonardo da Vinci.

9. Zukünftige Entwicklungen

Die enormen Gewinnchancen aber auch Verlustrisiken in den internationalen Finanzmärkten beflügeln Finanzmathematiker, Informatiker und Analytiker neue Wege zur sicheren Prognostizierung von Kurs- und Preisentwicklungen zu suchen. Dieses Streben nach dem Blick in die Zukunft existiert seit es den Menschen gibt. Ebenso alt ist die Diskussion darüber, ob Zukunftsprognostik möglich ist oder alle Ansätze dazu Scharlatanerie sind. Genau diese kontroversielle Diskussion teilt die Experten in den Finanzmärkten in zwei Gruppen. Die einen sind von Prognostik mittels geeigneter Methoden überzeugt und treiben die entsprechenden Entwicklungen voran, wogegen die anderen jegliche Prognostik als dem Aufwerfen einer Münze (50:50 Chance) gleichwertig abqualifizieren.
Die nächsten Abschnitte dieser Arbeit befassen sich mit den derzeit neuesten Methoden und Entwicklungen der mathematischen, computergestützten Prognostik.

9.1 Chaos- und Fraktaltheorie

9.1.1 Pro und Kontra Wechselkursprognose

An den internationalen Devisenmärkten werden Tag für Tag weltweit Devisen im fast unvorstellbaren Wert von rund 740 Milliarden Dollar gehandelt. Da die von Devisenhändlern häufig benützten Chart-Techniken in diesem Markt häufig stark subjektiv geprägte Bewertungen notwendig machen, ist in den letzten Jahren die Suche nach alternativen Prognoseansätzen für Devisenkurse intensiviert worden. Die grundsätzliche Skepsis der Ökonomen gegenüber kurzfristigen Wechselkurs-Voraussagen ist, unter anderem durch die Übertragung der in der Physik und Biologie mit einigem Erfolg angewandten Chaos- und Fraktaltheorie auf die Finanzmärkte relativiert worden.

Mit einem täglichen Handelsvolumen von durchschnittlich einer 3/4 Billion US Dollar sind Devisen zweifellos die am aktivsten umgesetzten Finanzprodukte. Im Vergleich dazu nehmen sich die pro Tag weltweit grenzüberschreitenden Güter und Dienstleistungen im Wert von rund 15 Milliarden Dollar und auch die auf insgesamt rund 700 Milliarden Dollar geschätzten weltweiten Zentralbankreserven recht bescheiden aus. Auch ohne die Kernfrage zu untersuchen, warum die finanziellen die realen Transfers um ein Vielfaches übertreffen, kann man ohne Zweifel sagen, daß der Devisenhandel zu den liquidesten Finanzmärkten gehört. Ob die Devisenmärkte gleichzeitig effizient sind und über die Erwartungen der Marktteilnehmer auch die fundamentalen und langfristigen Determinanten [196] der einzelnen Währungen reflektieren, ist dagegen in den Wirtschaftswissenschaften umstritten. Während die einen die massive Aufwertung des Dollars gegenüber den wichtigsten europäischen Währungen (z.B. Verdoppelung gegen den Schweizer Franken) bis zur Mitte der 80er Jahre und die nachfolgende, noch größere Abwertung weitgehend auf reale Veränderungen zurückführen, werden diese großen Kursschwankungen von den anderen geradezu als Beweis für spekulative Übertreibungen an den Devisenmärkten angeführt.

Da Wechselkurse gleichzeitig die relativen Preise aller ausländischen Vermögenswerte und damit auch der Güter und Produktionsfaktoren beeinflussen, ist die Frage nach dem zukünftigen Preis der einzelnen und der Höhe der Wechselkursschwankungen nicht nur von akademischem Interesse. Bessere Wechselkursprognosen sicherten nicht nur höhere Spekulationsgewinne, sie wären auch als wichtige Entscheidungsgrundlage für langfristige Investitionen international operierender Unternehmen außerordentlich nützlich. Von Volkswirtschaftlern wird denn auch immer wieder erwartet, daß sie die zukünftigen Wechselkurse so genau als möglich prognostizieren. Die vielfach geringe Ausbeute bei Devisenkursprognosen muß nicht unbedingt am fachlichen Unvermögen der Ökonomen liegen. Vielmehr wird gerade in Fachkreisen seit langem bezweifelt, ob Wechselkurse überhaupt prognostizierbar sind. So hat etwa Prof. Norbert Walter [197] als profilierter Konjunkturprognostiker, vor kurzem Wechselkursvoraussagen schlicht und einfach als Scharlatanerie disqualifiziert.

9.1.1.1 Unstabile Reaktionsmuster

Tatsächlich kommt das Gros der wissenschaftlichen Beiträge der letzten Jahre zum wenig verheißungsvollen Schluß, daß die Treffsicherheit der herkömmlichen Prognoseverfahren im Devisenhandel ziemlich enttäuschend ist. Dies gilt insbesonders auch für die Resultate von Zeitreihenanalysen, bei denen die zukünftigen Wechselkursverhältnisse auf Grund zahlreicher makroökonomischer Determinanten [198] ermittelt werden. Weder die Wechselkursexperten sind sich über die wichtigsten Bestimmungsfaktoren einig, noch können sie sich eindeutig auf deren Wirkungsrichtung festlegen. Offenbar ändern sich auch die Reaktionsmuster dauernd, so daß kaum ein Wechsel-kursmodell über längere Zeit eine überdurchschnittliche Prognosefähigkeit aufweist.

---

[196] lat., einer quadrat. Matrix zugeordneter math. Ausdruck mit best. Zahlenwert, tritt v. a. (als Koeffizienten-D.) bei Auflösung linearer Gleichungssysteme auf.

[197] Chef-Ökonom der Deutschen Bank in Frankfurt

[198] Geldmenge der jeweiligen Länder, Realeinkommen, Zinsdifferenzen, Inflationsraten, Zahlungsbilanz-Ungleichgewichte etc.

Eine geringe Stütze für Devisenhändler und eher kurzfristig orientierte Anleger ist auch die Kaufkaft-Paritätentheorie. Die effektiven Wechselkurse können während mehrerer Jahre stark von den auf der Basis der Inflationsdifferenzen errechneten Paritätskursen abweichen. So konnte in den letzten Jahren beobachtet werden, daß der Dollar in der Regel vor allem dann aufgewertet wurde, als die US Inflation höher als die ausländische war. Zudem ist es fraglich, ob der Kaufkraft-Paritätskurs überhaupt als der fundamental gleichgewichtige Wechselkurs betrachtet werden kann, da dieses Konzept die in den letzten Jahren massiv angeschwollenen Kapitalströme vernachlässigt.

9.1.1.2 Marktgefühl und technische Analyse

Die meisten professionellen Marktteilnehmer an den Devisenmärkten kümmern sich recht wenig um fundamentale Wechselkursprognosen, sondern verlassen sich lieber auf ihr Marktgefühl und den richtigen "Riecher". Da auch die besten Devisenhändler wiederholt falsch liegen oder von unverhersehbaren Ereignissen überrascht werden können, werden im professionellen Geschäft offene Positionen in der Regel nur über kurze Zeit gehalten und meist über Nacht geschlossen. Die hohen Einsätze, die mit entsprechend großen Risiken bei Kursausschlägen verbunden sind, machen ein solches Verhalten unabdingbar. Um sich in der immer mehr anwachsenden Informationsflut mit ihrem Gespür überhaupt noch zurechtzufinden, stützen sich viele professionelle Devisenhändler zusätzlich auf technische Analysen und Chartmodelle ab. Da langfristige Wechselkursvorausagen für die Marktteilnehmer in einem kurzfristig orientierten Markt für Währungen von geringem Nutzen sind, hat sich auch die Informationstechnologie den spezifischen Bedürfnissen der Devisenhändler angepaßt. Gemäß einer international durchgeführten Umfrage und Analyse der Finanz- Fachzeitschrift "Euromoney" hat sich die Mehrheit der kommerziellen Anbieter von Wechselkurs-Prognosesystemen von fundamentalen Ansätzen auf die technische Analyse verlegt.

9.1.1.3 Random-Walk oder Chaos-Theorie

Während eingefleischte Chartisten auf ihren Ansatz schwören, stößt die Chartanalyse bei vielen Wirtschaftswissenschaftlern auf Skepsis, da das Lesen von Kurscharts oft mit stark subjektiven Bewertungen verbunden ist. Ein Grundgedanke der herkömmlichen Chartanalyse, daß in den historischen Marktdaten Informationen enthalten oder Muster erkennbar sind, welche Prognosen über die zukünftige Kursentwicklung zulassen, ist in der angewandten, wie auch der theoretischen Finanzmarktforschung wieder aufgenommen worden. Ausgangspunkt dieses neuen Ansatzes ist die Fragestellung, ob Wechselkurse einem Zufallspfad folgen und damit völlig unprognostizierbar sind oder ob sich hinter den chaotisch anmutenden Preisbewegungen nicht gewisse Muster verbergen, die Voraussagen zulassen. Das in diesem Buch beschriebene "Random-Walk-Modell" [199] wird von der Vorstellung getragen, daß kleinere und größere Informationsschocks über veränderte Erwartungen der Marktteilnehmer nicht vorhersehbare Kursbewegungen an den Finanzmärkten bewirken. Dabei wird angenommen, daß auf effizienten Märkten alle kursrelevanten Nachrichten umgehend verarbeitet werden, sodaß die aktuellen Kurse gleichzeitig die beste Prognose der zukünftigen Preise darstellen.

Wechselkurs-Prognostiker und Wirtschaftswissenschaftler, die sich mit dem für Analytiker eher resignativen "Random-Walk-Ansatz" nicht zufrieden geben wollten, erhielten in den letzten Jahren neue Impulse von der in der Physik und Biologie mit einigem Erfolg angewandten Chaos- und Fraktaltheorie. Dabei sind es nicht mehr primär Ökonomen, sondern vor allem mit diesem Ansatz bestens vertraute Physiker, welche das "Chaos" an den Finanzmärkten zu ergründen suchen. Mit anspruchsvollen statistischen und ökonometrischen [200] Methoden will man dem Geheimnis auf die Spur kommen, ob die Marktbewegungen nicht doch versteckte Muster und Strukturen aufweisen, die Prognosen über zukünftige Kursbewegungen zulassen.

9.1.1.4 Intra-Day Statistiken

Die Anwendung der Idee chaotischer Finanzmärkte mit verborgenen Strukturen setzt ein breites empirisches Datenmaterial voraus. Auf Grund der hohen Liquidität und der großen Anzahl von Abschlüssen erfüllen die Devisenmärkte diese Voraussetzung am besten und bieten sich daher als geeignetes Experimentierfeld für diesen neuen Ansatz an. Entsprechend haben Forschungsteams, die auf diesem Gebiet arbeiten, mehrjährige Datenbanken angelegt und die "Intra-Day" Kurse der wichtigsten Währungen "tick by tick" [201] über mehrere Jahre gesammelt. Pro Tag fallen mehrere tausend neue Wechselkursdaten an. Allein für den Dollar-DM Handel werden von externen Marktdatenlieferanten wie Reuters täglich rund 4.000 Kurse übermittelt.

Die statistische Analyse dieser umfangreichen Zahlenreihen brachte interessante Ergebnisse: Beispielsweise haben die Wissenschaftler der Olsen & Associates [202] in Zürich herausgefunden, daß es bei allen Wechselkursen eine Art Skalengesetz gibt, wonach die durchschnittlichen Preisänderungen der Devisen proportional zur Länge der beobachteten Zeitspanne zunehmen. Dabei konnte auch festgestellt werden, daß die Preisschwankungen bzw. die

---

[199] siehe Kapitel 8.3.3. ff.

[200] gr., moderner Zweig der Wirtschaftswissenschaft, der mit Hilfe mathematisch-statistischer Methoden anhand des wirtschaftsstatistischen Beobachtungsmaterials wirtschaftstheoretische Modelle und Hypothesen auf ihren Realitätsgehalt und Erklärungswert überprüft.

[201] jede einzelne Kursveränderung, gleich welcher Richtung und Stärke ist ein "tick"

[202] Research Institute for Applied Economics

Volatilitäten in den letzten 15 Jahren im Durchschnitt deutlich gestiegen sind. Die Verteilung der Preisänderungen erwies sich keineswegs als stabil, sondern hängt vielmehr stark von der Dauer der gewählten Zeitintervalle ab. Betrachtet man beispielsweise Abschnitte von 30 Minuten, so sind extreme Preisausschläge weit häufiger als bei längeren Zeitspannen. Wird das relevante Zeitintervall auf eine Woche ausgedehnt, nähern sich die Preisänderungen einer Normalverteilung.

9.1.1.5 Saisonale Muster

Die Marktstatistiken belegen, daß an den internationalen Devisenmärkten rund um die Uhr aktiv gehandelt wird. Auffallend ist auch, daß die Handelsaktivität (gemessen an der "tick" Aktivität), die absoluten Preisschwankungen und auch die Geld-Brief-Spannen "saisonale" Tagesmuster aufweisen. Die durchschnittliche Volatilität ist je nach Stundenintervall beispielsweise bis maximal fünfmal höher als das Tagesminimum. Teilweise können sogar die Gewohnheiten der Devisenhändler, wie die Lunch-Pausen der japanischen und europäischen Marktteilnehmer und die "Arbeitsessen" ihrer amerikanischen Kollegen, aus diesen Intra-Day Statistiken abgelesen werden. Vieles deutet darauf hin, daß in Zeiten mit hohen Volatilitäten in der Regel auch die Handelsvolumina hoch sind und umgekehrt. Zudem nehmen die Geld-Brief-Spannen durchschnittlich bei großen Umsätzen ab. Für Händler ebenfalls von großem Interesse dürfte das empirisch ermittelte Ergebnis sein, daß hohen Preisauschlägen in einer Richtung gemäß Untersuchungen in rund 40 % aller Fälle hohe Abweichungen der Kurse in die andere Richtung folgen.

9.1.1.6 Richtungs- und Volatilitätsprognosen

Moderne auf der Chaos- und Fraktaltheorie beruhende Wechselkurs-Prognosesysteme versuchen nicht nur die statistischen Kursdaten zu analysieren, sondern auch Prognosen zu erstellen. Dabei kann es nicht Ziel solcher Untersuchungen sein, unvorhersehbare Ereignisse, wie etwa Saddam Husseins Attacke auf Kuwait und die dadurch ausgelösten Kursbewegungen, vorauszusagen. Vielmehr wird angestrebt, die von solchen exogenen[203] Schocks ausgelösten "Kurswellen" zu prognostizieren. Dabei werden lediglich Richtungs- und nicht Punktprognosen gewagt. Allenfalls wird auch versucht, die Intensität der Kursbewegung in eine Richtung vorauszusehen. Ziel ist es, in mehr als 50 % aller Fälle eine richtige Voraussage zu machen, wobei die maximalen Prognosehorizonte bei drei Monaten liegen. Kann diese Vorgabe deutlich übertroffen werden, widerlegt sie eindeutig die Prognoseskeptiker mit ihrer 50:50 Münzenwurf-Aussage und kann wirtschaftlich relevant im Handel eingesetzt werden. Die Voraussagen werden mittels ökonometrischer Modelle gemacht, die eine beschränkte Anzahl von Variablen, wie Trend- und Trendumkehrvariablen, enthalten. Da die einzelnen historischen Zeitabschnitte

[203] gr., Außenwirtschaftlich, von aussen einwirkend

unter dem Gesichtspunkt der Handelsaktivität von unterschiedlicher Bedeutung sind, werden auch neue Zeitkonzepte benützt, die von der physischen Zeit abweichen, und mit denen statistische Probleme bei der Verwendung von Intra-Day-Daten eliminiert werden können.

Die Wellenbewegungen der Wechselkurse nach der Verbreitung wichtiger politischer oder wirtschaftlicher Informationen werden damit begründet, daß die Devisenmärkte eine gewisse Zeit benötigen, um neue Informationen zu verarbeiten. Diese graduelle Ineffizienz von Finanzmärkten läßt sich teilweise auch dadurch erklären, daß die verschiedenen Marktteilnehmer (z.B. Devisenhändler, Zentralbanken etc.) unterschiedliche Ziele verfolgen. In Frage gestellt wird von den Chaosprognostikern, ob sich immer alle Marktteilnehmer rational verhalten oder ob nicht gerade bei eigentlichen Informationsschocks ein gewisses Herdenverhalten dominiert, welches überschiessende Kursbewegungen erst auslöst.
Da empirisch beobachtet werden kann, daß die Schwankungsintensität der Wechselkurse berechnet auf eine Stunde während längerer Perioden andauernd hoch oder aber auch tief sein kann, wird vermutet, daß auch die Volatilität gewisse Strukturen aufweist. So konnte etwa festgestellt werden, daß die ermittelten Intra-Day Volatilitäten über einen Zeitintervall von rund 10 Tagen eine deutliche Autokorrelation [204] aufweisen. Die vergangene Volatilität hat demnach einen überraschend langfristigen Einfluß auf die zukünftige Schwankungsintensität. Entsprechend werden auch Prognosen über die Entwicklung der Volatilität der Devisenkurse gewagt, die falls sie zuverlässig sind, vor allem für die Preissetzung von Währungsoptionen ein nützliches und gewinnbringendes Hilfsmittel darstellen.

9.1.1.7 Neue Ansätze zur Wechselkursprognose

Die Möglichkeit, Volatilitäten mit Erfolg zu prognostizieren, wird auch in den Wirtschaftswissenschaften nach langjähriger Skepsis immer weniger bestritten. Wie einem 1991 veröffentlichten Aufsatz des Schweizer Ökonomieprofessors Dr. Peter Kugler [205] zu entnehmen ist, begegnet man dagegen eigentlichen Kursprognosen immer noch mit größeren Vorbehalten. Das Konzept des deterministischen Chaos [206] und die damit verbundene Vorstellung prognostizierbarer Kursbewegungen lassen sich nach Kugler theoretisch nur dann erklären, wenn angenommen wird, daß die Finanzmärkte ineffizient sind und ungenützte Gewinnmöglichkeiten bieten. Oder aber das richtige deterministische Modell kann, folgt man Kugler konsequent, infolge von zufälligen Schocks oder

[204] lat., automatische Wechselbeziehung

[205] Erschienen in "Economic and Financial Prospects", Swiss Bank Corporation, Oktober 91

[206] Zeitreihen die ein scheinbar chaotisches Verhalten zeigen

Veränderungen der Modellstrukturen von den untersuchenden Wissenschaftlern nicht gefunden werden.

Dies würde umgekehrt bedeuten, daß beispielsweise Fortschritte bei Wechselkursprognosen, die von den Marktteilnehmern wahrgenommen würden, die Informationseffizienz an den Devisenmärkten verbessern würden und sich natürlich in gewinnbringende Geschäfte umwandeln ließen. Noch stecken die auf der Chaos-Theorie beruhenden Ansätze der Wechselkursprognose in den Anfängen, so daß es zu früh sein dürfte, über deren Erfolg oder Mißerfolg zu urteilen und endgültig darüber zu befinden, ob Devisen oder allgemein Finanzmarktkurse einem "random walk" folgen oder aber voraussagbar chaotisch sind. Denkbar ist es auch, daß sich Finanzmarktkurse im weiten Spektrum zwischen Zufall und prognostizierbarem Chaos nur graduell voraussagen lassen, da sie sowohl von deterministischen als auch von zufälligen Elementen geprägt werden.

9.1.2 Eigenzeit

Reihenuntersuchungen der Wechselkursbewegungen innerhalb von 24 Stunden brachten an den Tag, daß der Weltmarkt drei ausgeprägte Schwerpunkte hat: Ostasien, Europa und Amerika. Die für diese Marktkomponenten entwickelten Aktivitätsmodelle deckten deutlich unterschiedliche Verhaltensweisen der Marktteilnehmer auf. Die Händler in Ostasien und Europa halten eine Mittagspause ein (Abnahme der Aktivität), während diejenigen in Amerika offensichtlich am Arbeitsplatz essen (keine Reduktion der Aktivität). Ferner ist der Aktivitätseinbruch in Ostasien weit größer als in Europa, was zeigt, daß die Händler in Ostasien ihr Mittagessen alle zur gleichen Zeit einnehmen, während die Händler in Europa individuell zu unterschiedlichen Zeiten zu Mittag essen.

Die Wechselkursbewegungen innerhalb eines Tages folgen also einem ganz bestimmten Muster. Während der Mittagszeit in Japan und am späten Nachmittag in Amerika (vor der morgendlichen Spitze in Ostasien) sind die Bewegungen relativ klein. Jedes Prognosemodell muß daher diesem wiederkehrenden Muster Rechnung tragen, will es erfolgreich sein. Die Erforschung der Preisbewegungen durch die Wissenschaftler von Olsen & Associates in Zürich hat aber gezeigt, daß der Einfluß der Zeit tiefer geht, als aus obigem Beispiel ersichtlich ist. Auf der Suche nach einem Modell, welches diesem Phänomen gerecht wird, erkannten die Forscher, daß sie sich von der physikalischen Zeitskala loslösen mußten. Eine Business-Zeitskala, die nur die Zeiten aktiver Märkte reflektiert, erwies sich als ungenügend. Die Lösung fand sich schlußendlich in dem weit komplexeren Konzept der Eigenzeit, deren Skala die Marktrelevanz eines bestimmten physikalischen Zeitabschnittes widerspiegelt. Die Marktrelevanz eines bestimmten physikalischen Zeitabschnittes ist durch die Größe der Zeitänderung bestimmt, die in diesem Zeitabschnitt beobachtet wird.

Aus eigener Erfahrung ist bekannt, daß das Zeitgefühl des Menschen nicht objektiv ist. Wenn nichts geschieht erscheint der Zeitablauf langsam, und wenn viel geschieht scheint die Zeit zu fliegen. Die langweiligen Zeiten sind nicht relevant und werden schnell vergessen, während die Zeiten, in denen etwas Wichtiges geschieht, in Erinnerung bleiben und gemäß der Relevanz des Ereignisses unser Verhalten beeinflussen. Ein Prognosemodell muß im Prinzip das gleiche tun: Um eine relevante Prognose zu machen, muß es sich der Vergangenheit gemäß ihrer Relevanz erinnern.

Bei der Transformation von physikalischer Zeit in Eigenzeit werden unwichtige Perioden verkürzt und wichtige gemäß ihrer Relevanz gedehnt. Auf diese Art wird das Gedächtnis des Prognosemodells vorwiegend von wichtigen Zeitabschnitten eingenommen und je relevanter eine Periode ist, desto stärker werden die in ihr erfaßten Daten gewichtet. Das Modell simuliert dann das Verhalten der Marktteilnehmer, deren Aufmerksamkeit sich mit steigender Volatilität drastisch erhöht.

9.1.3 Skalierungsgesetz

Die Forscher von Olsen haben in den Wechselkursbewegungen wiederkehrende Muster gefunden, die sich nur in ihrer Größe unterscheiden. Die Analyse dieses Phänomens hat ergeben, daß die durchschnittliche absolute Kursänderung innerhalb einer bestimmten Zeitspanne eine Funktion von deren Dauer ist. Sie steigt immer um denselben Faktor, ganz gleich ob die Zeitspanne von 10 auf 20 Minuten erhöht wird oder von einem auf zwei Tage, von einer auf zwei Wochen, oder von einem auf zwei Monate. Diese entdeckte Gesetzmäßigkeit deckt sich mit der Theorie der Fraktale, die Mandelbrot [207] in den 60er Jahren entwickelte, um Objekte zu analysieren, denen jegliche Struktur oder Ordnung zu fehlen scheint. In ihrer einfachsten Interpretation besagt diese Theorie, daß es in der Natur Prozesse gibt die Muster erzeugen, welche sowohl in einem kleinen Bereich (zum Beispiel Wechselkursbewegungen innerhalb eines Tages), als auch in einem großen Bereich (Wechselkursbewegungen innerhalb eines Monats) zu finden sind.

[207] Professor Benoit Mandelbrot, Massachusetts Institute of Technology (MIT)

Dies läßt sich auch an Hand von graphischen Darstellungen von Fraktalen beweisen, wie das nachfolgende Bild eines "Mandel" Fraktals beweist.

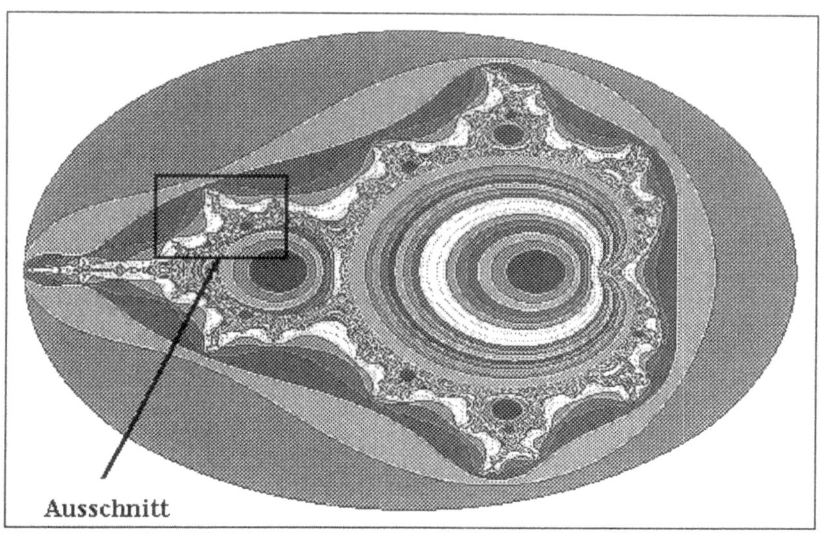

Abbildung 27: Fraktal nach Mandel Standard Formel

Dieses Fraktal wurde mit den folgenden mathematischen Parametern errechnet:
Fraktal Formel: Mandel Standard
Durchgangsmethode: S-Guess
Iterationen: 150
X_{min} = - 2.5000000000
X_{max} = + 1.5000115600
Y_{min} = - 1.5000050700
Y_{max} = + 1.500000000
X-Achse Rotation = 60 Winkelgrad
Y-Achse Rotation = 30 Winkelgrad

Die Kurvenformen der Gesamtstruktur sind "selbstähnlich" denen eines winzigen vergrößerten Abschnittes der Gesamtstruktur. Die nächste Abbildung zeigt eine vierzigfache Vergrößerung des linken oberen "Hornabschnittes".

Der dunkelblaue "See" der auf der ersten Abbildung noch völlig unspezifisch aussieht, beginnt eine ganz bestimmte Form anzunehmen. Das heißt er "entwickelt" sich als eigenständige Teilstruktur einer Gesamtstruktur. Noch ist er aber nicht als "selbstähnliche" Struktur zu identifizieren.

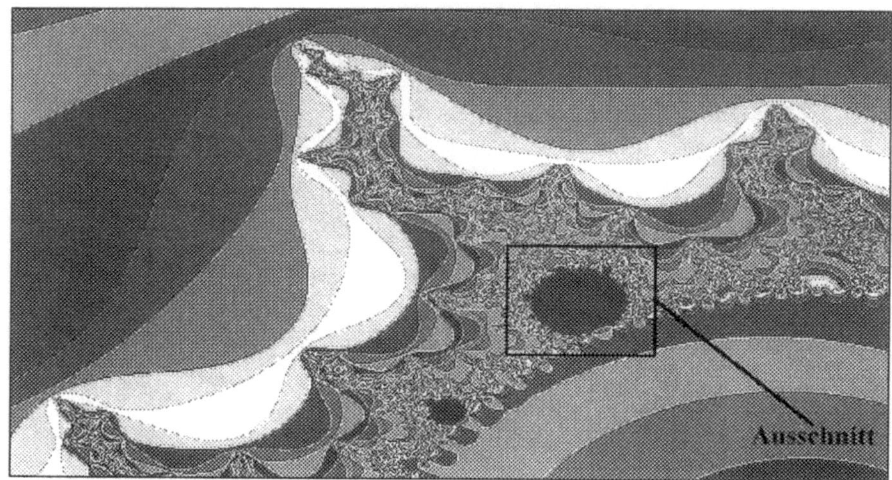

Abbildung 28: 40-fache Vergrößerung des Mandel-Fraktals

Um diese "selbstähnliche" Struktur, daß heißt die Wiederholung des Ganzen in seinen Teilmengen, deutlich heraustreten zu lassen, ist eine weitere starke Ausschnitt-Vergrößerung erforderlich. Die nächste Abbildung zeigt das Ergebnis dieser insgesamt 800-fachen Vergrößerung einer Teilmenge.

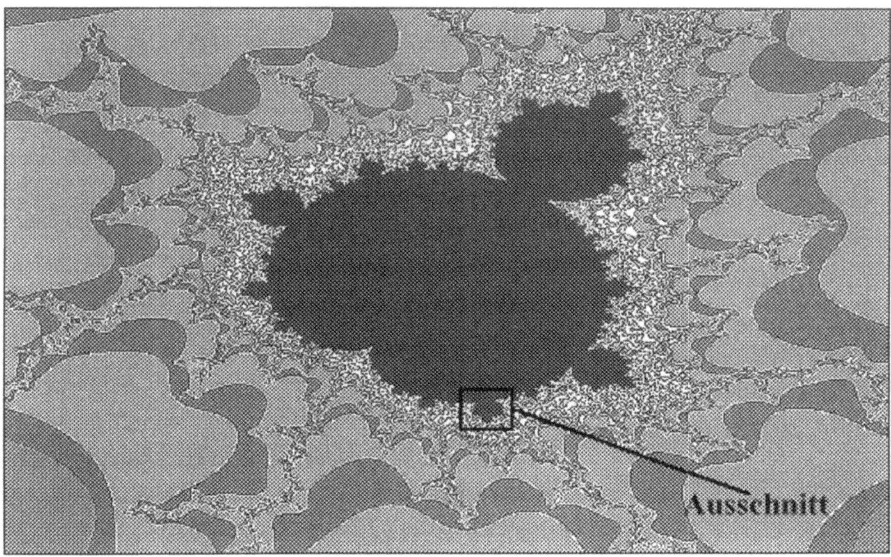

Abbildung 29: 800-fache Gesamtvergrößerung des Mandel-Fraktals

In dieser Abbildung ist die Wiederholung der Gesamtstruktur des linken Astes des Gesamtfraktals in der 800-fach vergrößerten "Insel" der Teilmenge bereits deutlich zu erkennen.

Bei einer weiteren Vergrößerung der vorherigen Abbildung um das 180-fache, und somit einer Gesamtvergrößerung vom Basisfraktal um den Faktor 14.400, findet sich in dem kleinen "See" rechts unten die Gesamtinformation wieder.

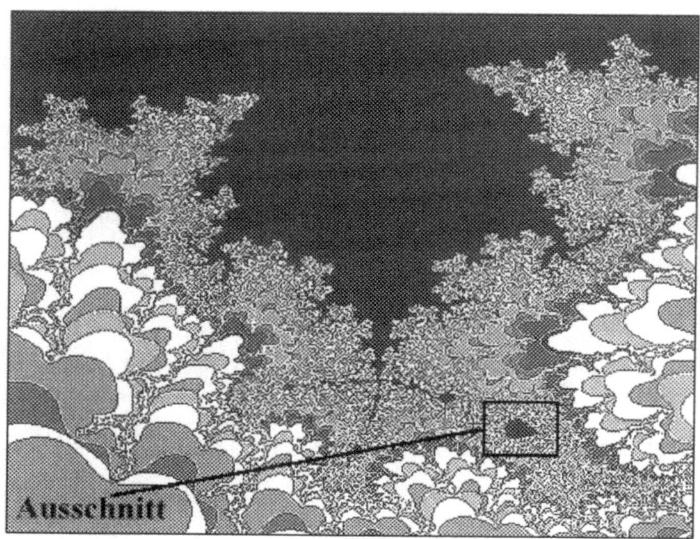

Abbildung 30: 14.400-fache Gesamtvergrößerung des Mandel-Fraktals

Bei einer weiteren Vergrößerung dieses kleinen "See's" rechts unten in der obigen Abbildung, würde sich in der resultierenden Darstellung wieder die "selbstähnliche" Abbildung aus der Gesamtdarstellung des Fraktals finden. Dieses Spiel mit weiteren Ausschnittsvergrößerungen kann theoretisch bis zur Unendlichkeit betrieben werden und wird immer wieder das gleiche Bild der sich wiederholenden "selbstähnlichen" Strukturen zeigen.

Diese "graphische" Beweisführung für das Skalierungsgesetz kann 1:1 auf die Vorhersage von Devisenkurs-Entwicklungen umgelegt werden. In scheinbarer Unordnung von Farbpunkten oder Devisenkursen in einem vermeintlichen Chaos, finden sich eindeutig einer Gesetzmäßigkeit folgende, wiederkehrende Formationen, welche die Richtigkeit des Skalierungsgesetzes belegen.

9.2 Fuzzy Logic

Vor kurzem tauchten fast unbemerkt vom Rest der Welt, in Japan immer mehr Produkte auf, die das Wörtchen "Fuzzy" in ihrem Namen tragen. Ein wichtiges Anwendungsgebiet für Fuzzy Logic sind Expertensysteme. Die neue Technologie erlaubt hier, menschliche Taktiken der Entscheidungsfindung angemessen zu berücksichtigen. Gerade die Forderung nach Genauigkeit, die der mathematischen bzw. binären Logik innewohnt, macht es dieser Logik fast unmöglich, menschliches Denken nachzuvollziehen. Die meisten Symbole menschlichen Denkens sind in ihrer eigentlichen Bedeutung "unscharf", wie zum Beispiel "groß", "oft", und dergleichen mehr. Diese Einschätzungen hängen oft vom jeweiligen Zusammenhang sowie von der handelnden Person selbst ab. Aber gerade diese Un-Präzision ermöglicht es dem Menschen, selbst in Situationen in denen nur unvollständige oder teilweise widersprüchliche Informationen zur Verfügung stehen, Entscheidungen zu fällen. Durch den hohen Grad der Abstraktion gelingt es Wichtiges von Unwichtigem zu trennen und komplexe Probleme zu vereinfachen. Da menschliches Denken hauptsächlich in den Symbolen der Sprache, wie z.B. "groß" oder "oft", erfolgt, nennt die unscharfe Mengenlehre diese Begriffe auch linguistische Variablen. In der unscharfen Logik wird die klassische (mathematische, binäre) Logik um Begriffe wie "ziemlich wahr" oder "recht unwahr" erweitert. Was im ersten Moment wie ein Alptraum für jeden Informatiker aussieht, ist jedoch die Grundlage einer exakten Wissenschaft, der Fuzzy Set Theorie.

Fuzzy Logic ist aber weder eine japanische, noch eine junge Erfindung, sondern sie wurde bereits vor über 25 Jahren von Professor Lotfi Zadeh an der Universität von Berkeley in Kalifornien, entwickelt. Weiterentwickelt wurde die Theorie zunächst in Europa. In England beschäftigte man sich vorwiegend mit den mathematischen Aspekten, wogegen man in Deutschland versuchte durch empirische Studien die Tauglichkeit der Theorie für die Abbildung des menschlichen Verhaltens auszuloten. Als die Japaner das Potential dieser Entwicklung erkannten, reagierten sie wie gewohnt mit großem Aufwand.

So überzeugend die Konzepte und Anwendungsbeispiele der Fuzzy Set Theory auch sind, ein Problem, nämlich der relativ hohe Rechenaufwand bleibt bestehen. Computer, d.h. Digitalrechner, sind auf binäre Operationen hin ausgerichtet und haben die binäre Logik mehr oder weniger festverdrahtet in ihren Prozessoren [208]. Seit einigen Jahren versucht man daher Rechnerarchitekturen zu verwenden, die auf "Unschärfe" ausgerichtet sind. Es sind dies die altbekannten Analogrechner. Während die ersten Fuzzy-Analogrechner

[208] siehe Kapitel 5.1. ff.

noch auf Transistortechnik aufgebaut waren, treten heute entweder Signalprozessoren oder sogenannte Fuzzy-Chips in Aktion.

9.2.1 Arten der Unschärfe

In den Naturwissenschaften und den Wirtschaftswissenschaften erfolgt die mathematische Modellierung von Sachverhalten üblicherweise durch das Instrumentarium der klassischen Mathematik. Mathematisch exakt formulierte Modelle erfordern eine Reihe von Idealisierungen, um von einem konkreten Anwendungsproblem zu dem entsprechenden formalen Ansatz zu gelangen.

Ein Aspekt derartiger Idealisierungen ist die Annahme, über alle relevanten Daten verfügen zu können. In der Praxis der Finanzwirtschaft zeigt sich aber, daß es unmöglich ist, alle Daten aus sämtlichen relevanten Bereichen mit ausreichender Genauigkeit für prognostische Zwecke zur Verfügung zu stellen. Außerdem kann der Fall vorliegen, daß für bestimmte Kenngrößen der Finanzmärkte keine objektive Bewertung vorgenommen werden kann, weil die Kenngröße lediglich Nominalskalen- bzw. Ordinalskalenniveau aufweist. Die Nützlichkeit der Mathematik für Zwecke der prognostischen Modellierung steht außer Zweifel. Jedoch kann die unbedachte Anwendung mathematischer Methoden für Kursprognosen in den Finanzmärkten zu falschen Ergebnissen führen, da implizit die exakte Bereitstellung der Modellparameter vorausgesetzt wird. Die Anwendung klassischer mathematischer Modelle ist daher für Zwecke der Kursprognostik nur beschränkt geeignet, insbesonders weil die zwei folgenden Probleme auftauchen:

- Reale Situationen sind oft nicht eindeutig und klar abgrenzbar und können nicht ausreichend präzise beschrieben werden.
- Die umfassende Beschreibung eines realen Systems erfordert mehr detaillierte Daten als ein Anwender gleichzeitig erkennen, verarbeiten und verstehen kann.

Zadeh führt zum zweiten Punkt aus, daß mit steigender Komplexität eines Systems die menschliche Fähigkeit abnimmt, genaue und bedeutsame Aussagen über das Verhalten des Systems zu treffen, bis ein Punkt erreicht ist, an dem Genauigkeit und Bedeutung[209] sich beginnen gegenseitig auszuschließen. Reale Situationen in den Handelsbereichen sind oft von Ungewißheit und Unsicherheit geprägt. Dazu kommen Schwierigkeiten bei der Beschreibung solcher Situationen, welche auf Unzulänglichkeiten der "natürlichen" Sprache zurückzuführen sind. Ausdrücke in natürlicher Sprache sind häufig vage und beschreiben eher ein Gefühl als einen realen, meßbaren Zustand. Beispiele dafür sind Feststellungen wie "Fester Markt", "Schwacher Kurs", "Geringes Volumen", "Kaufunlust", etc.

---

[209] Relevanz

In diesem Zusammenhang kann man grob zwei Arten von Unschärfe feststellen. Diese sind die "intrinsische [210] Unschärfe" und die "informatorische Unschärfe". Erstere wird durch das Beispiel "Geringes Volumen" deutlich. Selbst wenn der Begriff im Kontext richtig verstanden wird, ist doch eine Quantifizierung (z.B. 100.000 Stück) erforderlich, damit ein objektiver Vergleichsmaßstab gegeben ist. Ein Beispiel für zweitere ist der Begriff "Kaufunlust" welcher sich aufgrund seiner Mehrdimensionalität einer direkten Messung entzieht. Zum Zwecke einer Lösung müssen daher Deskriptoren [211] gefunden werden, welche eine näherungsweise Bestimmung erlauben.

Diese Beispiele veranschaulichen die Problematik exakter mathematischer Modelle bei der Darstellung und Verarbeitung unscharfer Informationen (wie zum Beispiel Wirtschaftsnachrichten). Einen Ausweg aus dieser Situation verspricht die Theorie der unscharfen Mengen [212], die im Laufe der Jahre seit 1965 laufend weiterentwickelt wurde und heute als weitgehend abgeschlossen gilt. Zadeh erkannte die Probleme bei der Modellierung menschlichen Wissens, die auf die Mehrdeutigkeit der Umgangssprache und auf die Ungenauigkeit menschlicher Urteile zurückzuführen sind. Zusätzlich zu den scharfen Mengen führte er daher die unscharfen ein, die auch als "Fuzzy-Sets" bezeichnet werden.

Herausragendes Kennzeichen scharfer Mengen ist die Eindeutigkeit in der Zuordnung von Objekten zu einer Menge. Für jedes Objekt läßt sich genau bestimmen, ob es zu einer bestimmten Menge gehört oder nicht. Der Nachteil derartiger scharfer Abgrenzungen ist klar: Sachverhalte aus der realen Welt, die unpräzise und unscharf vorliegen, lassen sich nicht oder nur sehr schlecht abbilden. Zusammengefaßt stellt die Theorie der unscharfen Mengen ein mathematisches Konzept zur Verfügung, das den traditionellen Mengenbegriff erweitert und damit die Darstellung und Verarbeitung unscharfer Informationen überhaupt erst ermöglicht.

9.2.2 Grundlagen problemlösenden Denkens

Der handelnden Teilnehmer an den Finanzmärkten stehen ständig Situationen gegenüber, in denen sie urteilen und entscheiden müssen, um Probleme oder Aufgaben zu lösen. Dieses Problemlösen stellt erhebliche Anforderungen an die humankognitive Informationsverarbeitung. Dies gilt insbesonders dann, wenn komplexe Ziele vorliegen, viele Handlungsalternativen denkbar und Konsequenzen in zahlreichen Dimensionen abzuwägen sind. Der Erfolg einer Entscheidung hängt davon ab, wie gut die einzelnen Phasen der Informations-

[210] Intrinsischer Wert, ist der innere Wert

[211] ein Wort, mit dessen Hilfe der Inhalt eines Dokuments oder einer Datei bezeichnet wird

[212] engl. Fuzzy Set Theory

verarbeitung [213] gelingen. Dabei kann es häufig zu einer Überforderung des menschlichen Leistungsvermögens kommen, insbesonders dann, wenn die Informationsmenge (wie in den Finanzmärkten) sehr groß und die Gewichtung der Teilinformationen aufgrund unscharfer Eigenschaften schwierig ist.
Dieser Abschnitt behandelt die denkpsychologischen Grundlagen des Problemlösens als Basis für die Definition unscharfer Entscheidungsmodelle.

Im Sinne der Informationsverarbeitungstheorie des Problemlösens handelt es sich um ein Problem, wenn ein Ausgangszustand nicht in einen anderen gewünschten Zustand übergeführt werden kann, ohne daß Operatoren zum Einsatz kommen. Ein Problem liegt dann vor, wenn ein Problemlöser von seinem Ist- bzw. Ausgangszustand nur durch Überwindung eines Hindernisses, der sogenannten "Barriere", in den gewünschten Zielzustand gelangen kann. Dabei unterscheidet man zwischen Interpolations-, Synthese- und dialektischen Barrieren.

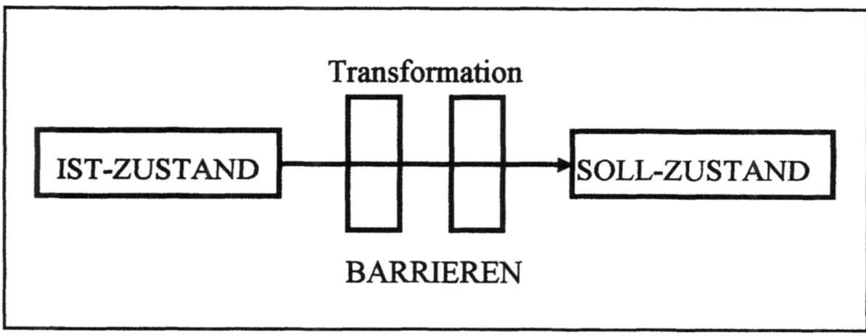

Abbildung 31: Problemlösungsweg

Die Aufgabe unterscheidet sich vom Problem durch das Fehlen einer Barriere. So hat ein Mensch der die Grundrechnungsarten nicht gut beherrscht, ein Problem, wenn von ihm verlangt wird einen Kurs zu errechnen. Im Gegensatz dazu wird es für einen Devisenhändler nur eine leichte Aufgabe darstellen. Dieses Beispiel zeigt, daß dieselbe Situation sowohl eine Aufgabe als auch ein Problem darstellen kann, je nachdem, ob aufgrund erworbener Erfahrung die Barriere fehlt oder sie mangels Wissen nicht überwunden werden kann.

Unter Problemlösen versteht man das Bestreben, einen gegebenen meistens unbefriedigenden Zustand [214], in einen anderen gewünschten Zustand [215] zu überführen, wobei es gilt eine Barriere zu überwinden, welche sich zwischen

[213] Informationssuche, Informationsbewertung, Informationsverknüpfung

[214] Ausgangszustand oder Istzustand

[215] Zielzustand oder Sollzustand

Ist- und Sollzustand befindet. Der Problemlösungsprozess ist also eine Annäherung des subjektiven Problemraums an die objektive Problemstruktur.

Analog ist das Aufgabenlösen zu verstehen. Der Unterschied ist nur, daß der Aufgabenlöser ohne Einsatz von barriereüberwindenden Operationen aus seinem Ist- in den gewünschten Zielzustand übergehen kann. Daß das menschliche Problemlösen in der künstlichen Intelligenz (KI)[216] als Modell benützt wird, kommt darin zum Ausdruck, daß KI-Forscher [217] sowohl auf dem Gebiet der Informatik als auch auf dem Gebiet der Psychologie Anerkennung finden. Von beiden Disziplinen, der kognitiven Psychologie und der KI-Forschung, wird die Ansicht vertreten, daß das Lösen von Problemen ein Informations-Verarbeitungsprozeß ist.
Betrachtet man Problemlösen als Informationsverarbeitung, so müssen als Voraussetzung diverse Differenzierungen getroffen werden. Diese betreffen insbesonders die Dreiteilung des Wissens zum Lösen von Problemen in Fakten, Operations- und Bewertungswissen. Verwendung findet hierbei der Begriff des Heurismus [218], unter dem Dörner [219] ein Verfahren zur Lösungsfindung versteht, das heißt eine bestimmte Abfolge elementarer geistiger Operationen. Somit können Heurismen zur Überwindung von Barrieren und damit zur Lösung von Problemen beitragen.

9.2.3 Begriff der Unschärfe

Viele Problemstellungen in der Praxis liegen in einer Form vor, die zunächst eine mathematische Formulierung nicht zuläßt. Der Grund liegt oft in der Unschärfe der Problemformulierungen, die sich nicht unmittelbar in die scharfe (präzise) mathematische Schreibweise übertragen läßt. Dies läuft darauf hinaus, daß nur wenige Aussagen im täglichen Leben entweder ganz falsch oder ganz wahr sind. In diesem Zusammenhang tauchen die Begriffe "Dichotomie" [220] und "Ambiguität" [221] auf. Abhängig von der Problemstellung kann eine Variable die Eigenschaften der Dichotomie oder der Ambiguität aufzeigen. Um die Frage ob die Zahl 1 größer als die Zahl 0 ist, gibt es zwei Antwort-alternativen (ja/nein) die sich gegenseitig ausschließen (dichotom). Wird dagegen gefragt ob ein Aktienkurs "hoch" ist, so läßt sich keine genaue Aussage treffen. Man kann auf diese Frage zwar ebenfalls mit ja bzw. nein antworten, wird dabei jedoch nicht mit der gleichen Sicherheit antworten

---

[216] engl. AI für Artificial Intelligence

[217] wie z.B. Simon und Newell

[218] gr., method. Anleitung, Neues zu [er]finden; heuristische Prinzipien, vorläuf. Annahmen der Forschung, von denen man neue Erkenntnisse erhofft

[219] D. Dörner, 1979

[220] lat., Zweiteiligkeit, d.h. entweder das oder jenes

[221] lat., Zweideutigkeit, d.h. sowohl das als auch jenes

können, als wenn man gefragt würde ob ein Aktienkurs höher als der gestrige Schlußkurs sei.
Es gibt viele Arten der Unschärfe. Bei Richter [222] findet sich eine Aufteilung in subjektive Unschärfe (Vagheit) und objektive Unschärfe (Unsicherheit) vor, während Zimmermann [223] eine Dreiteilung vorschlägt.

9.2.3.1 Unschärfe nach Richter

Mit subjektiver Unschärfe ist die bei dem einzelnen Problemlöser selbst liegende Unschärfe gemeint. Ausprägungen sind zum Beispiel die sensorischen Unsicherheiten, da die Sinnesorgane des Menschen nicht normiert sind und individuell auf Reize reagieren. Weiterhin kann sich subjektive Unschärfe in begrifflichen und linguistischen Unsicherheiten widerspiegeln. Eine weitere Ausprägung stellen subjektive Wahrscheinlichkeiten dar, wie z.B. "Ich werde heute wahrscheinlich sehr vorsichtig disponieren". Unter objektiver Unschärfe bzw. Unsicherheit versteht Richter Aussagen, deren Information eigentlich scharf und präzise ist, die aber durch verschiedene Ursachen dem Problemlöser nicht genau bekannt sind. Beispiele hierfür sind zum einen numerische Ungenauigkeiten und zum anderen statistische Aussagen.

9.2.3.2 Unschärfe nach Zimmermann

Zimmermann unterscheidet zwischen den folgenden Arten von Unschärfe:

- Stochastische Unschärfe
  Diese Art der Unschärfe beruht auf statistischen Aussagen. Ein Beispiel hierfür wäre die Feststellung " Nur 10 % aller Futures-Transaktionen führen zu Verlusten".
- Lexikalische Unschärfe
  Diese auch sprachlich genannte Unschärfe ist vor allem als subjektive Unschärfe zu verstehen.
- Informationale Unschärfe
  1. Informations-Überflutung
  Zu viele Informationen über eine Sache können dazu führen, daß der Problemlöser Schwierigkeiten hat, relevante von unrelevanten Informationen zu unterscheiden und nach einer Auswahl wichtige Informationen nicht berücksichtigt.
  2. Fehlende Informationen
  Diese Art der Unschärfe entsteht, wenn der Problemlöser bei seiner Entscheidung eigentlich Informationen berücksichtigen soll, die ihm nicht oder nicht vollständig zur Verfügung stehen. Die Frage die sich daraus ableitet, ist die, ob und wie solche Informationen bei der Entscheidungsfindung mit einfließen sollen.

---

[222] vgl. Richter, M., 1989

[223] vgl. Zimmermann, H.-J., 1977

Im Rahmen des Themas dieser Arbeit hat überwiegend die oben genannte informationale Unschärfe Bedeutung für Problemlösungsprozesse. Teilweise liegt aber auch eine zusätzliche stochastische [224]Unschärfe in Kombination vor. Mit Unschärfe ist hier jedoch weder eine Ungenauigkeit, aufgrund ungenügender Meßmethoden, noch die im stochastischen Sinne mancher Aussagen liegende, oft unbefriedigende Aussagekraft gemeint, wie zum Beispiel " Es wird morgen mit einer Wahrscheinlichkeit von 0,75 zu Kursanstiegen an der Börse kommen".

Die Axiome [225] der Theorie unscharfer Mengen (Fuzzy-Logik-Theorie) unterscheiden sich grundlegend von den Axiomen der Wahrscheinlichkeitstheorie. Unschärfe in diesem Zusammenhang ist so zu verstehen, daß der Problemsteller nicht die Möglichkeit besitzt, eine Zielfunktion oder Restriktion exakt zu definieren, oder aber das gesamte Problem unscharf zu beschreiben. Beispiele für solche Aussagen sind " Bei der nächsten Transaktion muß die Spanne höher sein", beziehungsweise " Bei der nächsten Transaktion muß ich mich besser absichern". Die Unschärfe in diesen beiden Aussagen spiegelt sich in den Begriffen "höher sein" und "besser absichern" wider.
Die Theorie der unscharfen Mengen kann die Anwendung quantitativer Methoden auf die Lösung realer Entscheidungsprobleme wesentlich vereinfachen und verbessern.

9.2.4 Unscharfe Entscheidungsprobleme

Die Entscheidung für eine Alternative kann in der klassischen normativen Entscheidungstheorie als eine Art Schnittmenge angesehen werden, zwischen der Menge der zulässigen Lösungen und der optimalen Lösungen. Optimal wird in diesem Zusammenhang jedoch mit der Suche nach dem Maximum, in der Menge der zulässigen Lösungen, gleichgesetzt. Analog dazu definiert Zimmermann die unscharfe Entscheidung folgendermaßen: Die Zielvorstellung wird als unscharfe Menge formuliert. Der Lösungsraum wird ebenfalls durch eine unscharfe Menge formuliert, die sich durchaus als Schnittmenge mehrerer unscharfer Mengen oder Restriktionen ergibt. Das Ergebnis des Entscheidungsproblems, d.h. die Entscheidung selbst stellt wiederum eine unscharfe Menge dar. Diese Entscheidung wird zudem charakterisiert durch eine Zugehörigkeitsfunktion.

Bei unscharf formulierten Entscheidungssituationen besteht eine vollkommene Symmetrie zwischen Nebenbedingungen und Zielfunktionen, die darin besteht, daß sowohl Ziele als auch Beschränkungen in Form unscharfer Mengen

---

[224] die Eigenschaft eines Prozesses, nicht streng deterministisch, sondern vom Zufall abhängig zu sein

[225] gr., unmittelbar einleuchtender Grundsatz, der seinerseits nicht mehr begründbar ist und als unbestreitbare Lehrmeinung akzeptiert wird

formuliert werden können, und daß sich die Entscheidung als eine Schnittmenge aller Ziele und Restriktionen ergibt. Ziele und Restriktionen sind dabei aber nicht unbedingt auf Teilmengen desselben Satzes von Handlungsalternativen beschränkt, sondern können unscharfe Mengen in verschiedenen Räumen sein.

Die bisher angesprochenen Beschreibungen von Systemen oder Problemstellungen stellen ein methodisches Instrumentarium dar, welches auf der einen Seite eine der realen Situation adäquate Formulierung zuläßt und das auf der anderen Seite eine Anwendung effizienter mathematischer Lösungsmethoden gestattet. Diese Bedingungen sind bestenfalls dann erfüllt, wenn sich der reale Sachverhalt durch deterministische [226] Modelle beschreiben läßt. Dies impliziert jedoch im allgemeinen, daß der zu formulierende Tatbestand eine Entweder-Oder Struktur aufweist; beispielsweise, daß scharf definiert werden kann welche Lösungen zulässig und welche unzulässig sind, welche schlechter und welche besser sind.

Situationen, in denen eine solche scharfe Beschreibung nicht möglich ist, werden von Rödder/Zimmermann [227] wie folgt festgelegt:

- Stochastische Systeme bzw. Entscheidungssituationen bei Ungewißheit.
- Situationen oder Systeme, die zum Teil unscharf zu beschreibende Phänomene umfassen.
- Situationen, in denen die Unschärfe menschlicher Empfindung eine wesentliche Rolle spielt.
- Situationen oder Systeme, in denen die Interdependenzen [228] zwischen den einzelnen Komponenten nicht scharf zu formulieren sind.
- Situationen oder Systeme, in denen Informationen verarbeitet werden müssen, obwohl ihre Feststellung nicht oder nur teilweise möglich ist

Das nächste Kapitel versucht die bisherigen Ausführungen zum Einsatz der Theorie unscharfer Mengen auf ein Praxismodell anzuwenden.

9.2.5 Fuzzy Logic Entscheidungssystem für Aktienhandel

Dem Grundthema dieser Arbeit folgend ist dieses Anwendungsbeispiel aus dem Bereich der Finanzanalyse gewählt. Das System soll nach vorgegebenen Einflußgrößen entscheiden, ob eine Aktie zu kaufen oder zu verkaufen ist.

9.2.5.1 Aufgabenstellung

Mit Hilfe von Verfahren aus der Aktienanalyse [229] soll entschieden werden, ob eine Aktie gekauft oder verkauft wird. Dabei sollen Verfahren aus den beiden

---

[226] lat., Begriffsbestimmung, zwangsläufige Bestimmung, begrenzen, bestimmen, entscheiden.

[227] vgl. Rödder, W./Zimmermann,H.-J., 1977

[228] gegenseitigen Abhängigkeiten

[229] siehe Kapitel 8.3. ff.

traditionellen Richtungen der Aktienanalyse, der fundamentalen- und der technischen Analyse zur Kauf/Verkaufsentscheidung herangezogen werden.
Wie an anderer Stelle bereits eingehend erläutert, unterstellt die Fundamentalanalyse, daß der Kurs einer Aktie durch interne Unternehmensdaten und durch externe rational-fundamentale Einflußgrößen bestimmt wird. Mit Hilfe dieser Daten wird versucht, den sogenannten inneren Wert [230] einer Aktie zu berechnen. Weicht der innere Wert vom aktuellen Kurs der Aktie ab, so ist zu erwarten, daß sich der Kurs dem inneren Wert der Aktie nähert.

Im Gegensatz zur fundamentalen Analyse versucht die technische Analyse aus der Bewertung vergangener Kurs- und Umsatzverläufe eine Aussage über die technische Verfassung der beobachteten Aktie zu treffen, um hieraus eine Kauf- oder Verkaufsentscheidung abzuleiten. Die wichtigsten Methoden der technischen Analyse sind die Trendanalyse [231], die Formationsanalyse und die Berechnung von Indikatoren zur frühzeitigen Anzeige einer Trendumkehr.

Im folgenden Beispiel werden verschiedene Methoden aus dem Bereich der fundamentalen und technischen Aktienanalyse als Entscheidungsgrundlage für den Kauf oder Verkauf einer Aktie dargestellt. Dies sind im einzelnen:

1. Kurs/Gewinn Verhältnis (KGV) [232]
   Das KGV ist die populärste Kennzahl der Fundamentalanalyse. Sie wird als Preismaßstab für eine Aktie angesehen. Eine Aktie ist umso billiger je niedriger ihr KGV ist und umgekehrt. Das KGV ist definiert als Quotient aus dem aktuellen Aktienkurs und dem ausgewiesenen Gewinn pro Aktie der laufenden Periode:
   $$KGV = \left(\frac{Si}{Gi}\right)$$
   S_i ist der aktuelle Aktienkurs der Aktie I
   G_i ist der ausgewiesene Gewinn der laufenden Periode der Aktie I

2. Relativer Stärke Index (RSI) [233]
   Der RSI stellt einen, rein auf Preisen basierenden, Indikator aus dem Bereich der technischen Aktienanalyse dar. Er soll die innere Stärke einer Kursbewegung messen und Trendumkehren im kurzfristigen Bereich erkennen. Die Gleichung zur Berechnung des RSI lautet:
   $$RSI = 100 * \left(\frac{U}{U + D}\right)$$
   U ist das arithmetische Mittel der Kursgewinne der letzten x-Tage

[230] engl. Intrinsic value

[231] siehe Kapitel 8.3.6. ff.

[232] siehe Kapitel 8.2.3. ff.

[233] siehe Kapitel 8.3.12.3. ff.

D ist das arithmetische Mittel der Kursverluste der letzten x-Tage
Zur Berechnung des Indexes werden üblicherweise 9,11,14 oder 25 Tage verwendet.
Der RSI kann auf verschiedene Art und Weise interpretiert werden. Im angeführten Beispiel wird nur eine Interpretation verwendet. Der Index bildet Höchst- und Tiefstpunkte aus. Überschreitet er einen Wert von 70 %, so wird sich der bestehende Aufwärtstrend wahrscheinlich nicht fortsetzen, wobei die Wahrscheinlichkeit für diese Prognose mit zunehmenden RSI steigt. Unterschreitet der Index einen Wert von 30 %, so ist es wahrscheinlich, daß ein bestehender Abwärtstrend umgekehrt wird, wobei die Wahrscheinlichkeit mit abnehmendem RSI steigt.

3. Differenz des Aktienkurses zu seinem gleitenden Durchschnitt
   Bei der Analyse von Kursverläufen sind gleitende Durchschnitte das mit am häufigsten verwendete Verfahren der technischen Aktienanalyse. Das Ziel dieser Methode ist, kurzfristige, zufällige Kursschwankungen zu glätten, um dadurch die Kursreihe übersichtlicher zu gestalten und deren Kurstrend klarer anzuzeigen. Der Grad der Glättung hängt in entscheidendem Maß von der Periodenlänge des gleitenden Durchschnittes ab. In der technischen Analyse werden häufig gleitende Durchschnitte mit einer Periodenlänge von 38, 90, 200 Tagen berechnet, die den kurz-, mittel- und langfristigen Trend der Aktie anzeigen. Der lineare gleitende Durchschnitt, der eine fortlaufende Reihe von arithmetischen Mittelwerten einer Bezugsperiode ist, wird nach folgender Formel berechnet:

$$Gd_t = \left(\frac{1}{n}\right) * \sum_{i=t-n+1}^{t} Ki$$

Gd_t ist der Wert des gleitenden Durchschnitts zum Zeitpunkt t
n ist die Periodenlänge
Ki ist der Kurs der Aktie zum Zeitpunkt I

Gleitende Durchschnitte bilden die Grundlage vieler technischer Analysemethoden von denen eine, nämlich die Divergenz, im Beispiel berücksichtigt wird. Beobachtet man den Abstand der Kurse einer Aktie zu ihrem gleitenden Durchschnitt (Divergenz), so stellt man fest, daß er in der Regel in etwa gleich bleibt. Ein Abweichen der Kurse von diesem Normalabstand ergibt ein Signal, welches Hinweise auf die zukünftige Richtung der Kurse liefert. Je weiter sich die Kurse nach oben vom gleitenden Durchschnitt entfernen [234], desto höher ist die Wahr-

[234] positive Divergenz

scheinlichkeit, daß sie wieder fallen. Je weiter sich die Kurse nach unten vom gleitenden Durchschnitt entfernen [235], desto höher ist die Wahrscheinlichkeit, daß sie wieder steigen. Die Divergenz kann mit folgender Gleichung prozentual berechnet werden:

$$DIV_t = *\left(\frac{GDt - St}{GDt}\right)$$

DIV_t ist die prozentuale Divergenz zum Zeitpunkt t
GD_t ist der gleitende Durchschnitt zum Zeitpunkt t
S_t ist der Aktienkurs zum Zeitpunkt t

4. Bestehender Kurstrend
Bei einer Kauf- oder Verkaufsentscheidung für eine Aktie, ist es wichtig, den aktuelle Kurstrend der Aktie zu kennen. In der technischen Aktienanalyse wird zwischen kurz-, mittel- und langfristigen Trends unterschieden. Zur Feststellung eines Trends werden entweder Trendgerade an die Kursböden und Kursspitzen angelegt oder eine Regressionsgerade für einen gewünschten bestimmten Zeitraum berechnet.
Die Trendgerade $Trend_y = Trend_m * t + Trend_b$ wird nach der Regressionsmethode mit folgenden Gleichungen berechnet:

$$Trend_m = \left(\frac{\sum_{i=1}^{n}(ti - t)*(Si - \mu(S))}{\sum_{i=1}^{n}(Si - \mu(S))^2}\right)$$

$Trend_b = \mu(S) - Trend_m * t$
$Trend_y = Trend_m * t_n - Trend_b$
$Trend_y$ ist die Steigung der Trendgeraden
$Trend_b$ ist die absolute Kurshöhe zum Zeitpunkt t=0 der Trendgeraden
$Trend_y$ ist der berechnete Kurswert zu einem bestimmten Zeitpunkt t_n
$\mu(S)$ ist der Mittelwert der Aktienkurse im betrachteten Zeitraum

Mit diesen Gleichungen wird der Trend einer Aktie quantifiziert. Verläuft der Trend flach, so ist die Größe $Trend_m$ nahe Null. Ist der Trend steigend (fallend), so ist die Größe $Trend_m$ positiv (negativ).

Mit Hilfe der obigen Entscheidungskriterien soll das Fuzzy-System eine Kauf/Verkaufsentscheidung für eine Aktie treffen, wobei alle Entscheidungs-

---

[235] negative Divergenz

kriterien unscharf sind. Weiters dient als Grundannahme, daß der Aktienfachmann sein Wissen nicht in einem klaren Regelwerk [236] formulieren kann.

9.2.5.2 Parameter, Bezeichnungen und Abhängigkeiten

Als Grundlage sind zunächst die Alternativen, Attribute, Ausprägungen und Entscheidungskriterien aufzulisten. Es sind dies:

1. Alternativen
   Es gibt nur zwei Alternativen, nämlich eine Aktie zu kaufen oder zu verkaufen
2. Attribute
   Die entscheidungsrelevanten Attribute sind die bereits eingängig beschriebenen Methoden der fundamentalen und technischen Aktienanalyse.
   - Kurs/Gewinn Verhältnis
   - Relative-Stärke-Index
   - Differenz des Aktienkurses zu seinem gleitenden Durchschnitt
   - Bestehender Kurstrend
3. Ausprägungen
   Für die einzelnen Attribute sind im Beispiel die folgenden Ausprägungen festgelegt:
   - KGV = niedrig, mittel, hoch
   - RSI = niedrig, mittel, hoch
   - Differenz Aktienkurs zu gleit. Durchschnitt = sehr negativ, normal, sehr positiv
   - Bestehender Kurstrend = fallend, flach, steigend

Die Entscheidungskriterien zum Kauf einer Aktie sind die Aussagen der Methoden der fundamentalen und technischen Aktienanalyse, über die Kaufattraktivität bzw. den wahrscheinlichen zukünftigen Kursverlauf der betreffenden Aktie.

Weiters werden für die einzelnen Entscheidungsgrößen prägnante Variablennamen festgelegt:

1. Alternativen

Entsch:	für die Entscheidung
kaufen:	für den Kauf einer Aktie
verkaufen:	für den Verkauf einer Aktie

2. Attribute

KGV:	für das aktuelle Kurs/Gewinn Verhältnis
RSI:	für den Relative-Stärke-Index
Trend:	für die Steigung des vorherrschenden Trends
Divergenz:	für die Differenz des Aktienkurses zu seinem gleitenden Durchschnitt

[236] siehe Ausführungen zu Expertensystemen und neuronalen Netzen

Alle entscheidungsrelevanten Größen, außer der Entscheidung selbst, sind:

- stetig
- quantitativ
- ordinal

Die Entscheidung selbst ist:

- diskret
- qualitativ
- nominal

Die Definitionsbereiche, d.h. die Werte welche die entscheidungsrelevanten Größen annehmen können, werden durch die Gleichungen der einzelnen Methoden der fundamentalen und der technischen Aktienanalyse festgelegt. Für die Attribute gilt:

KGV $\in \{0, +\infty\}$
RSI $\in \{0, +100\}$
Divergenz $\in \{-\infty, +\infty\}$
Trend $\in \{-\infty, +\infty\}$

Der Bereich von "Entsch" ist entweder:

- kaufen
- verkaufen

Des weiteren werden die Beziehungen und Abhängigkeiten zwischen den Entscheidungsgrößen beschrieben. Für das Beispiel betrachten wir die Abhängigkeiten zwischen den Alternativen, den Attributen und zwischen den Entscheidungskriterien und den Ausprägungen der Attribute für die einzelnen Alternativen.

Die beiden Alternativen "kaufen" und "verkaufen" verhalten sich entgegengesetzt. Dies bedeutet, daß sehr viele Beziehungen, die zwischen der Alternative "kaufen" und anderen entscheidungsrelevanten Größen bestehen, gerade umgekehrt zur Alternative "verkaufen" sind.

Zwischen den Attributen können die folgenden Beziehungen festgehalten werden:

- Divergenz ist gleichgerichtet zum KGV
- Kurstrend ist gleichgerichtet zum RSI

Die Beziehungen zwischen den Ausprägungen der Attribute und der Alternative "kaufen" sind folgendermaßen:

- Die Divergenz verhält sich zur Kaufentscheidung umgekehrt
- Der RSI verhält sich zur Kaufentscheidung umgekehrt
- Das KGV verhält sich zur Kaufentscheidung umgekehrt

Die Entscheidung in dem vorliegenden Problem wird aufgrund von vier Entscheidungsparametern mit jeweils drei verbalen Ausprägungen getroffen.

Damit ergeben sich insgesamt 243 verschiedene Fälle an verbalen Ausprägungskombinationen. Eine vollständige Aufstellung und Auswertung aller Fälle erscheint bei dieser Komplexität wenig sinnvoll. Vielmehr muß nach einer Vorgehensweise gesucht werden, die mit weniger Aufwand das vorhandene Wissen erfaßt. Das Ziel ist, ein Fuzzy-System festzulegen, daß für bestimmte Ausprägungen, die durch die Regeln der fundamentalen und technischen Aktienanalyse festgelegt sind, eine Kauf- oder Verkaufsentscheidung für eine Aktie generiert.
Als Ressourcen stehen die Literatur über fundamentale und technische Aktienanalyse sowie das Fachwissen des Experten zur Verfügung, welcher das Fuzzy-System anwendet.

9.2.5.3 Festlegung der groben Wissensstruktur

Zur Ermittlung der groben Wissenstruktur müssen zunächst geeignete Wissensakquisitionstechniken ausgewählt werden. Eine typische Vorgangsweise kann wie folgt beschrieben werden:

1. Es ist festzustellen welche Ausprägungskombination die eindeutigste Entscheidung hervorruft
2. Es sind die bestehenden Restriktionen herauszufinden, d.h. welche Ausprägungen für die einzelnen Attribute der Entscheidung keinesfalls vorkommen dürfen.
3. Es ist nach Kompensationen zu suchen, welche der Experte zwischen den einzelnen Attributen vornimmt.
4. Es ist der Grad des Einflusses der einzelnen Entscheidungskriterien auf die Entscheidungsalternativen festzustellen, indem die Attribute, die direkt zu den Entscheidungsalternativen in Beziehung stehen, in ihren Ausprägungen variiert werden.

Für das gewählte Beispiel kann wie folgt festgehalten werden:

- Für den Kauf einer Aktie ist die Situation dann eindeutig, wenn
  - die Divergenz sehr negativ ist,
  - der Trend steigend ist,
  - das KGV niedrig ist und
  - der RSI niedrig ist.
- Für den Verkauf einer Aktie ist die Situation dann eindeutig, wenn
  - die Divergenz sehr positiv ist,
  - der Trend fallend ist,
  - das KGV hoch ist und
  - der RSI hoch ist.
- Restriktionen bei den Ausprägungen für die Entscheidungsalternative "kaufen" sind:
  - Die Divergenz darf nicht den Wert "sehr positiv" annehmen.
  - Der Trend darf nicht "fallend" sein.
  - Das KGV darf nicht "hoch" sein
  - Der RSI darf nicht "hoch" sein
- Restriktionen bei den Ausprägungen für die Entscheidungsalternative "verkaufen" sind:
  - Die Divergenz darf nicht den Wert "sehr negativ" annehmen.
  - Der Trend darf nicht "steigend" sein.
  - Das KGV darf nicht "niedrig" sein.
  - Der RSI darf nicht "niedrig" sein.

Unter diesen Restriktionen, reduziert sich die Anzahl der möglichen Ausprägungskombinationen auf 32 sinnvolle Möglichkeiten. Zur Feststellung von Kompensationen zwischen den Attributen ist es nützlich, die Beziehungen zwischen Attributen und Entscheidungsalternativen graphisch darzustellen. Die oben festgestellten Beziehungen werden für die Alternative "verkaufen" in der folgenden Darstellung verdeutlicht.

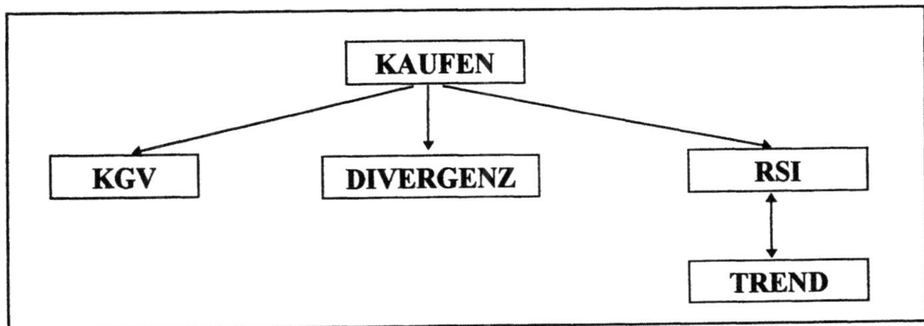

Abbildung 32: Abhängigkeiten zwischen den Attributen

Nimmt das KGV keinen optimalen Wert an [237], dann sollte die Divergenz den optimalen Wert [238] annehmen und umgekehrt. Weiters wird festgelegt, daß der Grad des Einflusses der einzelnen, direkt einwirkenden Entscheidungsgrößen gleich ist und daß, wenn eine Entscheidungsgröße nicht "optimal" ist, mindestens die beiden anderen "optimal" sein müssen. Mit diesen Festlegungen läßt sich die Menge der zu betrachtenden Fälle weiter sehr stark reduzieren und tabellarisch darstellen.

9.2.5.4 Definition des Detailwissens

Nachdem die Anzahl der sinnvollen Fälle sehr stark eingeschränkt wurde, kann mit Hilfe einer Tabelle das Entscheidungsverhalten des Fuzzy-Systems erfaßt werden. In der folgenden Tabelle sind die einzelnen sinnvollen Fälle mit den Attributen Divergenz, Trend, KGV und RSI mit der Entscheidung des Aktienexperten und einem Sicherheitsfaktor CF aufgelistet. Der Sicherheitsfaktor [239] drückt dabei das Vertrauen des Experten in die Richtigkeit der Entscheidung für die gegebenen Ausprägungen der Attribute aus.

Fall	Divergenz	Trend	KGV	RSI	Entsch	CF
1	sehr negativ	steigend	niedrig	niedrig	Kaufen	1
2	sehr negativ	flach	niedrig	niedrig	Kaufen	0,9
3	sehr negativ	steigend	niedrig	mittel	Kaufen	0,9
4	sehr negativ	steigend	normal	niedrig	Kaufen	0,9
5	normal	steigend	niedrig	niedrig	Kaufen	0,9
6	sehr negativ	flach	niedrig	mittel	Kaufen	0,75
7	sehr positiv	fallend	hoch	hoch	Verkaufen	1
8	sehr positiv	flach	hoch	hoch	Verkaufen	0,9
9	sehr positiv	fallend	hoch	mittel	Verkaufen	0,9
10	sehr positiv	fallend	normal	hoch	Verkaufen	0,9
11	normal	fallend	hoch	hoch	Verkaufen	0,9
12	sehr positiv	flach	hoch	mittel	Verkaufen	0,75

Tabelle 14: Entscheidungen in Abhängigkeit der Attribute

Zunächst wird der Grundbereich der Fuzzy-Variablen festgelegt. Für die Attribute Divergenz, Trend, KGV und RSI kann der Definitionsbereich mit einigen Einschränkungen an den Intervallgrenzen übernommen werden. Der Definitionsbereich der Attribute Trend, KGV und Divergenz ist unbeschränkt und muß daher vor der Nutzung im Fuzzy-System auf sinnvolle Werte begrenzt

[237] für eine Kaufentscheidung den Wert "niedrig"

[238] für eine Kaufentscheidung den Wert "sehr negativ"

[239] Gewichtung auf einer Skala von 0 - 100 % Vertrauensaussage, d.h. 0,75 bedeutet eine angenommene Verläßlichkeitsquote von 75 %

werden. Folgende Grundbereiche der Fuzzy-Variablen können festgelegt werden:

KGV $\in \{0, +30\}$
RSI $\in \{0, +100\}$
Divergenz $\in \{-20, +20\}$
Trend $\in \{-1, +1\}$

Die variable "Entsch" muß, da sie diskret, nominal und qualitativ ist, auf einen künstlichen Grundbereich festgelegt werden. Als Grundbereich kann man die Werte von 0 bis 3 nehmen, wobei dem Wert von 1 die maximale Zugehörigkeit der Alternative "kaufen" und dem Wert 2 die maximale Zugehörigkeit "verkaufen" zugewiesen wird.

9.2.5.5 Konstruktion der Regelbasis

Das Entscheidungsverhalten ist in Tabelle 14 so dargestellt, daß für jeden Fall eine Regel (insgesamt 12 Regeln) formuliert wurde. Die Regelbasis des Fuzzy-Systems ist demnach folgendermaßen strukturiert:

Rule 0: IF (Divergenz IS normal)
AND (RSI IS niedrig)
AND (Trend IS steigend)
AND (KGV IS niedrig)
THEN (Entsch IS kaufen)
WITH CF = 0.900000000000000

Rule 1: IF (Divergenz IS sehr negativ)
AND (RSI IS niedrig)
AND (Trend IS steigend)
AND (KGV IS niedrig)
THEN (Entsch IS kaufen)
WITH CF = 1.000000000000000

Rule 2: IF (Divergenz IS sehr negativ)
AND (RSI IS niedrig)
AND (Trend IS steigend)
AND (KGV IS normal)
THEN (Entsch IS kaufen)
WITH CF = 0.900000000000000

Rule 3: IF (Divergenz IS sehr negativ)
AND (RSI IS niedrig)
AND (Trend IS flach)
AND (KGV IS niedrig)
THEN (Entsch IS kaufen)
WITH CF = 0.900000000000000

Rule 4: IF ***(Divergenz IS sehr negativ)***
AND (RSI IS mittel)
AND (Trend IS steigend)
AND (KGV IS niedrig)
THEN (Entsch IS kaufen)
WITH CF = 0.900000000000000

Rule 5: IF ***(Divergenz IS sehr negativ)***
AND (RSI IS mittel)
AND (Trend IS flach)
AND (KGV IS niedrig)
THEN (Entsch IS kaufen)
WITH CF = 0.750000000000000

Rule 6: IF ***(Divergenz IS normal)***
AND (RSI IS hoch)
AND (Trend IS fallend)
AND (KGV IS hoch)
THEN (Entsch IS verkaufen)
WITH CF = 0.900000000000000

Rule 7: IF ***(Divergenz IS sehr positiv)***
AND (RSI IS hoch)
AND (Trend IS fallend)
AND (KGV IS hoch)
THEN (Entsch IS verkaufen)
WITH CF = 1.000000000000000

Rule 8: IF ***(Divergenz IS sehr positiv)***
AND (RSI IS hoch)
AND (Trend IS fallend)
AND (KGV IS normal)
THEN (Entsch IS verkaufen)
WITH CF = 0.900000000000000

Rule 9: IF ***(Divergenz IS sehr positiv)***
AND (RSI IS hoch)
AND (Trend IS flach)
AND (KGV IS hoch)
THEN (Entsch IS verkaufen)
WITH CF = 0.900000000000000

Rule 10: IF ***(Divergenz IS sehr positiv)***
AND (RSI IS mittel)
AND (Trend IS fallend)
AND (KGV IS hoch)
THEN (Entsch IS verkaufen)
WITH CF = 0.900000000000000

Rule 11: IF ***(Divergenz IS sehr positiv)***
AND (RSI IS mittel)
AND (Trend IS flach)
AND (KGV IS hoch)
THEN (Entsch IS verkaufen)
WITH CF = 0.750000000000000

Zur Feststellung der Plausibilität der Ergebnisse des Fuzzy-Systems können die Abhängigkeiten zwischen den Attributen und den Alternativen, sowie zusätzlich die in diesem Beispiel angeführten Restriktionen herangezogen werden. Das System sollte das folgende Entscheidungsverhalten aufweisen:

- Je positiver die Divergenz ist, desto klarer (steigender Zugehörigkeitswert) sollte die Verkaufsentscheidung ausfallen.
- Je höher der RSI ist, desto klarer (steigender Zugehörigkeitswert) sollte die Verkaufsentscheidung ausfallen.
- Je höher das KGV ist, desto klarer (steigender Zugehörigkeitswert) sollte die Verkaufsentscheidung ausfallen.

Die umgekehrte Logik gilt für die Kaufentscheidung des Systems.

9.2.6 Adaptive Fuzzy-Systeme

Die fehlende Lernfähigkeit wirkt sich nachteilig beim Aufbau von Fuzzy-Systemen aus. Ähnlich der klassischen Expertensystemtechnik stellt die Akquisition des Erfahrungswissens, den "Flaschenhals" der Systementwicklung dar. Die Konstruktion eines Fuzzy-Systems erfordert zudem neben der verbalen Formulierung des in qualitativen Begriffen vorhandenen Expertenwissens die explizite Formulierung der Regelzusammenhänge des betrachteten Problembereichs. Implizites Wissen und Verstehenszusammenhänge lassen sich jedoch nur sehr schwer erfassen. Die Qualität der Systemdefinition ist daher entscheidend vom Vorverständnis des Problembereichs durch den Experten abhängig.

In manchen Problembereichen liegt Erfahrungswissen über das Systemverhalten nicht nur in qualitativen Begriffen vor, sondern auch in umfangreichen Sammlungen historischer Daten der Systemprozesse. Es wäre wünschenswert dieses vorhandene Systemwissen durch automatisierte Lernverfahren direkt in Fuzzy-WENN-DANN-Regeln umzusetzen. Eine nützliche Technik adaptive Fuzzy-Systeme zu entwerfen, welche aus Beispieldaten lernen können, sind neuronale Netzwerke [240]. Mit neuronalen Netzwerken wird versucht, maschinelle Intelligenz durch Simulation der Funktions- und Organisationsprozesse der biologischen Informationsverarbeitung zu erzielen. Das Verhalten neuronaler Systeme ist das Ergebnis massiv paralleler Interaktionen hochgradig vernetzter einfacher Verarbeitungselemente.

Konzeptuelle Objekte werden nicht mit Hilfe linguistischer Variablen und Fuzzy-Sets repräsentiert, sondern auf einer niedrigeren Abstraktionsstufe durch Teilstrukturen des Netzwerks, beziehungsweise durch bestimmte Aktivierungsmuster. Das Wissen wird somit nicht explizit repräsentiert, sondern es ist implizit in der Struktur des Netzwerks verteilt enthalten. Der Wissenserwerb erfolgt in einem selbstorganisierenden Prozeß durch Modifikation der Verbindungsgewichte zwischen den Netzwerkelementen. Somit ist das Verhalten des neuronalen Systems unabhängig vom Vorverständnis der Problemdomäne. Die Verstehenszusammenhänge des Problembereichs werden durch ein Interaktionsnetz vieler Verarbeitungs-elemente ausgedrückt.

Die Probleme bei der Formalisierung des Wissens werden somit umgangen. Allerdings geht durch diese Art der Wissensrepräsentation die Nachvollziehbarkeit der Problemlösung verloren. Das implizit und verteilt in der Verbindungsstruktur des neuronalen Systems enthaltene Wissen läßt sich nicht so leicht enträtseln. Ebensowenig läßt sich vorab bekanntes Wissen in neuronale Systeme einbauen, um den Lernvorgang zu beschleunigen.
Neuere Forschungsbemühungen speziell in Japan und den USA versuchen Vorteile der transparenten Wissensdarstellung in Fuzzy-Systemen mit der Lernfähigkeit neuronaler Netzwerke in solchen adaptiven Fuzzy-Systemen zu verbinden. Ein Beispiel für eine dieser Weiterentwicklungen sind adaptive Fuzzy-Assoziationsspeicher [241].

9.3 Neuronale Netze

Mit neuronalen Netzen beschäftigt man sich seit den 40er Jahren dieses Jahrhunderts. Zu den Pionieren zählen von Neumann, McCulloch, Pitts, Rosenblatt, Papert und Minsky, einer der Begründer der Künstlichen Intelligenz [242]. Ziel der damaligen Forschung war es das menschliche Gehirn, insbesonders die Vernetzung der Nervenzellen, zu modellieren. Das bekannteste Neuronenmodell aus dieser Zeit ist das Perzeptron, dem sich

[240] siehe Kapitel 9.3. ff.

[241] engl. Fuzzy assoziative memories, kurz FAM

[242] kurz KI, engl. Artificial Intelligence, kurz AI

Minsky und Papert gewidmet haben. Sie kamen zu dem Ergebnis, daß die Realisierung eines Neuronenmodells auf einem Rechner zu einer kombinatorischen Explosion führt. Deshalb wurde der Ansatz der neuronalen Netze in den 60er Jahren aufgegeben. In den 80er Jahren hat eine stürmische Entwicklung auf dem Gebiet der neuronalen Netze eingesetzt, insbesonders im Zusammenhang mit der neuen Forschungsrichtung des Konnektionismus [243]. Ergebnisse aus der Neurobiologie und Fortschritte im Bereich der Rechnertechnologie haben diese Entwicklung stimuliert. Die Zielsetzung ist die Simulation der Verarbeitungscharakteristika des menschlichen Gehirns. Das Ergebnis der Forschungsarbeiten in diesem Gebiet wird Wissensrepräsentation durch massive Parallelverarbeitung, schnelle Abfrage großer Informationsmengen und die Fähigkeit zur Mustererkennung aufgrund von Erfahrungswerten sein. Die Technologie die sich mit diesem Gebiet beschäftigt, nennt sich Neuronale Informationsverarbeitung, oder auch künstliche Neuronale Netze (NN) [244].

9.3.1 Biologische Analogie

Neuronale Netze sind eine Informationsverarbeitungs-Technologie, welche durch die Studie des menschlichen Gehirns und Nervensystems inspiriert wurde.

9.3.1.1 Biologische Neuronale Netzwerke

Das menschliche Gehirn besteht aus Zellen, welche Neuronen [245] genannt werden, und insofern einzigartig sind, als sie bei einem gesunden Menschen nur vereinzelt und deutlich langsamer wie alle anderen Zellen während der gesamten Lebensdauer des Menschen absterben, aber keinerlei Reproduktionsfähigkeit besitzen. Der größte Teil der neuronalen Zellsubstanz bleibt bis ins hohe Alter erhalten. Dieses Phänomen mag auch zur Erklärung beitragen warum Menschen sich an eine ungeheure Fülle von Informationen im Laufe ihres Lebens zu erinnern vermögen.

Schätzungen über die Anzahl der einzelnen Neuronen im menschlichen Gehirn belaufen sich auf die unvorstellbare Anzahl von 100 Milliarden, und mehr als 100 verschiedene Arten von Neuronen sind bekannt. Neuronen arbeiten in Gruppen zusammen, welche Netze genannt werden. Jede Gruppe umfaßt mehrere tausend, in höchstem Maße miteinander und quer verbundener Neuronen, welche die hohe Assoziationsfähigkeit des menschlichen Gehirns gewährleisten. Daher kann das menschliche Gehirn als "Netz der Netze", oder multiples neuronales Netz, bezeichnet werden.

---

[243] Zentraler Gegenstand des Konnektionismus ist die Modellierung neuronaler Systeme

[244] engl. Artificial neural networks (ANN)

[245] Nervenzellen

Das Denken und intelligente Verhalten des Menschen wird durch das Gehirn und das Zentralnervensystem kontrolliert und gesteuert. Die Fähigkeit zu lernen und auf Änderungen in unserer Umgebung zu reagieren, erfordert Intelligenz. Menschen mit Gehirnschäden verlieren zum Beispiel die Fähigkeit auf Änderungen in ihrer Umgebung adäquat und sinnvoll zu reagieren.
Ein Teil eines Netzes besteht aus zwei miteinander verbundenen Zellen, wie die nachfolgende Abbildung zeigt.

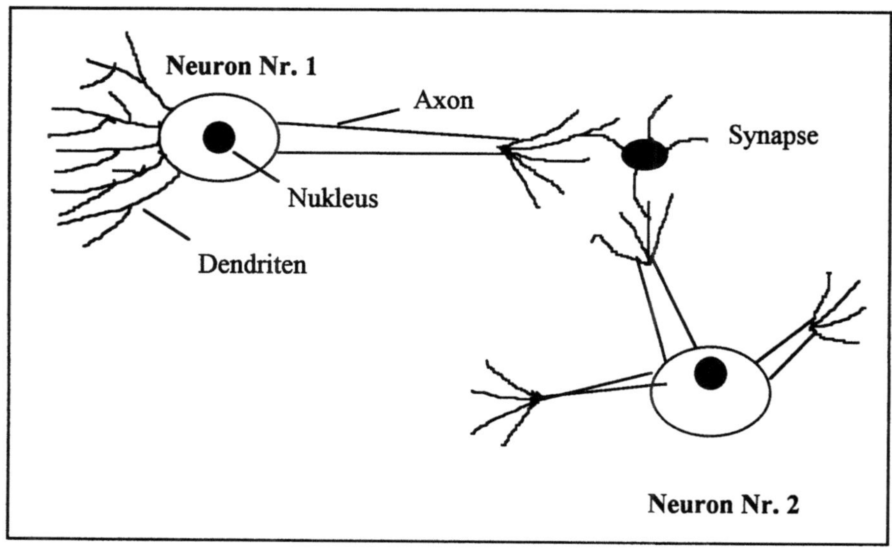

Abbildung 33: Zwei verbundene biologische Nervenzellen

Die Zellen selbst beinhalten in ihrem Kern den Nukleus. An der linken Seite des Neurons Nr. 1 sind die Dendriten [246] gezeigt, welche den Input (die Eingangssignale) an die Zelle liefern. An der rechten Seite dieses Neurons ist das Axon [247] abgebildet, welches den Output (die Ausgangssignale) des Neurons via Axon-Anschlüsse bereitstellt. Diese Axon-Anschlüsse des einen Neurons stehen in Verbindung mit den Dendriten anderer Neuronen. Signale können damit von einem zu anderen Neuronen unverändert transportiert werden, oder sie können über Synapsen [248] übertragen werden. Eine Synapse ist in der Lage die Intensität der Verbindung zu erhöhen oder zu reduzieren und bewirkt dadurch verstärkte oder reduzierte Erregung des nächstfolgenden Neurons.

---

[246] kurze, stark verzweigte Fortsätze einer Nervenzelle

[247] oft lang ausgezogener, der Reizleitung dienender Fortsatz der Nervenzellen

[248] Kontakt-, Umschaltstelle zwischen Nervenfortsätzen, an der nervöse Reize von einem Neuron auf ein anderes weitergeleitet werden

Im menschlichen Gehirn bildet im Durchschnitt jedes einzelne Neuron mehrere hundert synaptische Kontakte aus. Die Erregungsübertragung erfolgt auf chemischen Weg durch Freisetzung von Neurotransmittern [249]. Viele Medikamente z.B. Psycho-pharmaka, Blutdruckmittel, Rauschgifte, chem. Kampfstoffe und Insektizide entfalten ihre Wirkung durch Beeinflussung der Synapsenfunktion.

9.3.1.2 Künstliche Neuronale Netzwerke

Ein künstliches neuronales Netz ist ein Modell, welches ein biologisches neuronales Netz emuliert. Die heutige neuronale Netztechnologie nützt eine sehr begrenzte Anzahl von Konzepten gestützt auf unser Wissen über biologische neuronale Netze. Die Konzepte werden zur Implementierung von Software-Simulationen massiv paralleler Prozesse, unter Verwendung von Prozessorelementen in einer Netzarchitektur, genützt. In diesem Zusammenhang verhält sich das künstliche Neuron analog zum biologischen Neuron. Es erhält Input (Eingangssignale) analog zu den elektrochemischen Impulsen, welche die Dendriten biologischer Neuronen von anderen Neuronen empfangen. Der Output (Ausgangssignale) künstlicher Neuronen entspricht den Signalen welche ein biologisches Neuron über sein Axon aussendet. Diese künstlichen Signale können genauso modifiziert werden, wie dies beim biologischen Signal über die Synapsen geschieht.
Trotz extensiver Forschung im Bereich der Neurobiologie und Psychologie sind nach wie vor wichtige Fragen, wie das Gehirn und der Verstand arbeitet, ungeklärt. Dies ist nur einer der Gründe warum neuronale Informationsverarbeitung nur ein sehr grobes und unvollständiges Abbild der biologischen Informationsverarbeitung sein kann. Dessen ungeachtet schafft die Forschung und Entwicklung im Bereich neuronaler Netz-Technologie interessante und nützliche Systeme, welche einzelne Merkmale der biologischen Systeme entlehnen, wenngleich wir noch sehr weit von einer künstlichen Intelligenz im Sinne der biologischen Intelligenz entfernt sind.

9.3.2 Neuronale Netzkomponenten und Strukturen

Ein Netzwerk besteht aus Prozessorelementen, welche auf verschiedene Weise organisiert sein können. Ein NN besteht aus künstlichen Neuronen, welche die Prozessorelemente darstellen. Jeder dieser Neuronen erhält Input, verarbeitet diesen und liefert einen einzelnen Output. Der Input kann aus Rohdaten oder bereits durch andere Neuronen vorverarbeiteten Daten bestehen. Der Output kann entweder ein finales Ergebnis darstellen oder aber den Input in ein anderes Neuron. Diese Prozesse sind in der nachfolgenden Abbildung dargestellt.

---

[249] auch Botenstoffe genannt

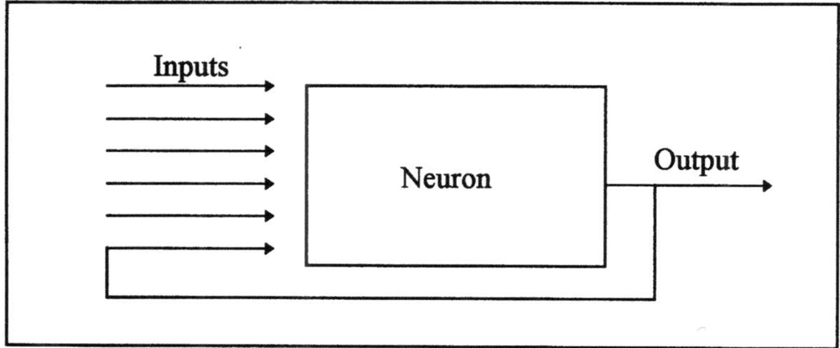

Abbildung 34: Neuronales Prozessorelement

Jedes neuronale Netzwerk besteht aus einer Vielzahl von Neuronen, welche in Schichten angeordnet sind. In der folgenden Darstellung bestehen diese Schichten aus der Input-, der Zwischen [250]- und der Outputschicht.

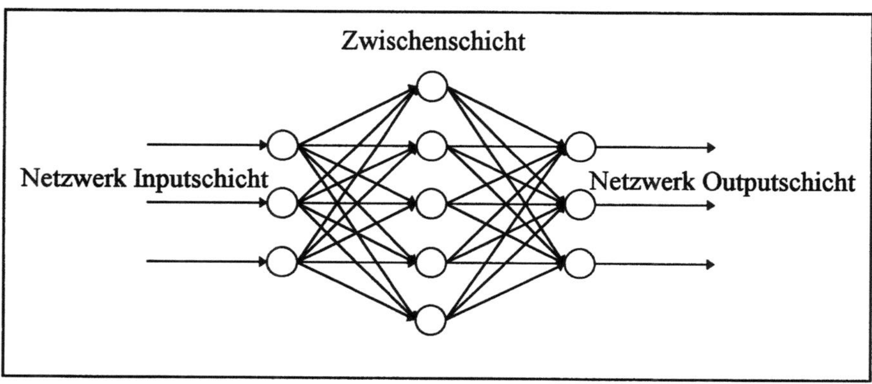

Abbildung 35: Dreischichtiges Neuronales Netz

Ähnlich den biologischen Netzen, können NN auf verschiedene Weisen organisiert werden [251], das heißt die Neuronen sind auf verschiedene Weise miteinander verbunden. Deshalb können NN in den verschiedensten Formen dargestellt werden. Während der Informationsverarbeitung führen viele dieser Prozessorelemente ihre Berechnungen simultan und parallel durch. Diese Parallelverarbeitung lehnt sich an die Verarbeitungsmethode des menschlichen Gehirns an und steht in krassem Gegensatz zur seriellen und sequentiellen Informationsverarbeitung der konventionellen Datenverarbeitung.

9.3.3 Informationsverarbeitung im Netzwerk

Sobald die Struktur des NN erstellt ist, kann die Informationsverarbeitung beginnen. Die Hauptelemente in diesem Prozess sind:

---

[250] auch versteckte Schicht genannt

[251] Netzwerk Topologie

1. Inputs
   Jeder Input stellt ein einzelnes Attribut dar. Wenn das Problem zum Beispiel die Entscheidung über einen Aktienkauf darstellt, kann ein solches einzelnes Attribut das KGV, der letzte Preis, der allgemeine Börsenindex etc. sein. Der Wert eines Attributes ist der Eingangswert in das NN. Obwohl dieser Eingangswert meistens in Zahlen ausgedrückt sein wird, sind auch Bezeichnungen für Zahlenwerte [252] wie "hoch", "niedrig", oder andere Qualifikationen wie "korrekt" oder "unkorrekt" etc. zulässige Inputwerte.
2. Outputs
   Der Output des Netzes ist die Lösung des gestellten Problems. Im Falle des Aktienkaufs zum Beispiel "Ja" oder "Nein". Das NN vergibt dabei numerische Werte wie z.B. +1 für Ja und 0 für Nein. Der Zweck des Netzes ist die Berechnung der Outputwerte.
3. Gewichtung
   Diese ist ein Schlüsselelement im NN und drückt die relative Stärke (oder den mathematischen Wert) eines anfänglichen Eingangssignals oder eines von Schichte zu Schichte transferierten Signals aus. Mit anderen Worten drückt die Gewichtung die relative Wichtigkeit jeglichen Inputs in ein Prozessorelement (PE) aus. Gewichtung ist kritisch im NN; nur durch die vielfache iterative Variation der Gewichtung kann das NN "lernen".

9.3.3.1 Summationsfunktion

Die Summationsfunktion errechnet den gewichteten Durchschnitt aller Eingangselemente jedes Prozessorelements. Die Summationsfunktion multipliziert den Eingangswert (Xs) mit der Gewichtung (Ws) und summiert diese zu einer gewichteten Summe Y. Bei N Inputs i in ein Prozessorelement j ergibt sich:

$$Y_j = \sum_{j}^{n} X_i W_{ij}$$

9.3.3.2 Transformationsfunktion

Die Summationsfunktion errechnet die interne Stimulation [253] des Neurons. Manchmal wird sie daher auch Aktivierungsfunktion genannt. Auf dieser Ebene kann das Neuron ein Outputsignal erzeugen oder auch nicht. Das Verhältnis zwischen dem internen Aktivierungspegel und dem Outputsignal kann linear oder nichtlinear sein. Solche Verhältnismäßigkeiten werden durch die Transformationsfunktion, welche verschiedenen Typs sein kann, ausgedrückt. Die Auswahl der spezifischen Funktion determiniert den Betrieb und die Funktion des Netzes.

---

[252] siehe auch Kapitel 9.2.3. ff. bezüglich Fuzzy-Logic Definitionen unscharfer Werte

[253] auch Aktivierungspegel genannt

Eine sehr populäre und häufig angewandte nichtlineare Transformationsfunktion ist die Sigmoidfunktion:

$$Y_T = \frac{1}{1+e^{-y}}$$

wobei Y_T der transformierte (oder normalisierte) Wert von Y ist.

Der Zweck dieser Transformation ist die Modifikation der Outputpegelwerte auf vernünftig nutzbare Größenordnungen (z.B. Werte zwischen 0 und 1). Diese Transformation erfolgt bevor der Wert die nächste Schicht erreicht. Ohne dieser Transformation könnten die Outputwerte sehr hoch werden; ganz besonders dann wenn das NN viele Schichten enthält. Manchmal wird anstelle einer kontinuierlichen Transformation, ein sogenannter Schwellwertdetektor verwendet. Zum Beispiel jeder Wert von 0,5 oder weniger wird zu 0 transformiert, jeder Wert über 0,5 wird zu 1. Ein Beispiel für die Verwendung der Sigmoidfunktion ist das folgende:

$X_1 = 3$	W_1=0,2 →		
$X_2 = 1$	W_2=0,4 →	Neuron	Y = 0,77 →
$X_3 = 2$	W_3=0,1 →		

Abbildung 36: Beispiel für Sigmoidfunktion

Zu beachten ist in diesem Zusammenhang, daß die Summationsfunktion das folgende Ergebnis zeigt:

Y=3(0,2) + 1(0,4) + 2(0,1) = 1,2

während die Sigmoidtransformation dieses Ergebnis wie folgt transformiert:

$$Y_T = \frac{1}{1+e^{-1,2}} = 0,77$$

9.3.3.3 Netztraining

Neuronale Netze lernen aus ihren Fehlern. Der übliche Lern- oder Trainingsprozeß besteht aus drei Stufen:

1. Berechne die Outputs
2. Vergleiche die Outputs mit den erwarteten Ergebnissen
3. Adjustiere die Gewichtungen und wiederhole den Prozeß (beginne bei 1.)

Der Trainingsprozeß beginnt üblicherweise mit der Setzung der Gewichtung auf Zufallswerte. Die Differenz zwischen dem aktuellen Output (Y oder Y_T) und dem gewünschten Output (Z) ist Δ. Die Zielsetzung ist Δ zu minimieren, oder besser auf Null zu reduzieren. Die Reduktion von Δ erfolgt durch inkrementelle Änderung der Gewichtung.

Informationsverarbeitung mit Neuronalen Netzen besteht aus der Analyse von Aktivitätsmustern [254], in Verbindung mit gelernten Informationen, welche als die Verbindungsgewichtung der Neuronen gespeichert ist. Eine allgemeine Charakteristik des Systems ist seine Fähigkeit Ströme von Inputdaten zu klassifizieren, ohne die explizite Kenntnis von Regeln zu besitzen. Während der Lernphasen ändern sich die Verbindungsgewichtungen als Reaktion auf die erlernten Trainingsdaten, über welche das System verfügt. Mehr als 100 Lernalgorithmen für die verschiedensten Situationen und Konfigurationen sind derzeit bekannt. Zum Zweck des Trainings des Neuronalen Netzes werden die Trainingsdaten in zwei Kategorien aufgeteilt: die Testfälle und die Trainingsfälle.

9.3.4 Stärken und Schwächen Neuronaler Netze

Neuronale Netztechnologie hat signifikante Vorteile gegenüber den konventionellen, regelbasierten Expertensystemen. Neuronale Netze erfordern keine zu formulierende Wissensbasis und sind daher ideal in Bereichen, wo das Wissen lückenhaft ist. Wenngleich manche konventionelle Expertensysteme die Verbindung von Klassifikation und Regeln erlauben, müssen diese doch meistens separat eingegeben werden. Neuronale Systeme können dies durch ihr Training ableiten. Es ist sehr schwierig für regelbasierte Expertensysteme Regeln aufgrund von historischen Daten zu erstellen, wenn diese in hohem Maße korreliert sind. Die Lernparadigmen neuronaler Netze leiden nicht unter diesem Problem. Schließlich wird in den meisten Fällen die Verarbeitungszeit neuronaler Netze erheblich schneller sein, als jene konventioneller Expertensysteme, da das Netz die gesamten Informationen welche verfügbar sind, zur gleichen Zeit untersucht und verarbeitet.

Neuronale Netze haben die folgenden weiteren Vorzüge:

- Fehlertoleranz
  Da NN aus vielen Prozessorelementen mit jeweils ihren eigenen lokalen Verbindungen bestehen, führen Schäden an einigen PE's oder Verbindungen nicht zum Stillstand oder Versagen des Gesamtsystems.
- Generalisierung
  Wenn neuronale Netze mit ungenauen, fehlerhaften, inkompletten oder bisher unbekannten Inputdaten gespeist werden, liefern sie dennoch akzeptale Ergebnisse.
- Anpassungsfähigkeit
  Da neuronale Netze in neuen Umgebungen lernen, können sie über ihre gesamte Nutzungsdauer kontinuierlich trainiert werden.

[254] Mustererkennung, engl. Pattern recognition

Neuronale Netze haben natürlich auch ihre Schwachstellen. Nicht jedes potentielle Expertensystem wird von den Vorteilen eines neuronalen Netzes profitieren, oder den zusätzlichen Zeit- und Kostenaufwand sowie die Komplexität wert sein. Die meisten neuronalen Netze verfügen über keinerlei Erklärungsfunktionen. Begründungen für Ergebnisse sind schwierig zu ermitteln, da die Verbindungsgewichtungen üblicherweise keine einsichtigen Interpretationen erlauben. Dies ist ganz besonders ausgeprägt bei der Mustererkennung durch NN, wo es schwierig bis unmöglich ist, die Logik hinter den spezifischen Entscheidungen zu erkennen. Mit den derzeitigen Technologien sind die erforderlichen Trainingszeiten exzessiv und daher kostspielig. Daher kann die Erfordernis für laufendes Nachtraining des NN bestimmte Anwendungen gänzlich ausschließen. Der derzeit immer noch beste Weg zur Auswahl der Inputdaten und der Entscheidung bezüglich der Systemarchitektur ist nach wie vor die "Trial und Error" [255] Methode. Neuronale Datenverarbeitung erfordert üblicherweise große Mengen an Daten und langwierige Trainingsaktivitäten.
Ebenso können Neuronale Netze keine optimale oder gänzlich sichere Lösung für ein Problem garantieren, ja manchmal nicht einmal die Reproduzierbarkeit von Ergebnissen mit identischen Inputdaten.
Trotz allem können gut konfigurierte und trainierte neuronale Netze häufig konsistent gute Klassifikationen, Generalisierungen oder Entscheidungen im statistischen Sinne liefern.

Neuronale Netze können ideal zur Automatisierung von Routineaufgaben im Bereich der Finanzanalyse eingesetzt werden. Prototypen neuronaler Netze wurden bereits für die folgenden Bereiche konstruiert und eingesetzt:

- Kreditbewilligungs-"Screening"
- Immobilienkredit Risikobewertung
- Projekt Management
- Finanzmarkt "Forecasting"
- Risikobewertung börsengehandelter, festverzinslicher Papiere
- Analyse von Gesetzmäßigkeiten bei Wertpapier-Preisbewegungen
- Vorhersage von Zahlungsunfähigkeit

Andere potentielle Anwendungen welche weitere Untersuchungen und Entwicklungen wert sind, wären:

- Portfolio Auswahl und Diversifikation
- Simulation von Marktverhalten
- Indexberechnungen
- Identifikation von erklärenden wirtschaftlichen Faktoren

[255] Empirische Ermittlung durch laufende Versuche mit ständig geänderten Versuchswerten

9.3.5 Topologie Neuronaler Netze

Ein neuronales System besteht aus einer Menge von Verarbeitungseinheiten [256] sowie aus der Netzwerksstruktur, über die die Elemente miteinander verbunden sind und entlang der sie sich gegenseitig beeinflussen können. In dieser Verbindungsstruktur ist das gesamte Wissen des Systems verteilt gespeichert. Sie wird dargestellt durch eine Konnektions- bzw. Gewichtsmatrix W, bei der ein Eintrag w_{ij} die Stärke beziehungsweise das Gewicht der Verbindung von Neuron u_i zu Neuron u_j angibt. Die Netzwerktopologie beschreibt wie die Neuronen strukturiert werden, wie sich die Aktivation im Netz ausbreitet und inwiefern die Verbindungsstruktur adaptiert werden kann.

9.3.5.1 Strukturierung

In geschichteten Netzwerken werden Neuronen mit einheitlichen Aufgaben zu sogenannten Neuronenschichten zusammengefaßt. Es existieren eine Schicht von Eingabeneuronen, die zur Aufnahme von extern an das Netzwerk angelegten Mustern dienen, und eine Schicht von Ausgabeneuronen, an denen das Ergebnis der Verarbeitung des Netzes abgelesen werden kann. Darüberhinaus sind eventuell auch eine oder mehrere innere Schichten zwischen Eingabe- und Ausgabeschicht vorhanden, welche verdeckt sind, das heißt aus nicht von außen beeinflußbaren Neuronen bestehen. Ein Beispiel für ein solches geschichtetes Netz mit einer versteckten Schicht, ist in Abbildung 35 dargestellt.

In ungeschichteten Netzwerken [257] findet keine Strukturierung der einzelnen Neuronen statt und jedes Neuron ist mit jedem anderen verbunden. Eine Unterscheidung in Eingabe-, Ausgabe- oder innere (versteckte) Neuronen besteht nicht. Externe Eingabemuster werden an alle Neuronen angelegt und nach Ende der Verarbeitung wird die Ausgabe des Netzes an allen Neuronen abgelesen.

Diese Netzwerke sind besonders geeignet um vollständige Ergebnisse aus nur teilweisen Informationen auszuwerten. Diese AMS-Systeme korrelieren Eingangsdaten, mit den im Speicher vorhandenen Informationen. Informationen können auch aus inkomplettem oder ungenauen ("noisy") Input gewonnen werden und die Erfolgsquote des Gesamtsystems sinkt nur langsam, mit dem Versagen einzelner Neuronen ab. Die meisten neuronalen Netzwerke können als assoziative Speichersysteme eingesetzt werden, wobei eines der populärsten davon das Hopfield Netz [258] darstellt, welches die kollektiven Eigenschaften des Netzes zur Klassifizierung der Eingangsmuster nutzt.

---

[256] auch Units, Neuronen, Prozessoren oder Elemente genannt

[257] auch "Assoziative Netzwerke", engl. Assoziative Memory Systems (AMS), genannt

[258] Vergl. J. Hopfield,"Neural Networks and Physical Ssytems with Emergent Collective Computational Abilities"

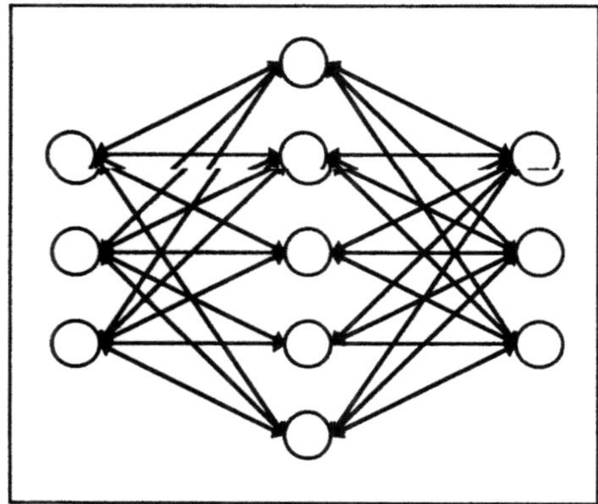

Abbildung 37: Ungeschichtetes Assoziatives Netz

9.3.5.1.1 Aktivationsausbreitung

Bezüglich der Aktivationsausbreitung, d.h. der Weiterleitung der Aktivation entlang der neuronalen Verbindungstruktur, können neuronale Systeme danach unterschieden werden, in welche Richtungen sich die einzelnen Neuronen beeinflussen können:

- In Feedforward Netzwerken erfolgt die Aktivationsausbreitung immer nur in einer Richtung
- In Feedback Netzwerken kann die Aktivationsausbreitung zwischen zwei Neuronen generell in beiden Richtungen erfolgen und es kommt somit zu Rückkopplungen innerhalb des Netzes.

9.3.5.1.2 Verbindungsstruktur

- In fixierten Netzwerken werden die Gewichte nicht durch einen langwierigen Lernprozess bestimmt, sondern nach heuristischen [259] Überlegungen berechnet und fest vorgegeben. Im Prinzip handelt es sich bei derartigen Netzen um parallelisierte algorithmische Verfahren und um keine klassischen neuronalen Netze.
- Adaptive Netzwerke könne die zur Lösung einer konkreten Problemstellung nötigen Verbindungsgewichte zwischen den Neuronen selbständig erlernen. Dies erfolgt in einem iterativen Prozeß auf Grundlage der Hebbschen Hypothese [260] durch Einsatz von Lernverfahren.

---

[259] Arbeitshypothese als Hilfsmittel der Forschung; vorläufige Annahme zum Zweck des besseren Verständnisses eines Sachverhalts

[260] Das Gewicht einer Verbindung zwischen einem sendenden Neuron u_i und einem empfangenden Neuron u_j wird verstärkt, falls beide gleichzeitig aktiviert werden

9.3.5.2 Aktivationsverarbeitung

In neuronalen Netzen findet eine parallele und verteilte Informationsverarbeitung statt. Diese ist gekennzeichnet durch die Art und Weise, wie eine an das Netz angelegte Information durch Änderung der Knotenzustände verarbeitet wird. Hierbei wird von einer statischen Verbindungsstruktur ausgegangen. Es ist in diesem Zusammenhang unerheblich ob es sich um fixierte oder um adaptive Netzwerke handelt. Durch die Aktivationverarbeitung wird das im Netz verteilt gespeicherte Wissen abgerufen. Diese Phase wird als "Recall" bezeichnet. Im Gegensatz zum langwierigen Prozeß des Lernens, d.h. Gewichtsanpassung in adaptiven Netzen, handelt es sich hierbei um die Kurzzeitdynamik neuronaler Systeme. Diese spezifiziert die dynamischen Prozesse, die innerhalb der einzelnen Neuronen ablaufen, und die Art der Verarbeitungsabfolge.
Die Knotendynamik stellt ein mathematisches Modell der Informationsverarbeitung in einem biologischen Neuron dar.

Danach ist ein Neuron u_i durch folgende Komponenten formal charakterisiert:

- den Nettoinput net_j, der angibt welche Aktivierung von vorgeschalteten Neuronen aktuell auf das Neuron einwirkt
- den Aktivationsgrad $a_j \in A$
- Die Ausgabe $o_j \in O$, die an alle nachgeschalteten Neuronen weitergeleitet wird

Mit A bzw. O sind die Mengen der zulässigen Aktivierungs- und Ausgabezustände bezeichnet. Hierbei handelt es sich üblicherweise um beschränkte kontinuierliche Intervalle oder um diskrete Werte, wie zum Beispiel A=[0,1] oder O={0,1}. Des weiteren wirkt ggf. ein externer Input ex_j auf das Neuron ein. Hierbei kann es sich um Eingabemuster handeln, die an die Eingabeneuronen angelegt werden, oder um eine zufällige Initialisierung des Aktivierungszustands des Neurons.

Die dynamischen Prozesse innerhalb eines Neurons werden durch die drei folgenden Funktionen spezifiziert:

1. Propagierungsfunktion *net*:
   Die Propagierungs- oder Übertragungsfunktion *net* berechnet den Nettoinput eines Neurons anhand der Ausgabe der vorgeschalteten Neuronenelemente und der Gewichtung der Verbindungen. Üblicherweise erfolgt dies durch Summierung der gewichteten hemmenden und verstärkenden Einflüsse aller vorgeschalteten Neuronen:

$$net_j = \sum_i w_{ij} o_i$$

2. Aktivierungsfunktion F:
   Die Aktivierungsfunktion F bestimmt für jedes Neuron den Aktivierungszustand $a_j(t)$ zum Zeitpunkt t in Abhängigkeit vom anliegenden Nettoinput net_j, der externen Eingabe ex_j sowie gegebenenfalls des vorherigen Aktivierungsgrades $a_j(t-1)$:
   $a_j(t) = F(net_j, ex_j, a_j(t-1))$
3. Outputfunktion f:
   Die Outputfunktion f berechnet in Abhängigkeit vom aktuellen Grad der Aktivierung die Ausgabe des Neurons:
   $o_j = f(a_j)$

Neben der Knotendynamik, hat der Zeitpunkt der Aktualisierung des Aktivierungsgrades entscheidenden Einfluß auf die Aktivationsverarbeitung. Hierbei können zwei grundsätzlich verschiedene Vorgangsweisen unterschieden werden:

- Bei der synchronen Verarbeitung berechnen in einem ersten Schritt zunächst alle Neuronen einer Schicht synchron ihren Nettoinput und erst in einem zweiten Schritt ermitteln die Neuronen synchron ihren neuen Aktivierungszustand und ihre Ausgabe.
- Bei der asynchronen Verarbeitung berechnet ein zufällig ausgewähltes Neuron asynchron seinen Nettoinput und seinen neuen Aktivierungs- und Ausgabezustand. Die aktualisierte Ausgabe geht anschließend bei der Berechnung des Nettoinputs und der Ausgabe des nächsten, zufällig ausgewählten Neurons, ein. Da dies wieder das vorher ausgewählte Neuron beeinflussen kann, ist eine Rückkopplung im Netz vorhanden. Die asynchrone Verarbeitung besteht somit aus einem langwierigen Einschwingprozeß, der so lange durchgeführt wird, bis sich das System in einem idealen Gleichgewichtszustand befindet.

9.3.5.3 Lernalgorithmen

Die Arbeitsweise eines neuronalen Systems wird durch Modifizierung der Verbindungsstruktur beziehungsweise der Verbindungsgewichte verändert. Diese Anpassung der Gewichte erfolgt in adaptiven Netzwerken mit Hilfe von Lernalgorithmen, die im allgemeinen auf der Hebbschen Hypothese beruhen. Der Lernprozeß erfolgt in einer vom normalen Arbeitsmodus getrennten Trainings- oder Lernphase. Hierbei handelt es sich um einen iterativen Prozeß, der erst dann abgeschlossen ist, wenn das Eingabe-Ausgabe-Verhalten des Systems den Wünschen des Experten entspricht und das Netz ein stabiles Verhalten zeigt. Im Gegensatz zur Kurzzeitdynamik, in der die gelernten und verteilt gespeicherten Zusammenhänge mit Hilfe der Knotendynamik in der Recallphase reproduziert werden, handelt es sich beim Lernen beziehungsweise der Gewichtsanpassung um die Langzeitdynamik neuronaler Systeme.

Die Hebbsche Hypothese, daß das Gewicht einer Verbindung zwischen einem sendenden Neuron u_i und einem empfangenden Neuron u_j verstärkt wird, falls beide gleichzeitig aktiviert sind, kann unter Berücksichtigung der Knotendynamik folgendermaßen ausgedrückt werden:

$\Delta w_{ij} = \eta \, a_j \, o_i$

Die Konstante η wird als Lernfaktor bezeichnet. Allgemein sind die Lernfunktionen der unterschiedlichen Netzwerkarchitekturen Spezialfälle der folgenden Regel:

$\Delta w_{ij} = g(a_j,t_j) \, h(o_i,w_{ij})$

Die Änderung des Verbindungsgewichtes ist somit durch das Produkt zweier Funktionen gegeben. Die Funktion h ist abhängig von der Ausgabe des sendenden Neurons und dem aktuellen Verbindungsgewicht, während in die Funktion g die aktuelle Aktivierung des empfangenden Neurons a_j und der Zielwert t_j eingehen. Wenn extern von einem Experten die Zielwerte, d.h. die erwünschten Aktivierungszustände der Neuronen vorgegeben werden, wird dies als beaufsichtigtes Lernen bezeichnet [261]. Falls der Experte nur ein skalares [262] Gütemaß der Leistung und nicht den erwünschten Zustand der Neuronen vorgibt, spricht man von verstärkendem Lernen [263]. Falls keine externe Vorgabe des gewünschten Verhaltens erfolgt handelt es sich um unbeaufsichtigtes Lernen.

Das Prinzip des Wettbewerbslernens beruht auf dem Hemmen der benachbarten Neuronen innerhalb einer Neuronenschicht. Nachdem ein Muster in eine Schicht eingegeben wurde, wetteifert jedes Neuron mit dem anderen, indem es - vereinfacht ausgedrückt - positive Signale zu sich selbst und negative Signale zu allen Nachbarn sendet. Das Neuron mit dem höchsten Aktivationszustand bleibt aktiv, während alle anderen blockiert werden und eine minimale Aktivität annehmen. Die Adjustierung nimmt dabei folgende Form an:

$\Delta w_{ij} = \eta(a_i - w_{ij}) \, a_j$

Das bedeutet, daß nur die Gewichte ausgehend von gewinnenden Neuronen adjustiert werden, die anderen bleiben unverändert.

Neben der formalen Unterscheidung zwischen beaufsichtigtem, verstärkendem und unbeaufsichtigtem Lernen können die Lernverfahren gemäß der Aufgabe des zugrundeliegenden Netzwerkes in zwei Hauptklassen eingeteilt werden.

---

[261] Im allgemeinen tragen die Zielwerte noch einen weiteren Index p, der das aktuell zu lernende Eingabe-Ausgabe-Muster spezifiziert

[262] durch einen Zahlenwert bestimmte Größe (Ggs. Vektor).

[263] engl. Reinforcement learning

9.3.5.3.1 Assoziatives Lernen

Ziel des Lernprozesses ist, das Netzwerk zu gegebenen Eingabemustern bestimmte zugeordnete und extern vorgegebene Ausgabemuster erzeugen zu lassen. Es handelt sich dabei um beaufsichtigtes Lernen, bei dem die vom Netzwerk produzierte Ausgabe, mit den vorgegebenen Zielwerten verglichen wird und anhand der auftretenden Differenzen eine Adjustierung der Gewichte erfolgt. Das Netzwerk lernt innerhalb des iterativen Prozesses der Gewichtsanpassung mit den Eingabemustern die zugehörigen Zielmuster zu assoziieren, daher spricht man von Musterassoziation. Falls die Ausgabemuster eine feste Menge von Kategorien darstellen, in die die Eingabemuster zu klassifizieren sind, so handelt es sich um Musterklassifizierung.

9.3.5.3.2 Entdeckendes Lernen

Aufgabe des Netzwerkes ist das selbstständige Entdecken von Regelmäßigkeiten in einer Folge von Eingabemustern. Das entdeckende Lernen kann als Basis für die selbständige Bildung von Konzepten oder Kategorien dienen und verläuft im allgemeinen unbeaufsichtigt. Im Gegensatz zur Musterklassifikation ist von vornherein keine Menge von Kategorien bekannt anhand derer die Eingabemuster zu klassifizieren sind. Eine Gewichtsveränderung kann zum Beispiel aufgrund der Korrelation von prä- und postsynaptischer Erregung erfolgen.

9.3.6 Bewertung neuronaler Systeme

Neuronale Systeme können als verteilte Assoziativspeicher einer Funktion angesehen werden. Es werden nicht einzelne Punkte einer Funktion unter bestimmten Adressen abgelegt, sondern funktionale Zusammenhänge werden in der Trainingsphase, verteilt in der Verbindungsstruktur des Netzwerkes gespeichert. Diese können durch inhaltsbezogenen Zugriff, d.h. durch Anlegen bestimmter Eingabemuster in der Recallphase, abgerufen werden.

Die vorhandene Menge von Trainingsmustern kann als Menge von Beispielen einer Funktion angesehen werden. Das Trainingsproblem besteht darin, das Netzwerk für alle vorgegebenen Punkte der Funktion, die Abbildung der Eingabe- auf die Ausgabemuster lernen zu lassen. Ist das Netzwerk trainiert, dann ist in der Arbeitsphase das Generalisierungsproblem dadurch gekennzeichnet, daß auch für nicht in der Trainingsmenge enthaltene Eingabewerte aufgrund der gelernte Zusammenhänge der zugehörige Funktionswert berechnet wird.

Wesentlicher Aspekt neuronaler Systeme ist die Art der Wissensrepäsentation und Wissensspeicherung. Wissenseinheiten werden nicht lokal durch einzelne Elemente, sondern "verteilt" durch bestimmte Aktivitätsmuster repräsentiert. Im Gegensatz zur klassischen künstlichen Intelligenz, findet keine Manipulation von Symbolen, sondern subsymbolische Informationsverarbeitung statt. Das

Wissen ist im ganzen System verteilt, es ist somit in der Struktur und der Gewichtung des Netzwerks gespeichert.

Da viele Neuronen am Entscheidungsprozeß in einem neuronalen System beteiligt sind, entsprechen die von einem Netzwerk gelernten assoziativen Beziehungen zwischen Eingabe- und Ausgabemustern nicht einer exakten WENN-DANN Beziehung, sondern eher einer statistischen Korrelation. Somit erfordert das Erkennen eines bestimmten Musters keine exakte Übereinstimmung, sondern es ist eine ausreichende Ähnlichkeit zwischen dem distributiv gespeicherten Muster und der vorliegenden Situation ausreichend. Hieraus resultieren assoziative und generalisierende Fähigkeiten des Netzes. Neuronale Systeme können auf bisher unbekannte und untrainierte Eingabedaten korrekt antworten, sofern die Eingabedaten nur eine gewisse Ähnlichkeit zu den, dem System bekannten Eingabemustern haben. Neuronale Systeme können somit verrauschte [264] und verzerrte Eingabedaten korrekt verarbeiten und Ausnahmen sowie vages und unvollständiges Wissen behandeln.

Die herausragende Eigenschaft neuronaler Systeme besteht in ihrer Lernfähigkeit. Sie können sich im Hinblick auf eine gestellte Aufgabe selbst so organisieren, daß sie optimal bewältigt wird. Weiterhin sind sie zur Bearbeitung von Problemstellungen mit unbekannten Ursache-Wirkung Zusammenhängen sehr geeignet. Aufgrund ihrer Lernfähigkeit müssen neuronale Systeme nicht programmiert, sondern trainiert werden und stellen somit einen nützlichen Ansatz zur nichtprogrammierten, adaptiven Informationsverarbeitung dar.

Da in neuronalen Systemen mit Hilfe geeigneter Lernverfahren eine interne Modellierung erfolgt, sind sie für den Einsatz in Problembereichen geeignet, die sich einer expliziten Modellbildung entziehen. Jedoch werden die Probleme in gewisser Weise lediglich auf eine andere Stufe der Modellierung verlagert. Der erfolgreiche Einsatz neuronaler Systeme setzt die Beschaffung geeigneter Daten und eine geschickte Datenkodierung voraus. Darüber hinaus muß eine problemadäquate Auswahl der Netzwerktopologie der Knotendynamik und des Lernverfahrens erfolgen.

---

[264] mit Stör- und Falschdaten versehene Eingangsdaten

Die folgenden Punkte sind für den erfolgreichen Einsatz neuronaler Systeme in der Finanzwirtschaft entscheidend:

- Datenakquisition
  Ausgangspunkt des Trainings neuronaler Netze ist die Beschaffung geeigneter Beispieldaten. Hierzu sind detaillierte Überlegungen darüber anzustellen, welche Datenreihen prinzipiell Informationen enthalten, die es ermöglichen, daß das neuronale System die nicht explizit modellierbaren Zusammenhänge erlernt. Weiterhin ist festzulegen welche Auswahl der Daten unter Berücksichtigung von Effizienzaspekten in die Trainingsmenge aufgenommen werden.
- Datenkodierung
  Ein weiterer Einflußfaktor auf die Leistungsfähigkeit neuronaler Netze ist die Kodierung der Eingabe- und Zielmuster. Dadurch wird die Zahl der Eingabe- und Ausgabeneuronen und somit teilweise die Netztopologie festgelegt. Dies hat Auswirkungen auf die Freiheitsgrade des Netzwerkes und beeinflußt wesentlich die Konvergenzgeschwindigkeit [265] des Lernverfahrens. Die Kodierung der Eingabemuster ist gegebenenfalls sogar ausschlaggebend für die Fähigkeit des Systems, die gewünschten Zusammenhänge zu erkennen.
- Netztopologie, Knotendynamik und Lernverfahren
  Bei der Auswahl der Netzwerkarchitektur hilft meistens nur experimentelles Vorgehen nach dem "trial and error" Prinzip. Es gibt bis heute nur wenige Erkenntnisse darüber welche Architekturen für welche Problemstellungen geeignet sind. In der Praxis ist meist auch ausschlaggebend, ob die entsprechende Architektur mit Hilfe der verwendeten Entwicklungsumgebung realisiert werden kann und ob diese einfach zu handhaben ist.
- Parametertuning
  Der effektive Einsatz neuronaler Systeme erfordert optimierte Parameterwerte, wie Lernfaktoren, Bias- und Initialisierungswerte. Hierzu sind jedoch bis dato nur wenige heuristische Regeln bekannt. Daher ist auch hier weitgehend experimentelles Vorgehen erforderlich.

Die fehlende Verifizierbarkeit neuronaler Systeme stellt einen gravierenden Nachteil dieser Technologie dar. Ihre subsymbolische Informationsverarbeitung wird auch als "Black-Box-Modell" der Informationsverarbeitung bezeichnet. Neuronale Systeme sind schwer analysierbar, da Erklärungsfähigkeit und Nachvollziehbarkeit der Problemlösung verloren gehen. Für die Entwickler und Anwender resultiert dies in einem erheblichen Verlust an Transparenz. Die einzige Möglichkeit, Aussagen über die Leistungsfähigkeit neuronaler Systeme zu gewinnen sind Tests. Erst nach Abschluß solcher Testläufe kann die Lösung

[265] Konvergenz ist das Vorhandensein einer Annäherung oder eines Grenzwertes konvergenter Linien und Reihen

inspiziert werden, wobei der Anwender nicht nachvollziehen kann, wie die Lösung zustande gekommen ist.

9.3.7 Technische Analyse mit Neuronalen Systemen

Dieses Beispiel beschreibt ein neuronales Netzwerkmodell ausgelegt für die Mustererkennung von Aktienkursverläufen als Resultat der technischen Analyse. Die Mustererkennung von Zeitreihencharts im Bereich der technischen Analyse spielt eine wichtige Rolle zur Trenderkennung. Eines der dabei häufig auftretenden Muster ist die Dreiecksformation [266]. In der klassischen technischen Analyse bewertet ein Experte die Charts auf der Grundlage seiner bisherigen Erfahrungen und der Grundregeln der technischen Chartanalyse. Um die Subjektivität des beurteilenden Experten bei leicht verwechselbaren Formationen auszuschließen, sind Mustererkennungssysteme unter Einsatz neuronaler Netzwerktechnologie einsetzbar. Dieser Abschnitt beschäftigt sich mit dieser Zusammenführung klassischer technischer Analyse mit zeitgemäßer Mustererkennungstechnologie.

Zum Zwecke der Mustererkennung aus einer Zeitreihe von Aktienpreisen ist es unabdingbar eine Normalisierungsmethode zu entwickeln, welche die Beeinflussungen durch die Zeitschiene ausschließen und einen Algorithmus für die Erkennung des Musters zu entwickeln. Es existiert derzeit kein erfolgreicher regelbasierter Lösungsansatz für die Aktienpreis-Mustererkennung, da diese zu stark auf der Subjektivität des eingesetzten Experten beruht. Die Dreiecksformation weist zum Beispiel eine nichtlineare Zeitelastizität und definitive Oszillationen auf. Deshalb ist es schwierig mittels bestehender statistischer Modelle und Methoden der künstlichen Intelligenz, solche Muster einwandfrei zu erkennen.

In diesem Beispiel wird ein rekurrentes neuronales Netzwerkmodell zur Erkennung von Dreiecksformationen eingesetzt. In abgewandelter Form kann dieses Modell auch zur Erkennung anderer technischer Analyseformationen eingesetzt werden.

[266] siehe Kapitel 8.3.8.1. ff.

9.3.7.1 Aktien-Zeitreihendaten

9.3.7.1.1 Aktienkursmuster

Ein Beispiel einer Dreiecksformation ist in der folgenden Abbildung dargestellt.

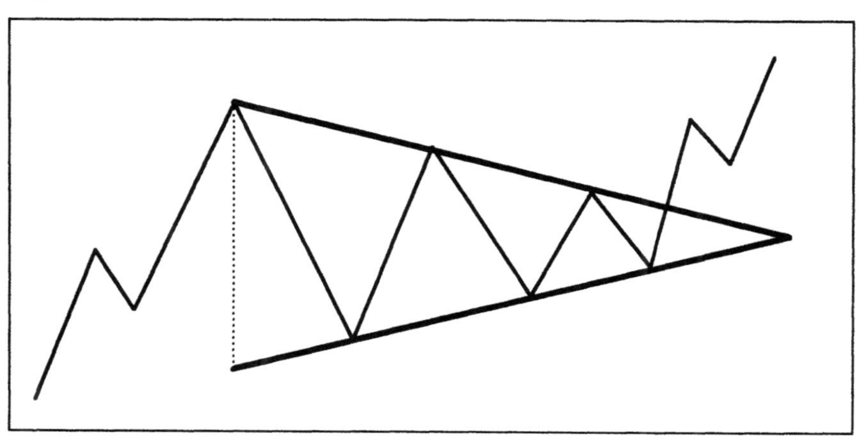

Abbildung 38: Typische Dreiecksformation

Die beiden dreiecksförmig verlaufenden dicken Linien sind die Widerstands- bzw. Unterstützungslinien welche durch den technischen Chartanalytiker auf einem Kurschart aufgetragen werden, wenn das typische Muster einer Dreiecksformation [267] auftritt. Das symmetrische Dreieck ist normalerweise eine Fortsetzungsformation. Es stellt eine Pause im laufenden Trend dar, nach der der Ursprungstrend wieder aufgenommen wird. Die Widerstands- und Unterstützungslinien verbinden die Spitzen bzw. die Tiefen der Kursausschläge. Da die Linien manuell aufgetragen werden und die Preisoszillationen unregelmäßig sind, ist es äußerst schwierig das Dreieck mittels eines einfachen statistischen Modells zu definieren.

9.3.7.1.2 Kursdatensammlung

Aus einer Auswahl von über 1.000 Kurscharts börsengehandelter Aktien werden 16 Zeitreihen ausgewählt, welche als eindeutige Dreiecksformationen bestimmt werden. Die ausgewählten Dreiecksformationen variieren in der Zeitdauer von 13 zu 35 Wochen. Die durch die eingetragene Widerstands- bzw. Unterstützungslinie identifizierten Preispunkte, werden zur Eingabe in das neuronale Netzmodell dieses Beispiels verwendet.

9.3.7.1.3 Normalisierung

Um unerwünschte Beeinflussung des Modells zu vermeiden, werden alle verwendeten Daten "normalisiert". Zu diesem Zwecke wird die Variation des Aktienkurs-Durchschnittswertes auf wöchentlicher Basis als normalisierter

---

[267] siehe Kapitel 8.3.8.1. ff.

Wert benützt. Zur Anwendung im Modell kommt der durchschnittliche Aktienkurs, welcher durch exponentielle Glättung erzielt wird. Dabei ist C_t der Schlußkurs der $_t$ ten Woche wodurch sich der Durchschnitt A_t ergibt wie folgt:

$A_t = s\,C_t + (1 - s)\,A_{t-1}$

$= s\,C_t + s(1 - s)\,C_{t-1} + s(1 - s)^2\,C_{t-2} + \ldots\ldots$usw.

$s = 2/13$

Dabei ist s die im Aktienmarkt wohlbekannte Konstante und der Nenner ist die Anzahl der rekursiven Kalkulationen. Daher ergibt sich der normalisierte Wert V_t wie folgt:

$$V_t = \frac{A_t - A_{t-1}}{A_{t-1}}$$

Da sowohl die Hoch- als auch die Tiefpreise zur Entscheidung ob eine Dreiecksformation vorliegt wichtig sind, sind die Preisdaten als Inputdaten erforderlich. Weiters werden zur Berechnung der normalisierten Werte der Hoch- und Tiefpreise die Werte H_t für Hoch und L_t für Low eingesetzt. Dadurch ergeben sich die durchschnittlichen Werte für den Hochpreis als U_t und den Lowpreis als D_t mittels folgender Berechnungen:

$$U_t = \frac{A_t - H_t}{A_t} \qquad D_t = \frac{A_t - L_t}{A_t}$$

Da die Sigmoidfunktion als Outputfunktion der Eingangsschichte gewählt wird, werden die gesamten Eingangsdaten linear transformiert, sodaß die betreffenden Datensätze sich alle im Bereich von 0 bis 1 befinden.

9.3.7.2 Neuronales Netzwerkmodell

Das verwendete Netzwerkmodell weist eine rekurrente Verbindungstruktur, ähnlich jener welche von Elman [268] verwendet wurde, auf. Diese Struktur begrenzt die Länge der Eingangssequenzen nicht starr. Das Netzwerk hat eine Vier-Schichten Architektur, bestehend aus einer Eingangsschicht, 2 versteckten Schichten und einer Ausgangsschicht. Der Ausgangswert jedes Elementes in der Ausgangsschichte, ergibt sich aus der folgenden linearen Funktion:

$$f_1(x) = 0.4x, \qquad \left(x \equiv \sum_{i=1}^{m} w_i y_i - \theta\right)$$

wobei y_i der Ausgangswert der $_i$ten Einheit der vorherigen Schicht, weiters w_i die Gewichtung der Verbindung von der $_i$ten Einheit, θ der Schwellwert und m die Anzahl der Elemente in der vorherigen Schichte ist. Die Ausgangsfunktion der anderen Schichten ist die folgende Sigmoidfunktion:

$$f_2(x) = \frac{1}{1 + e^{-x}}$$

---

[268] J.L. Elman: Finding Structure in Time

Die nachfolgende Abbildung zeigt die schematische Darstellung dieser neuronalen Netzwerkstruktur.

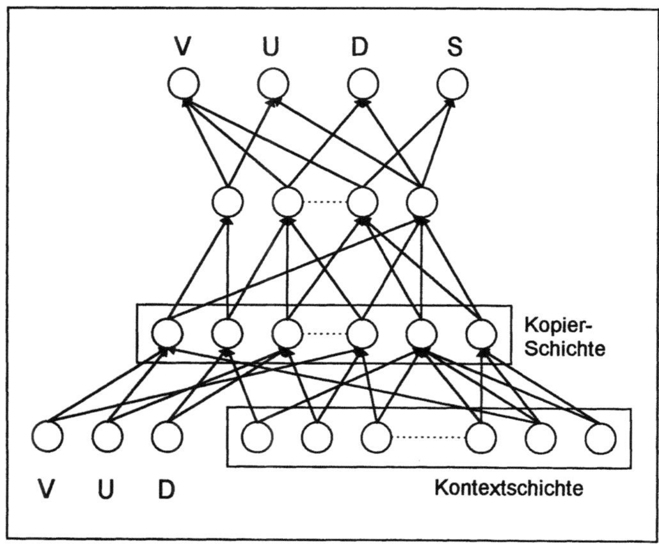

Abbildung 39: Neuronale Netzwerk Architektur

Die Eingangsschichte besteht aus zwei Gruppen von Elementen. Die erste Gruppe repräsentiert die gegenwärtigen Aktiendaten V, U, D. Die zweite Gruppe wird die Kontextgruppe genannt, da deren Elemente den temporären Kontext repräsentieren, indem sie eine Kopie der Aktivitätslevel der ersten versteckten Schicht aus dem vorherigen Schritt enthalten. Die Ausgangsschichte enthält die Prognose-Elemente für die Aktiendaten und ein Dreieckselement S zur Identifikation von Dreiecksmustern. In diesem Beispiel wird die Elementezahl für die erste versteckte Schicht mit 64 und für die zweite versteckte Schicht mit 24 festgelegt.

9.3.7.3 Training

Das vorgeschlagene neuronale Netz, welches die Back-Propagation Lernmethode benützt, wird nun auf die Merkmale der Dreiecksformationen trainiert, indem V_t, U_t, D_t als Eingangsdaten, und V_{t-1}, U_{t-1}, D_{t-1} und S_{t-1} als Lehrsignale an jedem Punkt in der Zeiteinheit t verwendet werden. Alle Anfangswerte für die Kontextschichte sind Null.

Sechzehn Aktienkursmuster werden in zwei Gruppen aufgeteilt; 15 als Trainingsmuster und eines als Testmuster. Sechzehn Experimente werden zur Mustererkennung durchgeführt, wobei die Gruppen zyklisch verwendet werden. In jedem Experiment wird das neuronale Netz in Zufallssequenz auf 15 Dreiecksformationen trainiert. Diese Trainingsläufe erfolgen iterativ [269] in

[269] sich schrittweise in wiederholten Rechengängen der exakten Lösung annähernd

2.000 Durchläufen. Nach Komplettierung der iterativen Durchläufe sind die Fehlerquoten des trainierten neuronalen Netzes sehr klein und weitere Variationen sehr unwahrscheinlich.

9.3.7.4 Ergebnisse

Nach dem Training des oben beschriebenen neuronalen Netzes werden die Testläufe für 16 Aktien für einen Zeitraum von 3 Jahren durchgeführt. Die Erkennung beginnt mit den Aktiendaten der letzten Woche, worauf das Netz chronologisch zurückgehend die Daten auf Dreiecksformationen untersucht. Die Fehler zwischen den Vorhersagewerten der jeweiligen Woche und den bekannten realen Werten des gleichen Zeitraums werden errechnet und aus der ersten versteckten Schichte in die Kontextschichte übertragen. Diese Fehlerquote wird rückwirkend kumuliert. Sobald der Aktivierungspegel der Dreieckseinheit S einen voreingestellten Schwellwert überschreitet, ist die Zeitperiode bis zu dieser Überschreitung als Dreiecksformation zu betrachten. Das oben beschriebene neuronale Netz läßt, gestützt auf ähnliche experimentelle Netzanwendungen, die Schlußfolgerung einer hohen Genauigkeitsrate von 90 - 95 % zu.

9.3.7.5 Industrielle Anwendungen Neuronaler- und Fuzzy Systeme

Siemens Nixdorf präsentierte kürzlich ein neuronales Netzwerksystem welches in der Lage ist, aus einer Reihe von volkswirtschaftlichen Daten der Vergangenheit wie Zahlungsbilanzsalden, Wechselkursen oder Geldmengenumlauf, ein Prognosemodell zu erstellen. Unter dem Namen "SENN" [270] wurde durch SNI ein Entwicklungswerkzeug geschaffen, welches den Aufbau individueller, automatisierter Prognosesysteme im Finanzbereich ermöglicht. Dabei legt das neuronale Netz in einer Reihe iterativer Trainingsdurchläufe selbsttätig die Gewichtung der einzelnen Netzparameter fest und entscheidet automatisch, welche Daten es zur Prognose heranzieht.
Im Rahmen einer Applikation für die deutsche Versicherungsgesellschaft Allianz, filterte das "SENN" basierte neuronale Netzwerksystem aus mehr als hundert volkswirtschaftlichen Zeitreihen 25 Indikatoren als ergebnisrelevant heraus. Es erreichte laut SNI bei mehrmonatigen Zinsentwicklungen eine Trefferquote von durchschnittlich 80 %, bei Tagesprognosen zum Beispiel für Devisenkurse etwa 60 %. Dies ist angesichts der Tatsache, daß eine Prognosequote von 55 - 57 % im Devisenhandel als hervorragend gilt, ein ausgezeichneter Wert.

Ein anderes von Siemens Nixdorf in Zusammenarbeit mit der Universität Mannheim auf der Basis des Neuro-Computing entwickeltes System ist "Synapse 1". Das System wird in Dresden bei der SNI Tochter EFG gefertigt. Bei der Simulation eines neuronalen Netzes erreicht Synapse 1 eine Leistung

---

[270] Software-Entwicklungsumgebung für Neuronale Netze

die mindestens um den Faktor 8000 über der einer schnellen Workstation liegt. Herzstück des in einer skalierbaren Multiprozessor-Architektur aufgebauten Rechners, ist der Neuro-Signalprozessor MA 16. Er besteht aus 610.000 Transistoren und führt pro Sekunde bis zu 400 Millionen Rechenoperationen (400 MIPS) aus. Serienmäßig wird Synapse 1 mit 8 MA 16 Prozessoren geliefert, verfügt somit über eine Verarbeitungkapazität von 3.200 MIPS. Synapse 1 kann in einer Stunde soviel lernen wie ein neuronales Netz auf einem konventionellen Computer in einem Jahr. Eine Stunde Rechenzeit auf der Synapse 1 entspricht rund 1.000 Arbeitstagen auf einer schnellen Workstation. Selbst sehr große neuronale Netze, mit bis zu 64 Millionen Synapsen, kann Synapse 1 in der Standard-Ausführung simulieren. Durch seine Architektur ist Synapse 1 für alle beschriebenen Arten von neuronalen Netzen geeignet. Die Programmierung erfolgt mit einer objektorientierten Programmiersprache und die Darstellung der Ergebnisse erfolgt über eine konventionelle Workstation. Weiterführende Forschungsarbeiten mit Synapse 1 laufen derzeit an der Universitätsklinik Graz für den Einsatz im medizinischen Bereich und an der Technischen Universität in Wien.

Eine völlig andersgeartete Anwendung der neuronalen Netztechnologie wurde durch Wissenschaftler des Trinity College in Dublin zusammen mit der japanischen Firma Hitachi entwickelt. Im Labor wurden die ersten Erfolge bei der Entwicklung eines künstlichen Auges erreicht, welches einen großen Teil der optischen Signale auch optisch verarbeitet, ehe sie in elektronische Signale umgesetzt und zu Steuerungszwecken verwendet werden. Dieses System arbeitet auch mit einem neuronalen Netzwerk um die optischen Signale schnell genug zu verarbeiten. Es wird von seinen Entwicklern als das erste einsatzfähige System der optischen Datenverarbeitung bezeichnet. Hitachi plant die Weiterentwicklung zur Nutzung in “sehenden” und selbststeuernden Robotern.

Auch IBM hat erste Schritte in Richtung industrieller Nutzung neuronaler Systeme unternommen. Weitgehend unbemerkt von der Öffentlichkeit vermarket IBM sein “Neural Network Utility /2” für OS/2 Warp (auch für Windows verfügbar), welches jedermann auf dem gewohnten PC in die Lage versetzt, maßgeschneiderte neuronale Netzapplikationen zu entwickeln. Die graphische Benützeroberfläche erleichtert die Bedienung ganz erheblich. NNU/2 ist in der Lage die benötigten Daten aus einer Vielzahl gebräuchlicher Datenformate einzulesen. So läßt sich beispielsweise das Training des neuronalen Netzes über Dateien abwickeln, während die Kontrolle und die Anwendung über einen Bildschirmdialog laufen können. Je nach dem zu lösenden Problem stehen fünf Typen von neuronalen Netzen zur Verfügung. Es handelt sich dabei um die Typen Backpropagation, Adaptive Resonance, Constraint Satisfaction, Feature-Map und Routing Map.

Auch Fuzzy Logic Anwendungen beginnen aus dem akademischen Umfeld in die industrielle Praxis zu migrieren. So ist die Matlab Fuzzy Logic Toolbox das erste Produkt, welches vollständig in einer technischen Rechen- und Simulationsumgebung integriert ist. Die Fuzzy Logic Toolbox ist das Herz einer kompletten Umgebung für Fuzzy System Entwurf, dynamische Simulation und Implementation. Dieses Werkzeug bietet die ganze Spannweite an Fuzzy Logic Methoden in einer graphischen Benützeroberfläche an. Es verfügt auch über neueste Techniken, wie zum Beispiel adaptives Neuro-Fuzzy.

In enger Zusammenarbeit zwischen Wissenschaft und Wirtschaft gelang es 1994 dem Fuzzy Logic Laboratorium der Universität Linz, die ersten heimischen Industrielösungen zu entwickeln. Unter der Führung von Prof. Dr. Erich Peter Klement gelang der Abschluß zweier industrieller Projekte für die Voest-Alpine, bei der eine Kombination aus klassischer Mathematik und Fuzzy Logic zum Erfolg führte.

9.3.8 Vergleich neuronaler Systeme mit Fuzzy-Systemen

Adaptive Fuzzy-Systeme nutzen neuronale Techniken, um aus Beispieldaten Erfahrungswissen in Fuzzy-Regeln umzusetzen. Adaptive Fuzzy-Systeme lernen die Verarbeitung komplexer Prozesse ähnlich wie menschliche Experten. Sie beginnen mit Regeln, die den Verarbeitungsprozeß grob beschreiben und von einschlägigen Experten vorgegeben werden. Durch neue Erfahrungen werden die Regeln verfeinert und somit die Systemleistung verbessert.

Um die zuvor beschriebenen Nachteile neuronaler Systeme zu vermeiden, müssen lernfähige Systeme stark strukturiert werden, sodaß einzelne Verarbeitungseinheiten oder Gruppen von Verarbeitungseinheiten, lokale Konzepte repräsentieren können. Hierzu müssen die einfachen Neuronen ersetzt werden durch andere Wissensrepräsentationsformen, die sich gleichfalls parallelisieren lassen. Dafür sind Linguistische Variablen und Fuzzy-Sets wie geschaffen. Unscharfe Fuzzy-Regeln lassen sich gut als lokale Konzepte eines Netzwerkes interpretieren. Über die in den Regeln verwendeten liguistischen Variablen und die vorbestimmten groben Regelzusammenhänge, kann dem adaptiven System eine Problemstruktur vorgegeben werden. Vorab bekanntes Wissen läßt sich somit problemlos vor der Trainingsphase in das System eingeben. Dies beschleunigt den Lernvorgang und Fehlverhalten in der Arbeitsphase des Netzwerkes bleibt erklärbar und läßt sich eventuell durch gezielte Eingriffe beheben.

Neuronale Netzwerke und Fuzzy-Systeme besitzen Gemeinsamkeiten, die ihrem Zusammenwirken in adaptiven Systemen zustatten kommen. Neuronale Netzwerke und Fuzzy-Systeme sind beide in der Lage unscharfe Informationen zu verarbeiten, wobei diese Verarbeitung selbst unscharf erfolgt. Beide Ansätze benützen hierbei numerische Methoden. Neuronale Systeme erkennen stark verrauschte Eingabemuster ohne explizites Regelwissen und Fuzzy-Systeme führen komplexe Prozesse lediglich mit einer unvollständigen, qualitativen Beschreibung des Systemverhaltens durch.

Beide Ansätze teilen sich eine formale mathematische Eigenschaft: Sie besitzen den gleichen Zustandsraum. Diese Gemeinsamkeit läßt sich dahingehend ausnützen, daß Fuzzy-Sets und Neuronen ausgetauscht werden können.

In der Praxis entspricht daher ein adaptives Fuzzy-System quasi einem neuronalen Netzwerk, dessen Neuronen durch Fuzzy-WENN-DANN-Regeln ersetzt wurden. Verändert werden während der Trainingsphase die Plausibilitäten der unscharfen Regeln. In der Arbeitsphase arbeitet das System hingegen als reine Fuzzy-System. Als mögliches Lernverfahren wird in bereits existierenden Fuzzy-Entwicklungsumgebungen eine Kombination von Fehlerkorrektur- und Wettbewerbslernen vorgeschlagen. Dabei wird in einer ersten Lernphase ein Fehlerwert ermittelt, indem die Systemantwort für die eingegebenen Beispieldaten mit der vorgegebenen Systemantwort abgeglichen wird. Dieser Fehlerwert wird in der zweiten Lernphase benötigt um die Fuzzy-Regel zu finden, die im Wettbewerb mit den anderen Regeln zur größten Systemverbesserung führt. Mit Hilfe der Lernregel wird abschließend die Plausibilität der ausgewählten Regel modifiziert, bevor die nächsten Beispieldaten eingelesen werden. Genau wie bei neuronalen Systemen hat die Auswahl der Beispieldaten einen entscheidenden Einfluß auf den Lernerfolg des Systems.

10. Nutzen und Grenzen der Informatik

In der Finanzwirtschaft ebenso wie in den Technik- und Naturwissenschaften, erfolgt die mathematische Modellierung von Sachverhalten üblicherweise durch das Instrumentarium der klassischen Mathematik und Informatik. Mathematisch exakt formulierte Informatikmodelle erzwingen eine Reihe von Idealisierungen, um von einem konkreten Anwendungsproblem zu dem entsprechenden formalen Ansatz zu gelangen.

Ein Aspekt derartiger Idealisierungen ist die Annahme, über alle relevanten Daten verfügen zu können. In der Bankpraxis zeigt sich aber, daß es oft schlecht möglich ist, Daten mit vorgegebener Genauigkeit zu bestimmen. Andererseits kann der Fall vorliegen, daß für bestimmte Kenngrößen keine objektive Messung vorgenommen werden kann, weil die Kenngröße lediglich Nominalskalen- bzw. Ordinalskalenniveau aufweist. Ein anderer Gesichtspunkt derartiger Idealisierungen bezieht sich auf die Semantik der verwendeten Begriffe. So sind zum Beispiel für die Bewertung eines Marktes Ober- und Untergrenzen festzulegen, deren empirische Bestimmung mit der vom Modell geforderten Genauigkeit nicht immer exakt möglich ist.

Die Nützlichkeit von Mathematik und Informatik für Zwecke der Modellierung der Finanzmärkte steht außer Frage. Jedoch kann die unbedachte Anwendung mathematisch/informatischer Methoden zu falschen Ergebnissen führen, da implizit die exakte Beschaffung der Modellparameter vorausgesetzt wird. Die Anwendung mathematisch/informatischer Modelle ist daher nicht für jeden Zweck in der Finanzwirtschaft geeignet, insbesonders weil folgende zwei Probleme auftauchen [271]:

- Reale Situationen in den Finanzmärkten sind sehr oft nicht eindeutig und klar abgrenzbar und können daher nicht präzise beschrieben werden.
- Die umfassende Beschreibung eines realen Systems in der Finanzwirtschaft erfordert mehr detaillierte Daten als auch ein Experte gleichzeitig erkennen, verarbeiten und verstehen kann.

Mit steigender Komplexität der Finanzmärkte steigt die erforderliche Komplexität von Analyse- und Prognosesystemen an. Mit steigender Komplexität eines Systems nimmt aber die menschliche Fähigkeit ab, genaue und bedeutsame Aussagen über das Verhalten des Systems zu treffen, bis ein Punkt erreicht ist, an dem Genauigkeit und Bedeutung [272] meist zu sich gegenseitig ausschließenden Merkmalen werden. Es bleibt festzustellen, daß

[271] siehe auch Kapitel 9.2.1. ff.

[272] Relevanz

die meisten Situationen im täglichen Leben in den Finanzmärkten von Ungewißheit und Unsicherheit geprägt sind.

10.1 Vor- und Nachteile mechanischer Handelssysteme

Die starken inflationären Tendenzen in den 70er Jahren haben primäre Hausse-Zyklen in den Finanzmärkten begünstigt, die viele Jahre andauerten. In diesem Klima starker, trendgerichteter Märkte kamen die mechanischen Handelssysteme auf. Technische Handelssysteme wiesen zu dieser Zeit größtenteils außergewöhnlich gute Handelsergebnisse auf. Ebenfalls zu dieser Zeit wurden Aktienmarktfonds sehr populär. Diese großen, mit vielen Millionen Dollar ausgestatteten Kapitalsammelbecken wendeten die Trendfolgesysteme im großen Stil an. Alles ging solange gut, als die Hausse-Märkte andauerten. Ende der 80er Jahre jedoch platzte die inflationäre Blase und führte zu einem mehrjährigen Kursrückgang.

In den 80er Jahren waren die Trendfolgesysteme weniger erfolgreich. Die meisten der großen Fonds, welche Trendfolgesysteme einsetzten, waren profitabel, jedoch nicht in der Lage, die spektakulären Ergebnisse der 70er Jahre zu wiederholen. Es gibt eine ganze Reihe von Erklärungen für dieses Verhalten. Zum einen wurden diese Systeme in klaren Hausse-Märkten entwickelt und getestet. Sie wurden niemals in Baisse-Märkten erprobt und auf "Herz und Nieren" getestet. Weiters waren Trends nicht so weit verbreitet. Mittelfristige Bear-Markt-Rallyes und Konsolidierungs-Formationen unterbrachen die generelle Baisse-Tendenz, was oft zu Fehlsignalen führte. Obwohl Trends sicherlich immer noch vorliegen, waren sie konzentrierter. Als Resultat davon wurden Gewinne, in einem oder zwei trendgerichteten Finanzmärkten, oft durch Verluste in vielen anderen trendlosen Finanzmärkten kompensiert.

Betrachtet man die Ergebnisse der letzten Jahre, so wird klar, daß trendfolgende Systeme, die auf automatischen computererzeugten Signalen basieren, nicht mehr hundert Prozent verläßlich sind. Das bedeutet jedoch nicht, daß diesen Methoden kein Wert beizumessen wäre, beziehungsweise man sie nicht einsetzen sollte. In der Folge einige Vor- und Nachteile derartiger Systeme.

10.1.1 Vorteile mechanischer Handelssysteme

1. Menschliche Emotion wird eliminiert
2. Größere Handelsdisziplin wird erreicht
3. Größere Konsistenz ist möglich
4. Positionen werden nur in Richtung des Trends aufgenommen
5. Teilnahme an jedem wirklich wichtigen Trend
6. Gewinne werden laufen gelassen
7. Verluste werden begrenzt

10.1.2 Nachteile mechanischer Handelssysteme

1. Die meisten Systeme sind trendfolgend
2. Trendfolgende Systeme benötigen einen stärker ausgeprägten Trend, um profitabel zu sein
3. Trendfolgesysteme sind im allgemeinen unprofitabel, wenn die Finanzmärkte keinen Trend aufweisen
4. Es gibt immer wieder lange Zeitspannen, in denen die Finanzmärkte keinen klaren Trend aufweisen und sich durch ihre Seitwärtsbewegung nicht für den trendfolgenden Ansatz eignen
5. Mechanische Handelssysteme können unter bestimmten Umständen ein Opfer der "self fullfilling prophecy" sein und Marktwirkungen erst auslösen.

10.2 Mustererkennung mittels künstlicher Intelligenz

Der Computer hat die Aufgabe des Chart-Technikers vereinfacht, indem er einen schnellen und einfachen Zugriff auf einen breiten Bereich technischer Werkzeuge und Indikatoren ermöglicht. Zugleich ist die Aufgabe des Analysten aber erheblich schwieriger geworden. Während der technische Analyst zuvor nur mit einer Handvoll Methoden zu tun hatte, muß er sich heute mit mehr als 40 Indikatoren gleichzeitig beschäftigen. Basierend auf Forschungen im Bereich der kognitiven Psychologie, ist man der Meinung, daß der menschliche Geist Probleme dabei hat, mehr als drei unterschiedliche Variablen gleichzeitig zueinander in Beziehung zu setzen. Ein Analyst der vier oder mehr Variablen simultan verarbeiten will, ist dabei also überfordert. Wenn ein Analyst aber nur drei dieser Variablen folgen möchte, für welche soll er sich dann entscheiden?
In der Vergangenheit wurde der Computer fast ausschließlich als Rechenmaschine benützt. Seine Aufgabe bestand darin Daten zu kalkulieren und zu präsentieren und dadurch dem Anwender Zeit zu sparen. Eine wichtigere Aufgabe mag jedoch die Bewertung all der Daten sein, die er für uns kalkuliert hat, daß heißt, daß man seine logischen, zusammen mit seinen Rechenfähigkeiten benützt. Dies führt zum Thema der künstlichen Intelligenz (KI [273]) und zur Mustererkennung (PR [274]).

Der Begriff künstliche Intelligenz bezieht sich auf heuristische Programme, die Probleme genauso wie ein Mensch lösen. Der Computer verhält sich dann auf eine Art, die als intelligent zu beschreiben wäre. Der Computer bewertet Situationen, trifft Entscheidungen und lernt aus seinen eigenen Fehlern. Mustererkennung ermöglicht es dem Computer, Entscheidungen und Prognosen, basierend auf der Klassifikation unterschiedlicher Indikatoren, zu treffen. Der Begriff des Musters (Pattern) wie er dabei verwendet wird,

[273] Künstliche Intelligenz, oder engl. Artificial Intelligence (AI)

[274] engl. Pattern Recognition

unterscheidet sich in der Bedeutung etwa bei den Chart-Mustern. Während es dabei um eine einzelne Größe (einen Indikator) ging, behandelt die Mustererkennung das Verhältnis der Indikatoren zueinander.
Der erste Schritt besteht darin, den besten einzelnen Indikator zu ermitteln, der zweite Schritt in der Ermittlung der besten Kombination von Indikatoren. Der dritte Schritt besteht darin, die besten drei Indikatoren zu ermitteln. Dieser Prozeß wird solange fortgesetzt, bis die Hinzufügung eines neuen Indikators zu keiner Verbesserung mehr führt. Beim Testen werden dabei zwei Arten von Datensätzen benützt: Lerndaten und Testdaten. Die Resultate, die man bei den Lerndaten erhalten hat, müssen noch bei den unterschiedlichen Testdaten bestätigt werden. Diese Technik des Einsatzes zweier Datensätze verhindert das "Curve-Fitting" [275], ein Einwand, der oft gegenüber den Tests technischer Verfahren gemacht wird, speziell beim Test auf optimierte Parameter.
Künstliche Intelligenz und Pattern Recognition mögen die Antwort auf das Problem, wie man mit gegensätzlichen Informationen, wie sie oft in den Finanzmärkten auftreten, umgeht, beinhalten. Bei der Behandlung gegensätzlicher Informationen wird der Computer eingesetzt, der alle Indikatoren kalkuliert und dann die beste Kombination von Indikatoren für eine gegebene Situation auswählt. Da die Lösung so klar ist, warum wird nicht seitens der Industrie mehr in diese Richtung unternommen? Bisher wurde diese Art von Lösungsansätzen eher in akademischen Situationen, als in der wirklichen Finanzwelt eingesetzt. Die Kosten sind hoch und sehr große und damit teure Rechnerkapazitäten sind erforderlich.

10.3 Ausblick

Es ist unleugbar, daß die Informationstechnologie die Finanzmärkte revolutioniert hat und teilweise neue Märkte geschaffen hat. Gerade in Banken hat die Informationsverarbeitung, wie versucht wurde in dieser Arbeit nachzuweisen, eine hohe strategische Bedeutung. Die Planungsorganisation der Bank muß daher dieser strategischen Bedeutung angepaßt sein. Die Planung ist darauf auszurichten, daß die Ressourcen für die Informationsverarbeitung effektiv eingesetzt werden. Eine nur langfristige, primär an Effizienzzielen orientierte Planung der Informationsverarbeitung ist daher für den Bankbetrieb nicht ausreichend. Vielmehr muß die IT-Planung strategisch ausgerichtet sein und den Aufbau von Wettbewerbsvorteilen im Handel und das Erkennen von Marktchancen zum Ziel haben. Der Kapitalbedarf für die Informationsverarbeitung in Banken ist sehr erheblich. Einen Eindruck vermitteln die Ergebnisse einer neueren amerikanischen Untersuchung, nach der Banken mit ihren Budgets für die Informationsverarbeitung im Vergleich mit anderen Branchen an der Spitze stehen. So investierten 1990 amerikanische Banken

---

[275] nachträgliches Anpassen an den Kursverlauf

4,5 % ihres Gesamtumsatzes in IT aber im Vergleich amerikanische Versicherungen nur 1,7 %.

10.3.1 Hardware und Systeme

Für die nächsten Jahre ist eine weitere Fortsetzung, des Anfang der 90er Jahre begonnen Trends hin zur Client-Server Architekturen und verteilter Datenverarbeitung zu erwarten. Das vielbesprochene Sterben der Großsysteme wird auch in den nächsten Jahren nicht eintreten, sondern dem Trend folgend werden diese Mainframe-Systeme weiter zunehmend ihren Einsatzschwerpunkt verändern. Wurde früher noch die gesamte Informationsverarbeitung der Bank auf dem Großrechner durchgeführt, mutieren diese Host-Rechner zunehmend zu enorm leistungsfähigen relationalen [276] Datenbanksystemen. Die eigentliche Informationsverarbeitung erfolgt zunehmend auf Ebene der Server im Netz oder sogar auf Ebene der Arbeitsplatzrechner. Diese verteilte Datenverarbeitung hat den wesentlichen Vorteil, jeder Ebene im Systemverbund jene Funktionen zuzuweisen, welche auf dieser Ebene technisch und kommerziell am günstigsten abgewickelt werden können. Darüberhinaus ist ein wesentlicher Vorteil die flexiblere Systemgestaltung, da Teilbereiche des Gesamtsystems auf wirtschaftliche Weise verbessert oder verändert werden können.

Eine in diesem Zusammenhang sehr häufig vorzufindende Systemarchitektur im Bankenbereich, besteht aus zentralem Großrechner mit relationaler Datenbank [277], dezentralen Abteilungsrechnern der mittleren Datentechnik [278] und Arbeitsplatz-PC's mit graphischen Benützeroberflächen [279]. Die Verarbeitung der Daten erfolgt jeweils auf der Stufe der Systemarchitektur welche dafür technisch und wirtschaftlich am geeignetsten ist. Am Beispiel des Arbeitsplatzes eines Aktienhändlers verteilt sich die Informationsverarbeitung wie folgt:

- Speicherung mehrjähriger Aktienkurs-Zeitreihen in einem relationalen DBMS [280] auf dem zentralen Großrechner
- Vorverarbeitung der abteilungsrelevanten Rohdaten durch Bewertungsfaktoren, Splitfaktoren und dergleichen, sowie Speicherung auf dem dezentralen Abteilungsrechner
- Endverarbeitung durch technische Analyseapplikationen auf dem Arbeitsplatzrechner mit intuitiver, graphischer Benützeroberfläche

---

276 Daten werden nicht sequentiell sondern relational verwaltet und können daher beliebig verknüpft werden

277 z.B. IBM 309x mit DB/2

278 z.B. IBM AS/400

279 MS Windows oder IBM OS/2

280 Datenbank Management System

Diese Systemarchitekturen sind für die konventionelle Datenverarbeitung ideal geeignet. Für die "neuen" Bereiche der Informationstechnologie, wie in dieser Arbeit beschrieben, zum Beispiel neuronale Netze und Fuzzy Technologie, eignen sich die obigen Architekturen nur bedingt oder gar nicht. Gerade für die Verwendung mit diesen neuen Technologien ist die klassische sequentielle [281] und serielle Verarbeitung ungeeignet. Diese, dem menschlichen kognitiven Verhalten nachgebildeten Systeme, erfordern massive Parallelverarbeitung[282]. Die heute verfügbaren Systeme, welche zum massiven Parallelprozessing geeignet sind [283], sind auf Grund ihrer exorbitant hohen Preise für den Flächeneinsatz noch völlig ungeeignet. Diese "Supercomputer" sind überwiegend im akademischen Bereich im Einsatz, wodurch die starke Konzentrierung des Wissens über neuronale Netze und Fuzzy-Logic auf Universitäten erklärt wird. Ein Durchbruch dieser neuen IT-Technologien in die Praxis des Bankumfeldes ist daher in hohem Maße abhängig von der Möglichkeit der Industrie entsprechend leistungsfähige, kostengünstige und "bedienbare" Parallelcomputer anzubieten.

Eine noch weitere Vorschau in die Zukunft des "Supercomputing" ist die Erwartung revolutionärer Schritte hin zum Bio-Computer. Wie beschrieben sind der Weiterentwicklung von Lösungen auf der Ebene neuer Denkansätze wie neuronaler oder Fuzzy Logic sowie kombinatorischer Systeme heute noch keine absehbaren Grenzen gesetzt. Anders sieht dies im Bereich der Bausteine der Handware aus. Die Industrie kommt zunehmend in eine Grenzzone, die ungeachtet rasanter Fortschritte in der Leistungssteigerung und Miniaturisierung, bereits deutlich am Horizont sichtbar wird. Eine ökonomische Schere tut sich auf, da bei jeder weiteren Miniaturisierung um den Faktor Zwei sich die Chip-Produktionskosten um den Faktor Fünf erhöhen. Der Zeitpunkt ist abzusehen, wenn weitere Miniaturisierungschritte unbezahlbar werden. Der Biochemiker Professor Robert R. Birge, Forschungsdirektor am W.M. Keck Center for Molecular Electronics hat jüngst seine bisherigen Forschungsergebnisse veröffentlicht, welche von der revolutionären Erkenntnis ausgehen, die "Trägersubstanz" zu wechseln. Konkret gemeint ist der Ersatz von anorganischer Silizium-Technologie durch "organische" Computer der biomolekularen Art. Birge geht vom Denkansatz aus, jedes Material, welches schnell und kontrolliert den "Seinszustand" umschalten kann, wäre für den Bau von organischen I/O Schaltungen [284] geeignet. Biomolekulare Substanzen könnten auf molekularer Ebene noch wesentlich präziser, als anorganische Stoffe zu ihrer späteren Bestimmung als Schaltungsstrukturen herangezüchtet werden.

---

[281] ein Vorgang wird nach dem anderen abgearbeitet

[282] gleichzeitige Abarbeitung vieler oder aller Vorgänge

[283] z.b. Cray Super-Computer

[284] In-Out Schaltungen

Eine heute bereits gebräuchliche Anwendung organischer Materialien im Computerumfeld sind die LCD Monitore von Laptops. Diese organischen Flüssigkristalle werden ganz konventionell von Transistoren vom Ein- auf den Aus- Zustand geschaltet. Eine ganz gebräuchliche Hybrid Technik also, welcher wir im alltäglichen Einsatz begegnen.

10.3.2 Software und Applikationen

Die klassischen Methoden und Hilfsmittel im Front-Office der Handelsbanken, die seit vielen Jahren mit wechselndem Erfolg im Einsatz sind, wie zum Beispiel die Chartanalyse und andere Applikationen der heuristischen Datenverarbeitung, werden auch in den nächsten Jahren nicht aussterben. Der Trend hin zu neuen Applikations-Technologien unter dem Motto "noch schneller, noch besser, noch einfacher zu bedienen", um die Konkurrenzfähigkeit in außerordentlich kompetitiven Märkten zu verbessern, wird zweifellos in den nächsten Jahren zu einem ausgeprägten Boom der neuen Technologien führen. Wie heute die von den Japanern stark vorangetriebene Fuzzy-Logic bereits stark in den Konsumbereich [285] eingebrochen ist, ist eine zunehmende Anwendung dieser Technologie auch im Bereich der Prognosesysteme im Finanzumfeld zu erwarten. Das gleiche gilt für die beschriebene Technik der neuronalen Netze, die bereits von der Industrie aufgegriffen wurde. Die Gründe warum diese vielversprechenden neuen Technologien noch nicht in der Breite der Finanzmärkte verfügbar sind, sind:

- Die erforderliche Hardware existiert noch nicht oder ist noch viel zu teuer und unausgereift
- Die Experten für diese neuen Anwendungstechniken finden sich noch überwiegend im akademischen Bereich und sind im Bereich der Industrie völlig unterrepräsentiert
- Die neuen Technologien sind im Umfeld der potentiellen Anwender noch weitgehend unbekannt und daher nicht ausreichend nachgefragt
- Die Software-Industrie hat sich dieser neuen Technologien nur in sehr bescheidenem Umfang angenommen

Eine realistische Prognose für die nächsten Jahre ist das Zusammenwachsen bestehender und neuer Technologien, wie das beschriebene Beispiel der Kombination aus technischer Analyse (Dreiecksformation) und neuronalem Netz zur automatischen, systemgestützten Mustererkennung zeigt. Es wird dabei gelingen, die in den bestehenden Methoden durch subjektive Interpretation implizit enthaltenen Fehlerbereiche durch Einsatz kognitiver Systeme auszuschalten, oder zumindest deutlich zu verbessern. Als Resultat werden die eingesetzten Applikationsysteme zuverlässiger und präziser, und werden Prognosen auch aus unvollständigen und stark "verrauschten" Daten zulassen.

---

[285] z.B. Filmkameras mit Fuzzy-Steuerung gegen Verwackeln

10.3.3 Conclusio

Aus diesem Buch ergibt sich die klare Schlußfolgerung, daß der Einsatz von Informationstechnologie in der Finanzwirtschaft von existentieller und strategischer Bedeutung ist, und heute kein Finanzinstitut ohne massiven IT-Einsatz überlebensfähig wäre. Es existieren Katastrophenszenarien in der Bankenwelt, wonach eine Universalbank, gleich welcher Größe, bei einem Totalausfall ihrer gesamten EDV ohne entsprechenden Backup [286] innerhalb weniger als einer Woche zahlungsunfähig wäre. In den Handelsbereichen ist die Abhängigkeit der Anwender von der EDV, durch die Schnelligkeit der Finanzmärkte und ihrer Volatilität noch größer. Bei den ungeheuren umgesetzten Beträgen im Handel können sich Fehlentscheidungen aufgrund unzureichender oder falscher Daten katastrophal auswirken.

Dennoch bleibt der Mensch das Maß aller Dinge. Kein System kann die Intuition und Erfahrung eines "alten Hasen" ersetzen. Ebenso ist es trotz vielversprechender Ansätze bei Fuzzy-Logic und besonders neuronalen Netzen undenkbar, daß maschinelle kognitive Prozesse jemals auch nur in die Nähe der Fähigkeiten des menschlichen Gehirns [287] kommen könnten. Daraus resultiert klar, daß die ideale Problemlösung in der optimalen Unterstützung des erfahrenen Händlers durch weitgehende Aufbereitung der Eingangsdaten besteht. Der handelnde menschliche Experte soll nicht mehr gezwungen sein sich durch Berge von Rohdaten [288] zu wühlen, sondern kognitive Systeme nützen, welche die Entscheidungsparameter auf drei Alternativen reduzieren:

- Kaufen ?
- Verkaufen ?
- Halten ?

In Grenzfällen wird wieder die menschliche Intuition das Gebot der Stunde sein. Die Koexistenz von menschlichen Experten und Expertensystemen wird zur Lösungsoptimierung führen.

In diesem Sinne wird den Mitwirkenden in diesem Umfeld empfohlen die folgenden Maßnahmen zu setzen, um die angegebenen Zielsetzungen zu erreichen:

- Hardware-Industrie
  Beschleunigung der Entwicklung von Transputer-Systemen und Parallelprozessing-Systemen bzw. Prozessoren für diesen zukünftig sehr stark und rasant wachsenden Markt
- Software-Industrie
  Aufgreifen der Ideen und Konzepte aus dem akademischen Bereich und

---

[286] lokale oder entfernte Systeme welche je nach Auslegung sofort (hot) oder innerhalb von 24 Stunden (warm), den Betrieb des ausgefallenen Rechners übernehmen können

[287] siehe Kapitel 9.3.1 ff. und Tabelle 1

[288] Wirtschafts-Nachrichten, Börsenkurse etc.

Erstellung von geeigneten Entwicklungsumgebungen für die kundenspezifische Erstellung von Applikationen, welche auf Fuzzy-Logic oder neuronalen Netzen basieren

- Finanz-Industrie
  Berücksichtigung der neuen Technologien in der mittel- und langfristigen Systemplanung und möglichst frühzeitige Befassung mit dieser Materie um ausreichend Kompetenz und Know-How "im Hause" aufzubauen

In diesem Sinne, sei als Ausklang auf ein bemerkenswertes Zitat von Antoine de Saint Exupery verwiesen: "Um klar zu sehen, genügt ein Wechsel der Blickrichtung."

11. Bibliographie

Ackoff, L.: Management Misinformation Systems, 1967

Alperson, B.L.: Order out of Chaos: The RIPS Are Here. In: Andrew Seybold's Outlook on Professional Computing 6, No. 8, Mar. 28, 1 (1988)

Baille, R.T., und McMahon, P.: The Foreign Exchange Market. Theory and Econometric Evidence. Cambridge University Press, 1989

Buchinger, G. (Hrsg.): Umfeldanalysen für das strategische Management. Wien: Signum 1983

Bonczek, R.H., Holsapple,C., Whinston,A.: Foundations of Decision Support Systems. New York: Academic Press 1981

Boynton, A., Zmud, R.: An Assessment of Critical Success Factors. Sloan Management Review 25, 1984

Colby, R.W., und Meyers T.A.: The Encyclopedia of Technical Market Indicators. Business One Irwin, Illinois, 1988

Eilenberger, Guido, Prof. Dr. (Hrsg.): Lexikon der Finanzinnovationen, R. Oldenbourg Verlag München/Wien, 1993

Elman, J.L.: Finding Structure in Time. Technical Report 8801, University of California, San Diego, 1988

Forschungszentrum Seibersdorf und TU Wien, Abt. für industrielle Betriebswirtschaftslehreb(Hrsg.): Tendenzen im Softwaresektor, 1992

Freund, John E., und Williams, Frank J.: Modern Business Statistics, Prentice-Hall, 1969

Goodhart, C.A.E., und Figluoli, L.,: Every Minute counts in Financial Markets, in Journal of International Money and Finance, 10, 1991

Gschiegl, Guttmann, Lielacher, Margules, Pitak, Schweiger: Börse von A - Z, Wien: Signum 1991

Heinrich, L.J., Univ.Prof Dipl.Ing, Roithmayr F., Univ.Prof. Mag. Dr.: Wirtschaftsinformatik-Lexikon, München, R. Oldenbourg Verlag, 1989

Husemann, Peter: Computerunterstützung im Portfoliomanagement, Dissertation Universität St. Gallen, Wiesbaden: Gabler, 1988

Kirsch, W., Klein,H.K.: Management-Informationssysteme I. Stuttgart, Berlin, Köln, Mainz: Kohlhammer 1977

Koreimann, D.S.: Methoden der Informationsbedarfsanalyse, Berlin: de Gruyter 1976

Krallmann, H., Rieger, B.: Vom Decision Support System (DSS) zum Executive Support System (ESS). In: Handbuch der modernen Datenverarbeitung (HMD) 24, Heft 138, 1987

LeBeau, Charles, Lucas, David: Technical Traders Guide to Computer Analysis of the Futures Market. Darmstadt: Hoppenstedt 1992

Mayer, A., Mechler, B., Schlindwein, A., Wolke, R.,: Fuzzy Logic, Addison-Wesley, 1993

Mertens, Peter, Prof. Dr. (Hrsg.): Lexikon der Wirtschaftsinformatik, Springer-Verlag, Berlin, 1990

Mertens, P., Schrammel, D.: Betriebliche Dokumentation und Information, Meisenheim am Glan: Anton Hain, 2. Auflage 1977

Mertens, P., Griese,J.: Industrielle Informationsverarbeitung 2. Planungs- und Kontrollsysteme. Wiesbaden: Gabler, 6. Auflage 1991

Miller, S.: Personal Information Managers: A Review. In: Andrew Seybold´s Outlook on Professional Computing 7, No. 6, Dec. 31, 10 (1988)

Murphy John J.: Technical Analysis of the Futures Markets. New York Institute of Finance, New York, 1986

Nastansky, L.: Flexibles Informationsmanagement für Organisatoren mit Werkzeugumgebungen für Persönliches Informationsmanagement (PIM). In: Paul, M. (Hrsg.): GI - 19. Jahrestagung II, Proceedings, Informatik Fachberichte 223. Heidelberg: Springer, 232-244 (1989)

Olsen, R.B., Müller, U.A., Dacarogna, M.M. u.a.: Statistical Study of Foreign Rate, Empirical Evidence of a Price Change Scaling Law, and Intraday Analysis, Journal of Banking and Finance, 14, 1990

Picot, A., Frank, E.: Die Planung der Unternehmensressource Information. WISU 17, Heft 10, 1988 und Heft 11, 1988

Plattfaut, E.: DV-Unterstützung der Strategischen Unternehmensplanung. Berlin, Springer 1985

Pring, M.J.: Technical Analysis Explained. New York, McGraw-Hill, 1985

Reese, Joachim, Prof. Dr.: Wirtschaftsinformatik, Gabler Verlag, Wiesbaden, 1990

Rieger, B.: Executive Information Systems (EIS): Büroautomation für das Top-Management. In: Fuhrmann, S., Pietsch,T. (Hrsg.): Büroautomation im betrieblichen Umfeld: Schmidt Verlag 1990

Rockard, J. F., DeLong, D. W.: Executive Support Systems - The Emergence of Top Management Computer Use, Homewood-Illinois: 1988

Rödder,W., Zimmermann,H.-J.: Analyse, Beschreibung und Optimierung von unscharf formulierten Problemen, in: Zeitschrift für Operations Research, 1977

Rompel, Helmut: IBM Computerwelt Guide, IWT Verlag, München, 3. Auflage 1992

Sauer, Thomas, Prof. Dr. Bühler, W. (Hrsg.), Dissertation, Fachverlag a.d. Wirtschaftsuniversität, Wien, 1990

Schätzle, Rainer: Computergestützte Anlageberatung, Markt und Technik, Edition Börse Online, München, 1989

Schöneburg, E. (Hrsg.): Industrielle Anwendung Neuronaler Netze. Addison-Wesley Publishing Company, 1993

Sprague, R.H., Carlson, E.D.: Building Effective Decision Support Systems. Englewood Cliffs, N.J.: Prentice-Hall 1982

Stahlknecht, P.: Einführung in die Wirtschaftsinformatik. Berlin u.a.: Springer, 4. Auflage 1989

Synnott, W.R., Gruber, W.H.: Information Resource Management, Opportunities and Strategies for the 1980s. New York 1981

Szyperski, N: Informationsbedarf. In: Grochla, E. (Hrsg.): Handwörterbuch der Organisation, Stuttgart: Poeschel, 2. Auflage 1980

Szyperski, N., Eschenröder, G.: Information Resource Management. Eine Notwendigkeit für die Unternehmensführung. In: Kay, R. (Hrsg.): Management betrieblicher Informationsverarbeitung, Wirtschaftsinformatik-Symposium der IBM Deutschland, 1982

Trippi, R.R., Turban, E.(Hrsg.): Neural Networks in Finance and Investing. Probus Publishing Company, Chicago, Illinois, 1993

Zadeh, L.A.: Fuzzy Sets as a Basis for a Theory of Possibility, in: Fuzzy Sets and Systems 1, 1978

Zadeh, L.A.: Making Computers Think Like People, in: IEEE Spectrum, Vol. 21, No. 8, Aug. 1984

Zimmermann, H.-J.: Fuzzy Set Theory and Its Applications, 2. Aufl., Boston: Kluwer, 1991

Zimmermann, H.-J.: Fuzzy Sets, Decision Making and Expert Systems, 2. Aufl., Boston: Kluwer, 1991

12. Index

A

ADA, *53*
Adaptive Fuzzy-Assoziationsspeicher, *176*
Akkumulationsphase, *118*
Aktienkurse, *67*; *89*; *103*; *116*; *167*
ALGOL, *53*
Analog, *18*; *30*; *161*; *163*
Analysemethoden, *105*; *133*; *166*
Anleihen, *74*
APL, *54*
Assembler, *53*
Assoziativspeicher, *190*
Aufgabenlösung, *161*
Axon, *178*

B

Back-Propagation, *196*
Baissedivergenz, *141*
Bar-Chart, *116*; *119*; *121*; *122*; *126*; *132*; *133*
Bearish, *111*; *129*; *131*
Betriebsinformatik, *38*
Betriebssysteme, *50*; *62*; *63*; *64*; *65*
Black-Box Ansatz, *115*
Börsen, *29*; *38*; *67*; *73*; *81*; *83*; *84*; *99*
Börsenhandel, *73*; *100*
Börsenindex, *83*; *84*; *181*
Börsenwert, *110*
Bottom Failure Swing, *139*
Briefing Book, *31*
Bullish, *111*; *129*; *131*
Business Management, *60*
Business-Zeitskala, *151*

C

C, *56*
Cash Market, *100*
Cash-Flow, *108*
CBOT, *99*
CD-ROM, *104*
Change Management, *60*
Chaos-Theory, *145*; *147*; *148*; *149*; *150*; *151*; *156*; *211*
Chartanalyse, *106*; *114*; *116*; *142*; *147*; *193*; *207*
Chartreading, *115*
CME, *99*
COBOL, *53*
Color Coding, *31*
Commodities, *113*
Contango, *100*
Cross-Impact-Analysen, *37*
Curve-Fitting, *204*

D

Data Dictionary, *52*
Datenakquisition, *192*
Datenbank, *26*; *28*; *29*; *30*; *32*; *35*; *57*; *58*; *62*; *205*
Datenbankdienste, *32*; *103*
Datenbanken, *26*; *29*; *31*; *32*; *57*; *58*; *59*; *103*; *104*; *148*
Datenfluß-Diagramme, *51*
Datenkodierung, *192*
Datenmodell, *57*
Datensprache, *57*
DB/2, *58*
Decision Support, *15*; *25*; *28*; *29*; *31*; *211*; *212*; *213*
Decision Support Systems, *15*; *25*; *28*; *211*; *213*
Dendriten, *178*
Deport, *92*
Deskriptive Statistik, *116*
Devisenhandel, *17*; *44*; *73*; *90*; *91*; *93*; *94*; *95*; *96*; *145*; *146*; *197*
Digital, *18*; *62*
Diskont, *86*
Diskontkredit, *86*
Dividende, *77*
DOS, *15*; *50*; *51*; *62*; *63*

Dow-Jones-Index, *83*; *98*
Downsizing, *48*; *49*; *62*; *65*
Dow-Theorie, *83*; *84*; *117*; *118*; *126*; *142*
Drill-Down, *31*

E

E.F.Codd, *58*
ECU, *91*
Effekten, *73*
Eigenzeit, *151*
Elektronische Börsen, *73*
Elliott-Wellen-Theorie, *142*; *143*
Elliot-Wellen-Theorie, *118*
Entity Relationship, *52*
Entscheidungs-Unterstützungssysteme, *15*; *25*; *28*
Ertragsprognose, *107*
Eurobanken, *87*
Euromärkten, *87*
Europäisches Währungssystem, *91*
Evolutionäres Prototyping, *53*
EWS, *91*
Exception Reports, *31*
Executive Information Systems, *15*; *23*; *25*; *29*; *30*; *31*; *36*; *213*
Experimentelles Prototyping, *52*
Expertensysteme, *16*; *28*; *30*; *33*; *35*; *157*; *168*; *183*; *208*
Exploratives Prototyping, *52*

F

Facilities Management, *70*
FAZ Aktienindex, *84*
Feedback Netzwerke, *186*
Feedforward Netzwerke, *186*
Festverzinsliche Papiere, *74*
Fibonacci-Zahlen, *143*
Financial Futures, *80*; *114*
Financial-Times-Index, *98*
Finanzmärkte, *17*; *19*; *23*; *105*; *145*; *148*; *150*; *158*; *159*; *160*; *201*; *202*; *204*
Finanzmathematik, *38*
Finanzprodukte, *73*; *81*; *145*
Finanzwirtschaft, *17*; *19*; *23*; *25*; *28*; *32*; *38*; *43*; *59*; *61*; *66*; *73*; *94*; *103*; *107*; *158*; *192*; *201*; *208*
Fixing, *90*
Floating Rate Notes, *75*
FORTRAN, *53*
Fortsetzungsformation, *126*; *128*; *194*
Fraktale, *11*; *12*; *152*; *153*; *154*; *155*; *156*
Fraktaltheorie, *143*; *145*; *148*; *149*
Fundamental Analyse, *105*; *107*
Futures, *80*
Fuzzy Logic, *157*; *164*; *212*
Fuzzy Set Theorie, *157*

G

Gaps, *126*
Gedächtnis, *18*; *152*
Gehirn, *17*; *18*; *176*; *177*; *178*; *179*
Geldhandel, *73*; *85*; *87*; *88*; *89*
Geldmarktpapiere, *87*
Genußscheine, *79*
Gewichtungsdiagramme, *41*
Gewinnprognose, *107*; *108*
Goldhandel, *73*; *90*

H

Handelsbereiche, *17*; *21*; *44*; *66*; *73*
Handelsinformationssysteme, *38*
Handelstechniken, *17*
Haussedivergenz, *141*
Head and Shoulder Reversal, *127*
Hebbsche Hypothese, *186*; *188*
Hedger, *101*
Hopfield Netz, *185*
Hypermedia, *31*

I

Immobilienfonds, *83*
Induktive Statistik, *116*
Industrie-Obligationen, *75*

Inferenz-Maschinen, *47*
Informatik, *19*; *21*; *27*; *30*; *161*; *201*; *212*
Informatikeinsatz, *17*
Informatiksysteme, *17*
Informationale Unschärfe, *162*
Informationsbedarf, *21*; *22*; *23*; *30*; *214*
Informationsbeschaffung, *19*; *22*
Informationsmanagement, *15*; *23*; *212*
Informationsnutzung, *19*
Informationssysteme, *13*; *15*; *16*; *21*; *22*; *25*; *26*; *27*; *31*; *36*; *37*; *38*; *39*; *40*; *41*; *42*; *44*; *48*; *66*; *72*; *212*
Informationstechnologie, *15*; *17*; *23*; *47*; *50*; *107*; *115*; *117*; *147*; *204*; *206*; *208*
Informationsverarbeitung, *17*; *19*; *22*; *23*; *55*; *159*; *161*; *176*; *177*; *179*; *180*; *183*; *187*; *190*; *191*; *192*; *204*; *205*; *212*; *214*
Informatorische Unschärfe, *159*
Inhaberaktien, *78*
intrinsic value, *105*
Intrinsische Unschärfe, *159*
Investmentfonds, *81*

J

Jackson Diagramme, *51*

K

Kanallinie, *126*
Kaufkaft-Paritätentheorie, *147*
KGV, *15*; *107*; *109*; *110*; *165*; *168*; *169*; *171*; *172*; *173*; *174*; *175*; *181*
KI-Forschung, *161*
Kognitive Psychologie, *161*
Kommunalobligationen, *74*
Konfigurations Management, *60*
Kontextgruppe, *196*
Kurs-Gewinn-Verhältnis, *15*; *107*

L

Leveraging, *82*
Lexikalische Unschärfe, *162*
LIBOR, *75*
Linien-Chart, *11*; *119*; *120*
Lombardkredit, *86*

M

Management Support System, *16*; *29*
Marktanalyse, *111*; *123*; *132*; *133*
Marktmomentum, *136*
Marktprognose, *13*; *64*; *65*; *105*
Modula-2, *53*
Momentum, *11*; *127*; *136*; *137*
Monolithische Technik, *47*
Moodys Index, *98*
Moving Average, *134*

N

Namensaktien, *78*
Neurobiologie, *177*; *179*
Neuronale Computer, *47*
Neuronale Netze, *16*; *168*; *176*; *177*; *182*; *183*; *184*; *187*; *197*; *208*; *209*
Neuronale Netzwerke, *176*
Neuronale Systeme, *176*; *188*
Neuronen, *177*; *178*; *179*; *180*; *183*; *185*; *186*; *187*; *188*; *189*; *191*; *199*; *200*; *219*
Neurotransmitter, *179*
Nukleus, *178*
Nullkupon-Anleihen, *76*

O

Obligationen, *74*
On-line Börsen, *73*
OODBMS, *58*
OPEC, *97*
Open Interest, *13*; *110*; *122*; *132*; *133*
Operations Management, *60*
Option, *79*
Optionsanleihen, *76*
Optionsrecht, *76*

Optionsschein, *79*
OS/2, *51*; *62*; *63*; *65*; *205*
Oszillatoranalyse, *136*
Oszillatoren, *119*; *136*; *137*
Outsourcing, *70*; *71*
Overbought, *127*; *136*
Oversold, *126*; *136*

P

Parametertuning, *192*
Partizipationsscheine, *79*
PASCAL, *53*
Pattern Recognition, *16*; *203*; *204*
Pearson-Bericht, *97*
Performance Management, *60*
Performance Messungen, *61*
Personal Information Management Systems, *16*; *25*
Perzeptron, *177*
Petri-Netze, *52*
Pfandbriefe, *74*
PL/1, *53*
Point-and Figure Chart., *119*
Point-and-Figure Chart, *11*; *121*; *141*
Problem Management, *60*
Problemlösung, *159*; *160*; *161*
Prognosemodelle, *37*
Prognostik, *38*; *145*
Projektmanagement, *51*; *68*
Prozessorelemente, *179*; *180*

R

Random Information Processors, *35*
Random-Walk-Modell, *148*
Random-Walk-Theorie, *116*
Rate of Change, *11*; *137*; *138*
Rediskontlinien, *86*
Relative Strenght Index, *138*
Renten, *74*
Rentenmarkt, *74*
Report, *93*
Reuters, *69*; *89*; *93*; *98*; *104*; *148*
Rightsizing, *48*
Rohstoffe, *96*
Rohstoffhandel, *73*; *96*
Rohstoffquellen, *96*

S

Schuldverschreibungen, *74*
Sekundärmarktrendite, *109*; *110*
Sigmoidfunktion, *12*; *182*; *195*
Sigmoidtransformation, *182*
Skalengesetz, *148*
Skalierungsgesetz, *152*; *156*
Sortenhandel, *95*
Sortenkurse, *95*
Speicherdichte, *17*
Speicherfähigkeit, *17*
Speichervermögen, *13*; *17*; *18*
Spotmarkt, *100*
SQL, *53*
Stammaktien, *78*
Stochastics, *11*; *139*; *140*
Stochastische Unschärfe, *162*
Stock Index Futures, *114*
Summationsfunktion, *181*
Swaps, *81*
Synapsen, *178*
Synthetische Wertpapiere, *81*
Systemintegration, *13*; *68*; *70*

T

Technische Analyse, *105*; *107*; *110*; *114*; *193*
Termingeld, *88*
Top Failure Swing, *139*
Trader, *101*
Transaktions-Verarbeitung, *72*
Transformationsfunktion, *181*
Transputer, *208*
Trendanalyse, *32*; *33*; *133*; *165*
Trendlinien, *119*; *123*; *125*; *129*; *131*
Trends, *68*; *110*; *111*; *113*; *114*; *117*; *123*; *126*; *127*; *128*; *134*; *135*; *167*; *168*; *202*; *205*

Trendumkehr, *113*; *132*; *165*
Trendwendesignale, *118*

U

Ultimo-Geld, *88*
Umkehrformation, *126*; *127*
UNIX, *50*; *51*; *56*; *57*; *62*; *63*; *64*
Unterstützung, *11*; *19*; *35*; *37*; *59*; *123*

V

Value-Added-Reseller, *69*
Verbreiterungsformation, *129*
Verknüpfungsmöglichkeit, *17*
Very Large Scale Integration Technik, *47*
Vorzugsaktien, *78*

W

W.D. Gann, *125*
Wahrscheinlichkeitstheorie, *163*
Währungs - Anleihen, *76*
Wandelanleihen, *75*
Wertpapierfonds, *82*
Wertpapierhandel, *73*
Widerstand, *11*; *123*; *124*
Wirtschafts-Informationssystemen, *38*

Z

Zeitreihenanalysen, *116*; *146*
Zellsubstanz, *177*
Zentralnervensystem, *178*
Zugriffszeit, *17*

MIX
Papier aus verantwortungsvollen Quellen
Paper from responsible sources
FSC® C105338

If you have any concerns about our products, you can contact us on
ProductSafety@springernature.com

In case Publisher is established outside the EU, the EU authorized representative is:
Springer Nature Customer Service Center GmbH
Europaplatz 3, 69115 Heidelberg, Germany

Printed by Libri Plureos GmbH
in Hamburg, Germany